JN098134

少年事件マニュアル
少年に寄り添うために

福岡県弁護士会子どもの権利委員会［編］

日本評論社

はしがき

　本書の前身となる『少年事件付添人マニュアル──少年のパートナーとして』の初版が発刊されたのは、今から20年前の2002年8月である。

　2001年2月に福岡県弁護士会が全国の弁護士会で初の「全件付添人制度」を導入した翌年であり、まだほとんどの弁護士会では「当番付添人制度」も導入されていない時期である。一度も少年の付添人になったことがないという弁護士が大多数という時代に、誰でもすぐに付添人活動ができるように、その付添人活動が少しでも充実したものになるようにとの思いから刊行されたのが『少年事件付添人マニュアル』であった。

　私自身が弁護士登録をしたのは2002年10月であり、まさに出来立てほやほやだった『少年事件付添人マニュアル』を頼りに付添人活動を始め、様々な面で助けられたことを覚えている。

　その後の20年間で、全国に当番付添人制度・全件付添人制度が広がり、さらには一部事件では国選付添人制度が導入され、多くの少年事件に弁護士が関わるようになった。

　このような弁護士による付添人活動の広がりの中で、『少年事件付添人マニュアル』が大きな役割を果たしてきたが、一方で、同書が発刊された当時からすれば、様々な少年付添人活動の経験が積み重ねられ、それらの経験も踏まえた研修等も実施されてきている。

　また、この20年間で裁判員裁判の導入や数度にわたる少年法改正がなされ、それに対応した改訂もなされてきたものの、やや付け足しのような形での対応となっていたことは否めないところもあった。

　そこで、『少年事件付添人マニュアル』の理念は引き継ぎつつ、内容を大幅に刷新して新たなマニュアルを作り上げることとなり、完成したのが本マニュアルである。

　たまたまタイミングがよく（悪く？）少年法が大幅に改正されることとなったため、その内容も取り込むことができた。

本マニュアルの作成に当たっては、はじめて少年事件に取り組む弁護士でも活用しやすいように実務的な観点から執筆しつつも、単なる知識や技巧にとどまるのではなく、少年法の理念や本質に立ち返りながら付添人活動を深掘りしたり、やや特殊なケースに関しても言及したりして、すでに多くの付添人活動を経験した弁護士にとっても付添人活動をより充実したものにできるようなものを目指した。

　また、元裁判官で、『少年事件付添人マニュアル』発刊時の福岡県子どもの権利委員会の委員長であり、全件付添人制度導入の中心でもあった故・大谷辰雄弁護士が、弁護士会の研修で主に新人向けに話した講演内容を、序章として収録した。弁護士が少年事件に関わることの意義や、少年に寄り添っていく弁護士のスピリットが、訥々とした中にも熱く語られており、ぜひご一読いただきたい。

　このマニュアルを手に、多くの弁護士が少年のパートナーとしての付添人活動を実践し、一人でも多くの少年の立ち直りや人権保障に繋がっていくことを期待している。

　2022年6月

福岡県弁護士会子どもの権利委員会委員

本書編集責任者

甲木 真哉

『少年事件マニュアル──少年に寄り添うために』

総　目　次

細 目 次

第5章　少年審判　89

序章

少年事件と付添人活動

大谷辰雄

講演「少年事件と付添人活動」（2016年2月9日）より

1　はじめに

　私は昔のことを振り返るのは好きではなく、昨日より今日が楽しい、そして今日より、明日のほうが楽しいと思いながら生きています。けれども、そういうふうに考えられない少年が、たくさんいるのです。そういう少年に、私たちに何ができるのかということを考えていきたいと思います。

(1)　少年法の理念

　少年法第1条には、「この法律は、少年の健全な育成を期し、非行のある少年に対して性格の矯正及び環境の調整に関する保護処分を行う」と定めています。つまり、少年法の目的というのは、処罰ではなくて、健全育成です。健全育成というと、ちょっと上から目線なので、私は少年の更生の援助だと思っています。

　しかし、現実の少年法の運用は、少年法の理念と大きな乖離があるように思います。

　私たち弁護士としては、少年法の理念を追求すると同時に、現実にマッチした付添人活動が必要になってくるというところが、非常に難しいところです。

(2)　現在の捜査、調査、審判の現実

　刑事事件でも同じだと思いますけれど、特に少年法の規定では、「やむを得ない場合」でない限り、勾留されないとなっているのに、多くの事件で勾留されてますね。また、観護措置は、少年の身体的自由を制限する措置ですから、「審判を行うため必要がある場合」のみ許容されています。心身鑑別が必要であれば、少年が自宅から少年鑑別所に通うことによっても可能ですから、少年が逃亡したり、証拠を隠滅する可能性が極めて高い場合のみ許されるべきです。しかし、実際は、そのような場合でなくとも観護措置がとられています。また、鑑別所に収容する期間は「特に継続の必要があるとき」以外は、2週間を超えることはできないとなっているのに、実際には2週間以内に観護措置が終了することは極めて例外的な場合

で、通常は更新決定が行われ、4週間の観護措置がとられています。身体拘束をされると、高校に在学する少年たちやまじめに就職して働いていた少年たちにとっては、退学や退職させられ、更生のために有効な社会資源が失われる可能性があるわけです。だから、今の現実をどこまで理念に戻していけるのかというような大きなことも考えながら、やっていってもらえればなと思っています。

　少年事件を取り扱うのは家庭裁判所であり、地方裁判所ではない。しかし、家庭裁判所は行政機関ではなく、やはり司法機関であるわけですね。そのため、少年にとって不利益な処分や措置がなされる。けれども、少年の更生の援助という本来の目的のためにどうあるべきか考えて活動して頂ければと思います。

(3) 身柄事件全件付添人制度の開始

　皆さんには、大昔のことであまりピンとこないかもしれませんが、私たち福岡県弁護士会では、2001年に「身柄事件全件付添人制度」を始めました。

　当時、少年法がどんどん厳罰化していく。原則逆送とか、検察官が少年審判に入っていく。こういうことに対して、反対運動をしてきたわけです。

　しかし、反対運動をしても、我々の主張がなかなか取り入れられてはもらえない。2000年に少年法が「改悪」されてしまいました。じゃあ何か我々ができることはないのか、という発想で、まずやれるところは福岡しかないだろうということで、身体拘束を受けた少年に対しては、全て付添人をつける。お金がない人は、いっぱいいるから、それは弁護士がお金を出し合ってやるという制度をつくったわけです。

　私は、常に弁護士の中では少数派なんですけれども（笑）、その運動をしたときに、まず反対する弁護士はいませんでした。成人には国選弁護制度があるのに、どうして成人より保護されるべき少年に付添人がついていないんだとみんな理解してくれました。「少年にも成人並みの権利」が保障されるべきであるというごく自然な発想です。

　皆さんは、少年事件の少年に付添人がつくのは当たり前と感じておられ

るかもしれませんけれども、それまで、全国で少年事件には付添人はほとんどついていない状況でした。

弁護士の顔を一度も見ないまま、多くの少年が少年院に送られていました。それは変えなきゃいかんだろうと。それは弁護士会でできるんじゃないかということで全件付添人制度を始めました。

福岡だけでやっても、それを国選制度に結びつけることはできない。

私は、札幌から沖縄まで、十数カ所の弁護士会を回り、各弁護士会の弁護士に自分たちが今やらなきゃいけないのは何なのかということで応援を求めました。

まずは全国の弁護士会で全件付添人制度をやってもらいたい、そして国選付添人制度を実現したいと訴えて回ったんです。

全国で、当番付添人制度が実現し、弁護士が付添人を担える能力があるんだという認識を広めました。対応能力もあるという実績をつくって、今度は、国会議員、あるいはマスコミ等と話し合って、ようやく国選付添人制度というのができ上がった。

国選付添人制度は、できあがったんですけれども、対象事件が極めて限定されていた。殺人罪で少年院に行く子と、傷害罪や窃盗罪で少年院に行く子、殺人罪には付添人がいるけれども、傷害罪や窃盗罪には付添人がいないというのは、おかしいだろうということで、今度は、その対象範囲を拡大する運動をした。その運動を展開するために日弁連に「全面的国選付添人制度実現本部」をつくってもらって、運動を展開しています。私は、この実現本部の副本部長も担当させて頂いています。

今でも国選対象になっていない事件がありますので、もう少し拡大しなければならない部分があります。皆さんの力でそういう運動を引き継いで展開してもらいたいと思っています。

その次なんですけれども、私は常に理念を強調するんです。何か迷ったときに、どうしたらいいのかというのが出てきますよね。そのときは、原理原則に立ち返らなきゃいかんのじゃないかなと思っているわけです。そういう意味で理念の強調をしているわけです。

2　少年審判の目的、理想（あるべき姿）

(1)　全件不処分主義（試験観察前置主義）

　「全件不処分主義」というのは、よくわからないと思いますが、私がつくった言葉に過ぎません。

　少年事件は本来、全て不処分で終われるのが理想である。それは、刑を軽くして全て執行猶予にするとか、無罪にするとかということではなくて、家庭裁判所に事件が係属しているときに、どこまで大人が手助けできるか、問題点をどこまで解消することができるのかということなんです。

　まだ皆さんが生まれていないかもしれませんが、昭和54年から平成３年まで、私は裁判官をしていました。家庭裁判所に勤務したことはないんですけれども、兼務で少年事件をやった経験があります。兼務といっても1,000人、2,000人、もっとそれ以上の少年事件を扱ったんじゃないかなと思います。

　少年事件をやっているときに、例えば中学生が教師を殴ってきたと家庭裁判所に連れられてきたというようなケースがあって、そして中学校は「もう手に負えません、もう少年院に送ってください」というふうに言うわけですよね。そのときに私は、それは本来の自分たちがすべき職務の放棄ではないのかと思ったわけです。いろんな子がいるので、全てが全てではないし、無理難題を言うつもりはないけれども、そう簡単にあきらめちゃいかんのじゃないかと感じたわけです。

　中学校の側で、できることをしたのかが問われる。

　それと同じように、家庭裁判所も、少年事件が係属したときに、「はい。じゃああなたは少年院。はい。あなたは家に帰っていいです。」というような仕分けをするところではない。それだったら地方裁判所にやらせればいい。そうではなくて、家庭裁判所で少年事件を取り扱うということは、家庭裁判所が、単なる判断機関、司法機関ではなくて、福祉機関であり教育機関でもあるんだということなんです。だからできることならば、要保護性が解消できるまで家庭裁判所が少年をみる。やるだけのことをやって、その上で無理なときに「じゃあ、少年院お願いします。」というんだった

らわかる。今の家庭裁判所は、単なる判断機関になってしまっているのではないかという危惧があり、付添人活動が必要だということで、全件付添人制度が必要だと思ったわけです。

　地方裁判所ではなくて、家庭裁判所で扱ってますよと、行政機関ではなくて、司法機関ですよということは、やはり無罪の子も紛れているかもしれない。非行を犯してないのに、非行を犯したということで来ている。それはちゃんと司法機関として判断しなければならない。かつ司法機関である以上、適正な手続の元に、適正な判断が必要になる。少年院に送らなくていい子を少年院に送っちゃったと。それは間違いですから。そういうことがないようにしていく。本来、全て家庭裁判所が担うべき仕事であるというふうに、私は思っていました。裁判官のときは。私が裁判官のときは、付添人なんかいませんでしたから。全て自分がやらなきゃいかん。調査官と協議しながら、この子をどうやろうかということで決めていかなきゃいけないという状況でした。そのためには、全件を試験観察にして時間をかけて、少年の要保護性解消のためにやれることは全部やる。「試験観察前置主義」と書いたのは、そういう意味です。

　私が裁判官時代に、試験観察を経ないで少年院に送った子は一人だけです。

　それは、勾留決定の段階から私が担当だったんですけれども、事件は大したことないんです。バイクの窃盗と無免許運転ぐらいだったと思います。「これからどうするの。」と言ったら、「ヤクザになります。」「幹部になります。」と言うわけですね。

　次に観護措置。家庭裁判所に事件が送られてきて、少年鑑別所に入れるか入れないかの判断をしなきゃいかん。そのときに、また、「将来どうするの。」と言ったら、「ヤクザになって幹部になります。」というふうに言うから、これは帰せんなということで、「鑑別所でゆっくり考えなさい。」というふうに言いました。

　最後に、私が、審判で「どうするの。」と言ったら、「やっぱりヤクザになって幹部になります。」と言うから、「まあしょうがないね、行っておいで。」ということで、少年院にあまり期待をしなかったんですけれども、

少年院送致にしました。

　さらに、その子は少年院から出て来て、事件は覚えてないんですけれど、また来たんですね。

　また私がたまたま勾留当番になって、「どうするの。」と言ったら、「考えます。」というふうに言ったので、今度はヤクザ以外の道もちょっと考えてくれるのかなというふうに思いました。

　そのほかの子は、問題だなと感じた子がいたとしても、何とか家の中で、あるいはどこか住み込み先で、親戚の援助を受けながら立ち直れないかなというふうに期待して、試験観察を調査官にお願いしました。

　ある事件で、覚せい剤の密売をしているという子が送致されてきました。

　その子は、ヤクザではないんですけれども、ヤクザと近い関係にある。

　審判をやって、家庭もしっかりしているし、保護者も、一生懸命その子の更生を考えてくれていました。それで、調査官に「これ試験観察してください。」というふうに言いました。当時私は、30歳くらいでした。そうしたら、もう50歳過ぎの次席調査官なんですけれども、「嫌です。これ無理です。これは試験観察になじみません。」「私は責任を持って、試験観察することはできません。」というふうに言われました。

　仕方ないので、私は裁判官による試験観察をしようと思いました。少年法にはないんですけれど、審判を続行しちゃえばいいわけです。2週間に一回ずつ審判期日を入れるんです。そうしたら、少年は、調査官の調査と同じように裁判所に来てくれるわけです。少年法には、審判を2回しかしてはならない、3回しかしてはならないと書いてはないので、やってもいいわけです。

　そうしたら、その子は、非常にいきいきとして、給与明細を持ってきて、「今月はこれだけ給料ありました。これだけ残業しました。」と頑張っている姿を見せてくれたわけです。私と調査官は、険悪な雰囲気で、廊下で会ってももう挨拶しません。私とその調査官は、知らん顔して、6カ月ぐらい審判を続行しました。少年自身も覚せい剤をやっていたわけですから「はい、さよなら。」というわけにもいかないで、保護観察にはしました。大昔のことだから詳細は忘れたんですけれども、実は、その調査官は、私

に黙って、その子の家に行ったり、職場に行ったりしていたんですね。そうやって少年を励ましてくれてたんです。

こっちは、そんなこととは知らないし、向こうも意地がある。審判が終わった後で、その調査官が「もう50歳過ぎたけれども、本当に少年って変わるもんですね。」「私の判断が誤ってました。」というふうに言ってくれたわけです。

今はなかなか、そこまでの調査官もいないんですけれども。それがあって、私は少年事件が好きになってしまったということです。

それまでは、あまり少年って好きではなかったんですけれどね。その事件があったのと、これこそ私的な話ですけれども、結婚して、妻のおなかに赤ちゃんができたことがわかったとき。それから世の中の子どもがみんなかわいく見えるようになりました。まだ自分の子が生まれてないのに、デパートでエレベーターに乗っている赤ちゃんがいたら、触りたくなる。それは今でも変わらないんですけれども。全然子どもには責任がないので、何とかして充実した人生をそれぞれ送ってもらいたいなということしか考えていません。そのために我々に何ができるのかということなんです。

⑵ 少年院の評価

私は少年院があまり好きではありません。裁判官時代からそうです。

裁判官として、少年院に視察にいく。そうしたら、当時は、「おいちに、おいちに」と、同じ服を着た少年が手と足をそろえて行進してる。

その後、韓国の少年院にも視察に行きましたら、各人がみんなパソコンを持っていましたね。少年院の中で。パソコンもできないような子が社会に出て、どうやって生きていくんですかということだと思います。

日本も経済的にはまだ余裕があると思うんですが、そんな配慮は一切していなかった。

この間、少年院に行ったら、薄いノートパソコンではなくて、大きな古いパソコンが3台設置されている。それだけでした。本当に少年の更生を考えているのか。少年院を出た後を考えているのかという思いがあります。

もう一つは、少年院にいる間は、悪いことをしないですよ。できないん

だから。無菌状態ですから。でも人間は無菌状態で生きていくわけじゃなくて、雑菌だらけで、誘惑だらけの社会で生きていかなきゃいかんわけですよね。だから、家に帰って、あるいはどこかに住み込みで働いて、そこでちゃんとやっていける力を身につける必要がどうしてもあるわけです。それは、少年院から帰ってきてからがいいのか、それとも今がいいのか。家庭裁判所の下で、「へたしたらこのまま少年院に本当にいってしまうぞ」という状況だからこそやれることがいっぱいあるわけですよね。そういうチャンスをみすみす逃すということがもったいない。だから試験観察にする。

　少なくとも、私が試験観察をして、その後で火をつけたとか、人を殺したとかいう少年は一人もいません。そういう事件に遭っていたら、また違う考えだったかもしれませんけれども、少なくともそういう経験はしていない。試験観察をして再犯をする。再犯をして、もう約束破ったんだから、もう少年院ということもないです。３回ぐらいやっても、まだもう１回やろうというと調査官が呆れるんですけれども。本当にだめなのかどうかというのは、見極めが難しいですもんね。「疑わしきは被告人の利益に」と言いますよね。私は少年事件も同じで、少年の将来予測なんか、誰も科学的に証明できないんだから、疑わしきは少年に利益にだと思っています。危ないな、ちょっとここはまだ危ないなというところがあったとしても、やっぱりチャンスを与えるべきではないかなというふうに思っているわけです。

　だから、今まで、付添人として、少年院送致という意見をもちろん書いたこともありません。そのかわり、試験観察になったら、やるだけのことはやらなきゃいかん。大体、普段でも、夜中の２時３時まで仕事していますが、それでも、やっぱり少年事件となると、その子の人生がかかっていると思うと、そう簡単には見捨てられない。

　この間も、少年院に行って、帰ってきた子が酒を飲んで失敗をしたということで、お父さんから電話があって、「すみません。こうなりました。」と。その子は、将来できれば学校の先生か弁護士になりたいということで、高校に入り直して、今勉強しているところなんです。これで、また休むこ

とになると、もうまたどうしていいかわからんという状況でした。それで、逮捕はもちろんされました。逮捕されて、警察の留置施設に入ってる。あまり被害弁償って好きじゃないんです。頭を下げるのが嫌いだから、裁判官になり、弁護士になったんですけれども（笑）。しょうがないから、おやじと一緒に被害弁償に行きました。

　非行原因は夫婦関係にあったんですけどね。父親と母親の問題があって、いろんなことがあって、その子はそうなっちゃったということがあって、少年院に行った後で離婚して、今は父親が面倒を見てるという状況なんです。その父親と一緒に、すぐに被害者と連絡を取って、被害者のところに行って、そして金額はまだ傷害事件なんで、金額も決まらない。やれることはやりますと。何とかよろしくお願いしますということで、宥恕をもらった。検察官と話をして、勾留請求するなと。勾留請求しなくても、この子大丈夫よと。少年院出てから、ずっと私、面倒見ているんだから。それちょっと大げさですけれどね。２カ月に１回ぐらいしか、会ってないんだけれども、こいつ大丈夫だから、むしろここで勾留されちゃうと、今せっかく頑張っているものをまた失ってしまうので、何とかお願いしますということで、検察官と話をする。ただ、当時のことを本人が酒を飲んでて覚えてない。被害者の供述と一致しないというような部分もあるわけです。「すみません、これ勾留させてください」というふうに、非常に物わかりのいい検事というのがいるもんですね。若い検事ですけれども、「勾留させてください」と。三日ぐらいして、検事から電話があって、「釈放します。」ということで、「何時に来てください。」というふうに言ってくれました。学校には、病気という理由で済みました。その子は今でも同じ学校に通学しています。

　いい話ばっかりじゃないですよ。もちろん失敗しているのもいっぱいあるんですからね。失敗した話は、したくもないし、しても私の自慢にならないからやめておきますけれど（笑）。

3 少年法適用年齢の引き下げ問題

(1) 少年事件の激増、少年事件の凶悪化は間違い

少年法の適用年齢の引き下げ問題が現在あります。

その根拠は、いろいろあって、少年事件が激増している、あるいは、少年事件が凶悪化している、というようなこと。そして法は統一されるべきだというような論旨です。

ただ、少年事件は全く激増していない。ものすごく減っている。そして、少年事件は全く凶悪化していない。これは、客観的な事実なんで、きちっと押さえてもらいたい。

一番わかりやすいのは、殺人事件の件数の推移です。

ここずっと、少年による殺人事件、あるいは殺人未遂事件は全国で20件前後の件数で推移していますね。戦後の動乱期を経て、高度経済成長があって、いろんなことがあったでしょう。一応日本が落ちついて、東京オリンピックが開かれるようになりました。昭和でいうと39年になるのかな。そこら辺で、じゃあ殺人事件はどれだけあったでしょう。大体400件ぐらいです。400件が20件に減っている。それなのになぜ、凶悪化しているかとか少年事件が激増しているかのような印象を与える報道がなされるのか。非常に腹立たしいところなんです。

確かに子どもの人口も減っていますけれども、それ以上に凶悪事件は減っています。それは、ほかの強盗、強姦、放火をみてもいえることです。きちっと数字を見て、その上で、判断してもらいたいなというふうに思っています。

(2) 法の統一

公職選挙法が今度18歳になる。民法の成年年齢も18歳になる。ある政党では、酒やたばこもいいじゃないかという議論も出ていたらしいですけれど、さすがに、酒、たばこ、ギャンブルは違うのではないということになりました。やっぱり法は、それぞれの目的に従って、対象年齢は違っていいんだというのが、今の日弁連の考え方です。少年の立ち直り、再犯防止

に有効かどうかという観点から考えるべきです。

4　付添人活動（総論）

(1)　理念の争い

　最近はあまり議論されていないけれども、覚えておいてもらいたいのは、そもそも付添人とは何なのかということです。

　付添人は家庭裁判所の協力者、少年審判の協力者だというのが通説、多数説です。しかし、私は、そうではないと考えています。

　弁護人的付添人論というのがあるわけです。刑事事件の弁護人と変わらない。やっぱり裁判所と戦って、塀の上を歩いている子を中に落とさないで、外に引っ張り出すことが弁護士の仕事だというふうに思っています。裁判所の側から、「少年事件の付添人の中に、ただ少年の処分を軽くすればいいというふうに思って活動している問題のある弁護士がいます」というような意見を聞いたことがあります。私は、それの何が悪いのかと思います。私たちが、成人の国選弁護人として活動する場合、ただ刑が軽くなればいいというような弁護活動はしていない。その人が、せっかく初めて会ったんだから、その被疑者被告人が二度と再犯を起こさないようにしたい。そのために何ができるのかということで弁護活動をやっていると思うんです。

　だとするならば、付添人活動も同じで、その子が再犯をしないようにしていく。そのためには、何が必要なのかということでやっていくわけですから、それを弁護人的な付添人として理解していいじゃないかと思うのです。

　家庭裁判所から「少年の仕事先を探してもらいたいですね。」と言われ、「はいはい、わかりました。」と言って仕事先を探すような下請をするわけでもない。我々は、我々の視点で、その子の問題点を把握して、そしてその問題点を解消していく、ということが必要なんじゃないかなというふうに思っています。だから、パートナー論だとかサポーター論、これが私の考えなんですけれども。少年が立ち直っていく。我々の力って限られてい

ますからね。彼らは17年、18年生きてきているわけですから、そこである日、突然、誰か知らない人が出て来て、その人がいいことを言うから「じゃあ俺、頑張ろう。」ていうような単純なものじゃないですから。それは全てが成功するわけでもない。しかし、そのためにできることをしてあげる。できることしかできませんので。その子のために何が必要で、何ができるのかという観点で、更生をサポートしていくのが付添人ではないかなというふうに思ってます。

(2) 付添人の必要性

　付添人の必要性については、今までの話の中で出ていると思います。

　まず冤罪を防止する。少年の更生の手助けをする。具体的には、やっぱり反省できてない。事件の重大性がわかっていない。自分の将来に夢がない。そういう少年の問題点があるんで、そこら辺をどう反省し、これからに結びつけていくか。保護者と少年がうまくいってないということも、かなり多いです。そこをお互い誤解している場合もあるわけで、そこの調整も必要になってくる。

　少年もそうだけれども、むしろ保護者の励ましが大変なんです。

　やっぱりそんな子を持った親は、夜もおちおち寝れない。少年院に行ったら、少年院にいる間は枕を高くして寝ることができるんですよね。そういう保護者に対して、我々は何ができるのか。私は保護者の悩みを解消するような努力をするつもりです。

　私たちは、たった20何日間、被疑者なんかを入れても1カ月ぐらいしかつき合いがない。もちろんずっとつき合う子もいるんですけれども。親は一生の問題ですから、本当に早く立ち直ってもらいたいというふうに思ってますので。でも少年院に行って、そこで直ればいいんですけれども、そう簡単なもんじゃない。

　もう一つ、これは今も裁判官時代も同じなんですけれども、とにかく少年のいいところを見つけること、それが大事なんじゃないかなというふうに思っています。調査記録、法律記録に少年のいいことなんか絶対に出ていませんので。調査記録を読んで、裁判官時代ですよ、何かいいところな

いか、何かいいところないかということを一生懸命見てました。そうしないと審判ももたないし、1時間2時間、審判をやっていましたので。なかなか見つからない子もいるんですよね。そう簡単に見つけれりゃいいんですけれども。

　ある女の子が同級生の女の子にリンチを加えた。非常に激しいリンチでした。なぜ、そんなことができるのかというのがわからないぐらいですよね。記録を読んでて、一つだけ、その子は家にも帰らないんですけれど、ただ夜遊びをした後、朝一回家に帰って、犬を散歩に連れていくんです。また遊びに行くんです。そういう生活を続けていた。これかな、というふうに思って、なぜ犬をそんなに面倒見れるの。犬に対して優しいのになぜ友達に対して、こんなことができるのという話なんですよね。それは、たまたま見つかったからいいようなものの、見つからない事件は、いっぱいありますよ。そんなに勉強ができるわけでもない。スポーツができるわけでもない。格好いい男でもないという子もいるわけですから。

　民事事件でも好きになれない依頼者っているんですよ。しかし100のうち100悪いという依頼者はいないですもんね。100のうち、10か15ぐらいは、いいところを持っている人もいるわけ。いいところは持っている。もちろん80、90持っている人もいる。私は、嫌な部分は目をつむって、いいところだけで勝負しようと思ってますので、だから何年もこんな仕事ができているのかもわからないんです。少年事件でもやっぱり、どこかにいいところがある。そのいいところを見つけて、その少年を好きにならないことには、なかなか付添人活動というのは苦しいと思います。失敗を恐れないことが大事なんじゃないかと思います。

　例えば民事事件で勝訴率が半分だとすると、負けた事件で「じゃあ、俺は何をやったんだろう」というふうには、普通思わないと思うんです。しかし少年事件で、少年院に行ってしまった。自分は何をしたんだろうと、もういいやというふうになってしまいがちなんです。そうじゃない。刑事事件だって、ほとんどの事件が有罪事件だし、そして執行猶予がつかない事件もある。同じように少年事件で幾ら頑張っても少年院に行っちゃうこともある。そのときは、また少年院に会いにいってやればいいんですよね。

この間の子も少年院から家に帰る前に、うちに寄って帰りましたので、そういう関係ができれば、もうそれでいいんじゃないかなというふうに私は思っているところです。全てが全て、少年院送致を回避できるわけではなくて、やっぱり送られている子は、いっぱいいますのでね。

5　付添人活動（各論）

(1)　付添人が求める「適正な処分」とは

　私は法曹としての経験をふまえて、この事件は、どこで勝負するんだろうというふうに考えます。

　これは、勾留を絶対にさせてはならないというふうに考える。あるいは、勾留はやむを得ないけれども、観護措置はとらせる必要はないんじゃないかと。観護措置をとる必要はないんじゃないかなというところは、観護措置で争う。さっきいろいろ説明していましたけれども、観護措置に対する異議申し立てと観護措置の取り消し請求、単なる職権発動を促すだけなんですけれども。

　そこら辺の違いは、観護措置に対する異議申し立てというのは、観護措置をとるまでの事情でしか勝負できません。その観護措置が正しかったのか、正しくなかったかですから。観護措置をとる必要はないのにとったじゃないかというところで異議の申し立て。観護措置の取り消しについては、観護措置後の事情も考慮することができます。観護措置をとられた後で、示談ができましたとか、親がこう言ってますとか、そこら辺を勘案して主張できるので、どっちするかというのは、ケース・バイ・ケースかなというふうに思います。あまりひどいのは、観護措置に対する異議申し立てのほうが有効かなというふうに思っていますけどね。観護措置もこの子はしょうがないなと、これだけの事件で、これだけ問題点があったらというときは、とにかく少年院送致をさせないためには、何が必要なのかというふうに考えます。

　我々は、判断者じゃないんですよね。何がいいのか、少年院がいいのか、保護観察がいいのかという判断者ではない。いかにして、少年院に送らな

いか、いかにして保護観察を介して不処分にするかとかですね。やっぱり
そこの戦いじゃないかなというふうに私は思っています。それが弁護人的
付添人論にもつながってくるのかなと思いますけど。でもそうでしょう、
やっぱり目的がないとやる気が起こらないですからね。この子は、しょう
がないから少年院に送っていいやというんだったら、私は付添人の存在価
値がないんじゃないかなというふうに思っています。

　殺人事件で事情のある殺人。養子の子がおじいちゃん、おばあちゃんを
殺したというのがあってますね。インターネット上では、友達と遊ぶお金
が欲しかったというのが流れているんですけれども、非常によく働く子で、
おじいちゃんおばあちゃんが大変なんで、給料の中から自分は1万円しか
使ってなかった。後は、全部おじいちゃん、おばあちゃんに渡していたと
いう報道もあります。その子は、検察官送致が相当なのかどうか。殺人事
件だから保護観察というのが難しいでしょうけれども。そのときは、検察
官送致をして大人と同じように刑罰を科すべきできではないと思いますの
で、少年院送致を書くかもしれません。私はですね。そういう目的意識を
持って頑張ってもらいたいなというふうに思っています。

(2)　自分に合った活動

　あとは、皆さんが考える自分にあった活動ですね。

　それぞれの少年にも個性があるけれども、弁護士にも個性があるわけで
すから、その個性の中で頑張っていくしかない。例えば、少年と同じ目線
に立つために、あえて「ため口」で話す付添人もいますが、私は、あえて
丁寧な言葉を使うケースがあります。人格を持った少年として扱っている
ことをわかってもらう。私は今までの大人とは違うんだよと。一人の人間
として尊重していることをきちんと知ってもらうために、あえて「何々君、
ここはどうなっているの。」というふうに聞くこともあります。もちろん
「ばかたれ」ということもあります。それは、少年にもよるし、付添人の
性格にもよるんじゃないかなというふうに思います。

　期の若い弁護士に、付添人活動を報告してもらったりしたら、「すごい
な」と私はそんなこと考えたこともないわというような付添人活動をして

いる人もいるんです。新聞記事を差し入れて、それに対して感想を書いてもらうとかですね。そんなこと私は一回もしたことないわと思って。客観的に自分のやったことを考えてもらえるし、非常にすばらしいことじゃないかなというふうに思います。多分、その弁護士は自分で考えて、そういうことをやっているんだろうというふうに思うんです。ここで聞いた話だけではなくて、もっといろんなやり方があるんじゃないかなというふうに思っています。

　これは大昔の話なので、役に立たないかもしれないんですけれども、弁護士になって、付添人をするようになって、多分最初ぐらいですけれど、女の子を車に連れ込んで、監禁して、佐賀のあるところまで連れていったという事件がありました。尿検査をしたら覚醒剤も出てくる。3人で1人の女の子を監禁したんだと思うんですけれど。そのときに、せっかく弁護士なって付添人やるんだから、少年院に送らないようにするためには、どうするかというふうに考えたわけです。でも、絶望的ですよね。佐賀のある地域の遠いところまで、何回も通って、結局覚醒剤は自己使用になっているけれど、自分が使ったのかというと、本当はヤクザの兄貴分に射れたということなんです。自分としては、使いたくもなかった。しかしそのことは、警察には言えないというわけです。あとで何をされるかわからないからですね。仕方ないんで、私は、今度は兄貴のほう、成人のほうに「弁護人になろうとする者」ということで接見をする。その成人には、もう既に弁護士がついていたんですけれども、その弁護士の許可を得て、「弁護人になろうとする者」で、その兄貴分と会って、本当は自分が射ってやったんやろうと言うと「そうです。」と。「それをちゃんと捜査官に言えるか。」と言ったら「言えません。もっと刑が重くなってしまいます。」と言うわけです。そうかなと。まだ……入っていないんですけど、少年のこと、「こいつは少年院に行ってもいいのか。」、「助けたいとは思わないのか。」という話をして、最終的には、結局「これを言ったら、自分は軽くなりますか。重くなりますか。」と言うわけです。自分の損得でしか考えてないわけですね。それは多分、重くなるだろうと思うけど、そういったら、本当のことをしゃべらないから、「それはわからん。」「それは男気が

あって、自分から全て本当のことを言ったというふうなことがわかれば、軽いほうにいくかもしれん。」「でも第三者に射ったということで、重いほうにいくかもしれん。それは自分で考えろ。」ということで、「わかりました。しゃべります。」ということで、しゃべってくれた。自分が射った。無理やり射ったということをですね。それで、一つだけ覚醒剤は、何とかなるかなというふうに思ったんだけれども。

　さて、今後どうするかということで、仕事先も何もない。ハローワークに行ってですね。私ハローワークとか行ったことないんですけれど、何かこの子ができる仕事はないかと探しました。本人に「何がしたいのか。」というと、半年ぐらいですけれども、「すし屋で働いたことがあるんで、すし屋で働ければいいんですと。ありがたいです。」と言うから。すし屋に行って、ハローワークを頼って。「こういうことで、今鑑別所に入ってる。すし屋で修行したいと言ってますけれども雇ってもらえますか。」というふうに、何のつてもないのに行きました。そしたらたまたま「いいですよ。」というふうに言ってくれたので、そのことを全部、調査官や裁判官に報告して、その子は佐賀のほうですから、みんなと離れて、福岡でこういう仕事で働きます、住み込みで働くことができますということを全部くっつけて出して、そして試験観察にしてもらう。というようなこともしました。

　みんなは気力も体力もあると思うので、何とか、付添人として担当するその子のために頑張ってもらいたいなと思ってます。何かわからないことがあったら、「こういうときにどうしたらいいですか」と電話をいただけたらと思います。何らかのアドバイスができるかもしれませんので。私だけじゃなくて、少年事件を頑張っている先輩方がたくさんいますので、有効に活用してください。一人でも多くの子どもが救われたらいいなと思っています。よろしくお願いします。

第1章
少年事件とは

満20歳未満の少年による犯罪（非行）に関して、日本では少年法が適用され、成人の刑事事件とは大きく異なる手続がとられます。

　成人の刑事事件の場合、刑事裁判の主な目的は罪を犯した人に対する応報にあるとされています。

　一方で、少年法1条は「少年の健全な育成を期し、非行のある少年に対して性格の矯正及び環境の調整に関する保護処分を行う…ことを目的とする」と規定しており、少年事件では少年の更生や保護が目的であると定めています。

　このような目的の違いから、対象となる少年事件が全件家庭裁判所に送致され、家庭裁判所調査官による調査が行われ、事案によっては少年鑑別所による鑑別も行われた上で、家庭裁判所で審判がなされるというように、手続面も成人の刑事事件と大きく異なります。

　弁護士も、被疑者段階は成人の刑事事件と同じく「弁護人」として関与するものの、家庭裁判所送致後は「付添人」として関与することになります。

　このように付添人の活動内容は、成人の刑事事件とはかなり異なるものとなります。

1　審判に付すべき少年

　少年法の適用対象は、「非行のある少年」とされています（法1条）。

　「少年」とは20歳に満たない者（法2条1項）をいい、「非行のある少年」については、次のとおり「犯罪少年」「触法少年」「虞犯少年」の3種類が規定されています（法3条1項）。

犯罪少年：罪を犯した少年

触法少年：14歳に満たないで刑罰法令に触れる行為をした少年

虞犯少年：次に掲げる事由（略）があって、その性格又は環境に照らして、将来、罪を犯し、又は刑罰法令に触れる行為をする虞のある18歳未満の少年

なお、少年法の適用年齢に下限はありませんが、概ね10歳程度であると考えられています。

　また、2021年の少年法改正によって、18歳以上の少年は、「特定少年」（法62条1項）として、取り扱われることとなりました。特定少年については、原則逆送の範囲が拡大される（法62条2項）ほか、保護処分に対する特例、刑事事件の特例が定められているため、特定少年の弁護人や付添人として活動する場合には、必ず相違点の確認が必要です（具体的な内容については第17章参照）。

2　少年事件の特性（成人事件との違い）

⑴　手続的側面

㋐　捜査段階

　捜査段階では、被疑者が少年であっても刑事訴訟法が適用されるので、手続的側面で大きく異なるわけではありません。

　ただし、勾留要件が成人よりも法律上は厳しく定められています。その他、成人にはない「勾留に代わる観護措置」という手続が定められているなどの違いがあります。

　成人の刑事事件では、検察官は被疑者を簡易裁判所や地方裁判所に起訴しますが、少年事件では被疑者を家庭裁判所に送致します。

　成人の刑事事件では、被疑者を起訴するかどうかを検察官が選択できる起訴便宜主義がとられていますが（刑訴法248条）、少年事件は全件が家庭裁判所に送致されることとなっており、検察官に家庭裁判所に送致するかどうかの裁量はありません。これを「全件送致主義」といいます（法41条及び42条）。

　少年を審判に付すかどうかという判断は、犯情や被害弁償の有無等の一般情状のみならず、少年の発達状態や環境などへの特別な配慮が必要であることから、判断の主体を専門機関である家庭裁判所に限ることにしたのです。

(イ)　家庭裁判所送致後

　家庭裁判所送致後の手続を「少年保護事件」といい、成人の刑事事件とは大きく異なります。

　まず、家庭裁判所送致後には勾留が認められず、少年の身体拘束手続としては少年鑑別所での観護措置しか認められていません。

　勾留と異なり、観護措置では少年の心身鑑別が大きな目的とされており、単に身体拘束されるだけでなく、様々な検査を受けたり、日常生活の様子が確認されたりして、その結果が審判の資料とされます。

　少年鑑別所への送致を伴う観護措置の期間は「２週間を超えることができない」とされており（法17条３項）、「特に継続の必要があるときは」決定をもって更新することができるとされています。この更新は、極めて例外的な場合を除いて「１回を超えて行うことができない」とされ（法17条４項）ているものの、実務上はほぼすべての事案で更新がされており、原則と例外が逆転しています。更新がされた場合であっても、少年が身体拘束されている場合には、原則として４週間以内に審判により処分が決まることになります。

　少年の身体拘束の有無に関わらず、家庭裁判所調査官が少年について様々な調査を行い、その調査結果を踏まえて審判がなされます。家庭裁判所の専門官が職権的に調査をすることもあり、この調査結果が裁判官の決定に大きな影響を与えます。

　審判は、非公開の審判廷で行われ、例外的な事件以外では検察官が立会いや関与をすることもありません。起訴状一本主義や伝聞法則の適用等もなく、裁判官は、事前に、検察官から送致された事件記録や少年鑑別所や家庭裁判所調査官、付添人から提出された書類等を検討し、その上で審判に臨むことになります。

(2)　実体的側面

　成人事件において、審理の対象になるのは犯罪事実の存否とその犯情の重さが中心ですが、少年事件においては、非行事実の存否や犯情の重さに加えて、「要保護性」が重要な審理の対象になります。

少年法に要保護性の定義に関する明文の規定はありません。要保護性は、少年法の目的に鑑み、将来再び非行に陥る危険性があるか（犯罪的危険性）を中心に理解すべきといわれています。実務的観点からは、要保護性の内容は犯罪的危険性の有無につきるものではないとされ、いくつかの見解が示されてきました。現在の通説的見解では、①少年の性格や環境に照らして、再非行に陥る危険性があること（犯罪的危険性）、②保護処分による矯正教育を施すことによって再非行の危険性を除去できる可能性（矯正可能性）、③保護処分による保護が最も有効かつ適切な処遇であること（保護相当性）という三つの要素で構成されると考えられています。

　審判の結果、少年に再非行の危険性がなければ保護処分を下す必要はありません（①）。このような場合には不処分とすべきでしょう。

　また、保護処分を下したとしても少年の再非行の危険性が除去できないのであれば処分する意味はありません（②）。このような場合には少年を成人と同様の手続で、刑罰などの対処に委ねられるべき場合があるでしょう。

　さらに、極めて限定的な事例ではありますが、保護処分を下すことができるとしても、非行事実が重大であるために、社会の法感情や被害感情などから刑事処分が相当であるという場合もあるかもしれません（③）。

　家庭裁判所は、このような少年の要保護性の存否や程度によって具体的な処分を選択し、保護観察や少年院送致といった決定をします。

　実務上、少年の非行事実を争うという場面に出会うことは多くなく、付添人活動の中心は少年の要保護性の適切な評価及び解消に向けての活動であるといっても過言ではありません。要保護性は、簡単にいえば、個々の少年の問題点の中身とそれをどのように解消していくかという問題ですが、交遊関係に問題がある少年、家族関係に問題がある少年、自己肯定感が欠けている少年、発達障害を抱えている少年など、要保護性の有無やその内容は少年によって実に様々です。

　付添人は、限られた時間の中で、少年の要保護性が何なのかを見極め、その解消に向けた活動を積極的に行って審判に臨まなければなりません。このような活動にこそ少年事件の醍醐味があるといえるでしょう。

3　少年事件の関係者

　少年事件には多くの関係者が登場します。ここでは、各関係者の大まか
な権限や役割を説明します。

(1)　裁判所・裁判官

　少年事件を受理した裁判所は、少年の観護措置をとるかどうかを検討し
たうえで（法17条1項）、事件の調査を行います。基本的には、裁判所が審
判条件と非行事実の存否について調査し、要保護性の調査を家庭裁判所調
査官が行います（法8条1項、2項）。

　裁判所は、調査の結果、審判を開始するのが相当と考えたときには開始
決定を（法21条）、そうでない場合には不開始決定をします（法19条1項）。

　審判当日、裁判官は、審判の進行等を指揮し（法22条3項）、非行事実と
要保護性の認定を行います。さらに、この認定を前提として、保護処分の
要否、保護処分が必要である場合の具体的な処分を決定します（法24条1
項）。

(2)　家庭裁判所調査官

　家庭裁判所調査官（以下「調査官」といいます）は、少年の要保護性につ
いての調査を行います（法8条2項）。調査官は、少年や関係者との面会、
鑑別結果、その他関係する資料等から少年の要保護性に関する調査を行い、
少年の処遇意見を付した報告書（「少年調査票」と呼ばれます。少年調査票と
参考となる資料を合わせて編纂したものが「社会記録」です）を裁判所に提出
するのが大きな役割です（規則13条1項、2項）。

(3)　付添人

　付添人は、少年の権利擁護のため、観護措置や少年の非行事実及び要保
護性に関する認定が適正に行われるよう検証する役割をもちます。そのた
め、審判前には観護措置決定及び観護措置更新決定に対する異議申立（法
17条の2）、立会のない少年との面会（少年鑑別所法81条1項）、記録及び証

拠物の閲覧（規則 7 条 2 項）等の権利、審判に際しては審判への出席（規則28条 4 項）、少年や関係者に対する尋問（法14条 2 項、15条 2 項）、少年の処分等に対する意見を述べる（規則30条）等の権利を有しています。

(4)　少年鑑別所

　少年鑑別所は、少年を収容した状態（法17条 1 項 2 号）または在宅で少年の心身の鑑別を行います。鑑別を行うにあたっては、少年の性格、経歴、心身の状況及び発達の程度、非行の状況、家庭環境並びに交友関係、在所中の生活及び行動の状況その他の鑑別を行うために必要な事項に関する調査を行うものとされています（少年鑑別所法16条 2 項）。具体的には、鑑別所技官による面接、知能テストや心理テスト、行動観察などを通じて心身鑑別が行われます。

　少年鑑別所による心身鑑別の結果は「鑑別結果通知書」によって裁判所に報告され、社会記録の一部として編纂されます。この報告書は、調査官による少年調査票が作成される前（概ね審判日の 1 週間前程度）に作成されます。

(5)　検察官その他の捜査関係者

　検察官は、少年事件が家庭裁判所に送致された後は、裁判所による検察官関与決定がされた場合にのみ審判に関与します（法22条の 2 ）。検察官関与決定は、非行事実の認定に必要な場合になされるもので、審判における検察官の役割も非行事実の認定に必要なものに限られる建付けになっています。

　その他の警察官は、補充捜査の必要がある場合など、裁判所が援助を求めた場合に関与することがあります（法16条）。

(6)　親族等

　少年の親族、特に保護者は、少年に最も身近な者として、少年の要保護性の解消に重要な役割をもちます。

　付添人としては、選任された後直ちに保護者を中心とする親族との面談

等を行い、それまでの少年の成育歴を聴き取り、少年あるいは親族自身の問題点について理解することが重要です。そのような理解をふまえて、さらに審判に向けて対話を続け、親族と十分に認識を共有します。家族に少年の問題点や少年の将来の改善更生に向けて果たすべき役割や環境整備の必要性を理解してもらい、付添人として、そのような家族の変化を調査官や裁判官に伝えて少年の処遇決定に反映されるよう努力することも大事な活動となります。

なお、親族のうち保護者には、少年の権利を擁護する者としての権利も認められており、付添人の選任（法10条1項）、審判での意見陳述（規則30条）、抗告権（法32条）等の権利があります。

(7) 学校・職場

学校や職場は、少年の社会生活の基盤となるものですから、多くの場合少年の要保護性の解消にとって重要な社会資源になります。

そのため、付添人としては、学校や雇用主に特段の問題がない限り、事件後も在籍できるような付添活動をすることが重要です。

(8) 福祉専門職・精神科医等

家庭環境や心身の発達等に問題がある少年の場合には、該当分野の専門職との連携が必要になることがあります。そのような場合には、ソーシャルワーカーや精神科医等の意見を参考にしながら、少年の要保護性を考えていくことになるでしょう。

少年に、これまで関わっているソーシャルワーカーや精神科医等がいる場合には直接それらの関係者に連絡をとればよいですが、もし心当たりがない場合には、たとえば、弁護士会の関連委員会（子どもの権利委員会等）の委員に相談して、適切な専門家を紹介してもらうことができないか問い合わせてみることも一つの選択肢です。

(9) 保護観察官・保護司

保護観察官と保護司は、保護観察処分における少年の指導監督（保護観

察における少年の行状の把握や遵守事項を守るために必要な指導等）と補導援
護（生活指導等少年が健全な社会生活を送るために必要な援助や助言等）を行
います（更生保護法61条１項）。

保護観察官は、保護観察決定を受けた少年について、記録等に基づいて
少年の問題点を把握した上で保護観察の実施計画を立てます。

保護司は、保護観察官が立案した実施計画をもとに、少年と面接や家庭
訪問等を行って指導や助言を行い、月に１回報告書を保護観察所長に提出
します。

⑽　被害者

被害者は、歴史的に少年事件への十分な関与が認められていませんでし
た。しかし、2000年（平成12年）、2008年（平成20年）の改正等を通じて
徐々に権利の拡大が図られてきています。

具体的には、事件記録（法律記録）の閲覧または謄写（法５条の２）、心
情等の意見陳述（法９条の２）、処分結果等の通知（法31条の２）等の権利
が認められています。

また、被害者は、少年の要保護性の解消のため重要な役割をもっていま
す。被害者に対する謝罪や示談等は、付添人の活動として当然必要なもの
です。しかし、成人事件とは異なり、それらの活動を単にしたというだけ
では不十分です。

少年は、被害者に対する謝罪をことばにしていても、実際には自らの非
行が被害者に対して与えた影響や被害感情を具体的に認識することができ
ていないことがあります。このような場合、付添人としては、少年が直接
被害者に対して謝罪ができる状況であれば被害者の意向もふまえた上で謝
罪の場を設けることも考えられます。観護措置中であるなどの理由でそれ
が困難な場合には被害者から事情や被害感情等を聴取した上で、少年に被
害者の状況等を伝え、少年の内省を促すことが必要です。

4　付添人の役割論

⑴　弁護人的役割と裁判所の協力者的役割論

　少年事件における付添人の役割には、弁護人的役割と裁判所の協力者的役割があるといわれてきました。「弁護人的役割」とは、事実認定や要件該当性判断の適切性や適正手続の保障など少年の権利擁護を図る役割です。「裁判所の協力者的役割」とは、裁判所と協力し、少年の要保護性解消のために必要かつ適切な措置をとるための活動を行うという役割です。

⑵　学説の状況、実務における注意点等

　学説としては、弁護人的役割が優越するとする立場、裁判所の協力者的役割が優越するとする立場、両者のバランスをとるべきとする立場などがあります。

　裁判所の協力者的役割が優越するとする立場からすれば、仮に少年院送致が少年の要保護性の解消にとって必要だと考えれば、付添人が少年院送致相当との処遇意見を述べることも許されるということになります。これに対し、弁護人的役割が優越するとする立場からすれば、少年事件において付添人は、少年に対する処遇効果等如何にかかわらず、できる限り軽い処分を求めるべきということになるでしょう。

　また、余罪の存在を付添人が知った場合にも、裁判所の協力者的役割が優越するとすればそのような情報を明らかにすべきということになるでしょうし、弁護人的役割が優越するとすれば秘匿しなければならないということになるでしょう。

　少年事件においては、少年の権利擁護を図るため、裁判所の判断や手続をチェックすることができる存在は、付添人をおいて他にいません。手続の対象となる少年やその保護者に正確な法的知識はなく、裁判所に対して有効、適切な反論をすることは期待できないからです。その意味で、付添人に弁護人的な役割が存在することは否定できません。

　一方で、もっぱら少年に軽い処分がなされることを目指し、ことさら裁判所と対立するような付添人活動を行えば、それもまた少年の健全な成長

にいい影響を及ぼすとは言いがたい面があります。

　付添人の役割についていかなる立場をとるとしても、実際に付添活動を行う付添人としては、少年の権利擁護を十分に図りながら、少年の健全な成長にとって必要な付添人活動が何なのか慎重に検討し、役割を果たすことが必要でしょう。

5　少年との接し方

　少年との接し方は、成人事件におけるそれとは異なります。

　まず、少年は、警察署での取調べや家庭裁判所に送致された後の観護措置決定手続の中で繰り返し非行事実の確認を行われています。同じ大人である付添人から取調べを受けるように事実関係の確認をされると、またか、という思いになりうんざりすることもあり得ます。付添人として、それまで少年が接した大人とは関係性が違うこと、少年のために非行事実の確認を行うことの意義を理解してもらうことが、信頼関係の醸成の上でも大切です。そのため、少年に初回面会に赴いた際に非行事実の確認を行う場合には、「何度も聞かれていることとは思うけど私は知らないから……」などと断った上で質問をする場合もあります。場合によっては、非行事実の確認は後回しにしてまずは日常的な話題などでコミュニケーションをとるなどの工夫も必要でしょう。

　少年は成人よりも知識や言語的な能力が不十分なことがあります。できるだけ平易な言葉で説明することが必要でしょう。少年が置かれた状況や今後の見通し、何を考えなければならないかなどをゆっくりと説明し、正しく理解しているかどうかしっかりと確認しながら面会を行いましょう。

　さらに、能力的な制約などから、1度にたくさんの課題を解決することができない少年もいます。そのような場合には、問題の解決はあせらず段階を踏みながら一つずつ解決していきましょう。

　少年との接し方に唯一の正解はありません。

　同じ接し方をしたとしてもある少年はいい反応をし、ある少年には響かないといったこともあるでしょう。担当になった少年の性格や特性を探り

ながら、慎重にコミュニケーションをとって下さい。

■少年事件のやりがい■■■

「店長になれました！」

「結婚することになりました。奥さんと会ってください！」

「女の子が生まれました！」

　裁判員裁判の結果、約5年半も少年刑務所に入っていた少年からは、もはや嬉しい連絡しか来ません。

　私は、裁判員裁判の時点で、既に、少年は自らの行為を反省し、十分な更生がなされていると感じていました。年に1、2回、少年刑務所で会っていた時も、立ち合いの刑務官からは、本当に真面目で一生懸命頑張っているという言葉しか聞いたことがありません。

　院内で十分に人生設計を立て、それに対する私のコメント、アドバイスを聞いては、より具体的に計画を立て直す姿を見て、これ以上、少年の時間を奪わないでくれと思っていました。しかし、不定期刑である以上、出所時期ははっきりとはわかりません。

　ようやく出所できた後、私は、少年とともに、私の顧問先の社長の元に採用面接に行きました。その後の経緯は最初に書いたとおりです。少年は今、約5年半の時間を取り戻し、とても充実した人生を送っています。

　少年のお陰で、私自身も、頑張り続ければ本当に人生をやり直せるということを教わることができました。

第 2 章

少年事件の受任

1 総論

少年事件の受任の形態は、受任時期、私選か国選か否か、私選の場合であれば援助制度を利用しているか否かによって異なります。以下では、被疑者段階（家裁送致前）での受任の場合と家裁送致後の受任の場合に分け、さらに援助制度や国選を利用して受任する場合と私選で受任する場合とに分けてそれぞれの手続を説明していきます。

また、受任の形態に引き続き、少年の特性や少年事件の手続的特徴を踏まえた少年事件の受任全般における注意点や、複数選任や移送・回付等の特別な考慮を有する場合についても説明していきます。

2 被疑者段階（家裁送致前）での受任

(1) 弁護人としての活動

少年事件であっても、捜査段階（家裁送致前）では原則として刑事訴訟法が適用されます（法40条）。そのため、かかる段階では弁護人として活動をすることになります（刑訴法30条1項）。

この段階での受任形態としては、大きく被疑者弁護援助制度や被疑者国選弁護制度での受任と、私選弁護人としての受任に分かれます。

(2) 被疑者弁護援助制度や被疑者国選弁護制度での受任

少年本人に十分な資力がなく、家族を含めた周囲が弁護士費用を支払ってくれない場合でも、被疑者弁護援助制度や被疑者国選弁護制度で受任することができます。

(ア) 逮捕段階での受任

まず、逮捕段階であれば、日弁連が法テラスに業務委託している勾留前被疑者弁護援助制度を利用して、少年や保護者等の金銭負担なく被疑者弁護を受任することができます。この場合、あくまで形式上は私選弁護であるため、少年本人や保護者から弁護人選任届への署名押印（指印）をもらう必要があります。

法テラスに勾留前被疑者弁護援助の申込みをするとともに、捜査機関に対して弁護人選任届を提出することになります。この場合、勾留後に引き続き被疑者国選弁護人に選任してもらうためには、改めて辞任届を検察庁に提出する必要がありますので、注意が必要です。

　その後、検察官が勾留請求等をし、裁判所が勾留や勾留に代わる観護措置を認めた場合、被疑者国選弁護人の選任を求めることができます。

　ただし、被疑者国選弁護人の選任は被疑者（少年）からの請求を受けて選任することが原則である一方、少年にとっては正しく制度を理解することが難しく、すでに弁護人が付いているから国選弁護人は不要と勘違いするなどして、被疑者国選弁護人の選任請求をしないまま勾留決定がなされてしまうことがあります。このような事態を避けるために、勾留質問の前に被疑者国選弁護人の選任請求をするように分かりやすく説明する必要がありますし、仮に勾留決定されたのに被疑者国選弁護人の選任がなされないときには、裁判所に状況を確認した上で、必要があれば少年に接見し、改めて被疑者国選弁護人選任請求の手続きをとるように説明する必要があります。

　被疑者国選弁護人に選任された後の受任関係は、後述する勾留段階での受任の場合と同じです。

　次に、検察官が勾留請求等をせず、あるいは裁判所が勾留等を認めなかった場合には、少年は釈放されることになり、被疑者国選弁護人選任の要件を満たしませんので被疑者国選弁護人に選任されることはありません。

　また、被疑者弁護援助制度の対象は身体拘束された被疑者であるため、所属弁護士会の独自の援助制度がない限り、いったん釈放されてしまうと、その後の被疑者弁護活動では被疑者弁護援助制度を利用することができません。

　その場合は、家裁送致されるまでは私選弁護人として活動したり、示談交渉に関して民事扶助の手続を利用したりするしかありません。もっとも、事件が家裁送致された後は、少年保護事件付添援助制度を利用して付添人となることができます。少年保護事件付添援助制度の場合、観護措置がとられていることは絶対的な要件ではなく、当該事件で逮捕されていたので

あれば基本的には保護処分が予想される事件と認められるでしょうから、同制度の要件を満たすためです。そこで、家裁送致後には法テラスに少年保護事件付添援助の申込みをするとともに、付添人選任届を家庭裁判所に提出することで、付添人として活動することができます。

　最後に、検察官が逮捕段階で勾留請求することなく、そのまま家裁送致する場合があります。逮捕段階ですでに必要な捜査を終えているような場合です。

　この場合、被疑者弁護人がそのまま当然に付添人となるわけではないため、改めて付添人として選任される必要があります。

　したがって、後述する国選付添人選任の対象事件の場合は、国選付添人選任に関する申入書及び国選付添人選任に関する要請書を作成し、前者を家庭裁判所へ、後者を法テラスへ提出しなければなりません。

　裁判所が国選付添人選任をしなかった場合や同対象事件以外の場合は、少年保護事件付添援助制度を利用して付添人となることができます。

　詳しくは、3(3)を参照してください。

(イ) **勾留段階の受任**

　勾留段階で受任する場合の多くは、少年が勾留決定時に被疑者国選弁護人の選任請求をしていて、法テラスからの指名打診を受けて被疑者国選弁護人に選任されるケースです。この場合、すでに被疑者国選弁護人に選任されているため、特に勾留段階で受任のための新たな手続きは不要です。

　一方で、少年が弁護人や付添人の意義を理解していない等の事情で、勾留決定時に被疑者国選弁護人の選任請求をしておらず、その後に本人や家族の要請によって当番弁護士として出動するケースもあります。この場合は、当番出動時に弁護人や付添人の意義を分かりやすく伝え、改めて被疑者国選弁護人の選任請求をするように促す必要があります。

　その上で、当番弁護人の出動報告と合わせて法テラスに被疑者国選弁護人の指名承諾の連絡（弁護士会によって方法や書式が異なります）をとることにより、被疑者国選弁護人に選任され、被疑者弁護活動を始めることができます。

　被疑者段階で活動している途中で、準抗告申立て等が認められて勾留が

取り消されて釈放された場合、被疑者国選弁護人の立場ではなくなります。

　そして、被疑者弁護援助制度の対象は身体拘束された被疑者であるため、所属弁護士会の独自の援助制度がない限り、いったん釈放されてしまうと、その後の被疑者弁護活動では被疑者弁護援助制度を利用することができません。

　したがって、その場合は、家裁送致されるまでは私選弁護人として活動したり、示談交渉に関して民事扶助の手続を利用したりするしかありませんが、家裁送致された後は、少年保護事件付添援助制度を利用して付添人となることができます。少年保護事件付添援助制度の場合、観護措置がとられていることは絶対的な要件ではなく、当該事件でいったん勾留されていたのであれば基本的には保護処分が予想される事件と認められるでしょうから、同制度の要件を満たすためです。そこで、家裁送致後には法テラスに少年保護事件付添援助の申込みをするとともに、付添人選任届を家庭裁判所に提出することで、付添人として活動することができます。

　勾留中に釈放されることがなく、勾留されたまま家裁送致された場合、家裁送致により被疑者国選弁護人選任の効力は失われます（法42条2項）。そして、成人の被疑者国選弁護制度とは異なり、そのまま当然に被疑者国選弁護人が、国選付添人になるわけではないため、改めて付添人として選任される必要があります。

　したがって、後述する国選付添人選任の対象事件の場合は、国選付添人選任に関する申入書及び国選付添人選任に関する要請書を作成し、前者を家庭裁判所へ、後者を法テラスへ提出しなければなりません。

　裁判所が国選付添人選任をしなかった場合や同対象事件以外の場合は、少年保護事件付添援助制度を利用して付添人となることができます。

　詳しくは、3(3)を参照してください。

(ウ)　私選弁護人としての受任

　被疑者段階において、少年本人や少年の保護者等が弁護士費用を支払うことができれば、私選弁護人として受任することができます。

　この場合は、特に逮捕段階なのか勾留段階なのかは問わず、また在宅事件であっても、弁護人選任届に署名捺印をもらって捜査機関に提出すれば、

被疑者弁護人として活動することができます。

　家裁送致されると、私選弁護人がそのまま当然に私選付添人になるわけではないため、改めて付添人選任届を家庭裁判所に提出する必要があります。切れ目なく付添人活動をするためには、家裁送致される前の段階で付添人選任届への署名捺印をもらっておくといった工夫も有用です。

　私選弁護で受任する場合に気を付けなければならないことは、少年の親が弁護士費用を支払っている場合の、少年の親との関係です。

　少年事件においては、少年の親自身や少年と親との関係性が要保護性を高める事情となっているケースが少なくありません。その場合の環境調整のためには、少年の親にとって耳が痛い話をしていく必要もでてきますし、その中で少年の親と対立しかねない状況も生じかねません。

　そのため、少年の親から弁護士費用が支払われている場合、環境調整に向けた弁護活動や付添人活動がしづらかったり、少年の親が付添人を解任したいと言い始めたりする可能性もあります。

　かといって、少年の親に過度に配慮しながら付添人活動を行うと、十分な付添人活動ができず、かえって少年の処分や更生にマイナスになってしまいかねません。

　弁護人・付添人にとって、その弁護活動・付添人活動の対象は少年自身であることを肝に銘じておく必要があります。

　したがって、少年の親等に弁護士費用を支払ってもらう形で私選受任する場合には、弁護活動や付添人活動は少年本人のために行うものであること、そのため場合によっては少年の親に対して厳しいことを述べたり、少年の親の意に沿わない主張をしたりする可能性もあることを、十分に説明し、納得してもらう必要があります。事案によっては、委任契約書にその旨を明記したり、別途、重要事項説明書を作成するなどして、後日のトラブルに備える必要がある場合もあり得ます。そのことを明確にするためにも、弁護人選任届は親などからではなく、少年本人に署名捺印してもらうべきです。

　そのような説明に対して親が強く反発を示したり、将来的に少年の親とトラブルになって弁護活動や付添人活動に大きな支障が生じる可能性が少

なくないと思われたりする場合には、あえて私選事件としては受任しないという選択肢を選ぶことも考慮に入れるべきでしょう。

3　家裁送致後の受任

(1)　付添人としての活動

　少年事件の場合、家裁送致後は弁護人ではなく付添人として活動をすることになります。

　この段階での受任形態としては、大きく国選付添人制度や少年保護事件付添援助制度での受任と、私選付添人としての受任に分かれます。

(2)　国選付添人制度や少年保護事件付添援助制度での受任

　少年本人に十分な資力がなく、家族を含めた周囲が弁護士費用を支払ってくれない場合でも、国選付添人制度や少年保護事件付添援助制度で受任することができます。

　少年保護事件付添援助制度は、国選付添人が選任されない場合の制度ですから、まずは国選付添人制度について説明します。

(ア)　国選付添人制度について

　現行法上、国選付添人選任の対象事件は以下で述べるように三つの類型に限られています。

　まず、一つ目の類型は、裁量的国選付添事件（法22条の3第2項、22条の2第1項）です。これは、「死刑又は無期若しくは長期3年を超える懲役若しくは禁錮に当たる」事件を犯して、「少年鑑別所収容の観護措置」をとられている少年に対して、裁判所の「裁量」で国選付添人が選任されるというものです。

　あくまで、家庭裁判所の裁量による選任であり、少年には選任請求権がないため、対象事件であっても、国選付添人が選任されない場合もありますし、各家庭裁判所や裁判官によっても差があります。

　二つ目の類型は、検察官関与決定事件（法22条の3第1項、規則30条の3第1項、2項）です。

三つ目の類型は、被害者による審判傍聴の申出事件（法22条の5第2項、22条の4第1項）です。被害者による審判傍聴の申出の許否につき、家庭裁判所は弁護士付添人の意見を聞かなければならないとされています（法22条の5第1項）。

　二つ目と三つ目の類型の場合、少年につき、観護措置決定を受けているか否かは問われず、弁護士付添人がいない場合には、弁護士付添人が必要的に選任されることになります。

　つまり二つ目の類型と三つ目の類型に該当している場合には、該当することになった時点で国選付添人に選任されることになりますから、最初から国選付添人に選任された事件以外であれば、まずは一つ目の類型に該当するかを確認します。

　そして、該当する場合には、国選付添人選任に関する申入書及び国選付添人選任に関する要請書を作成し、前者を家庭裁判所へ、後者を法テラスへ提出します。

　この申入書に対して、裁判官が国選付添人の選任を認めれば、国選付添人として活動していくことができます。

　なお、いったん後述する少年保護事件付添援助制度によって付添人になった場合であっても、その途中で2つ目の類型や3つ目の類型に該当することになった場合には、法テラスに国選付添人選任に関する要請書を提出した上で家庭裁判所に辞任届を提出し、改めて国選付添人に選任してもらうことができます。国選付添人の選任件数を増やすためにも、そのような切り替えを積極的に検討していくことには意義があると思われます。

(イ)　少年保護事件付添援助制度について

　国選付添人選任の対象事件以外の事件の場合や、国選付添人選任の対象事件であっても家庭裁判所が国選付添人を選任しなかった場合には、少年保護事件付添援助制度を利用して受任することになります。ただし、国選付添人選任の対象事件の場合、あくまで裁判所が国選付添人を選任しなかったことが要件となるため、原則として、少年保護事件付添援助制度の利用申込みの前に、国選付添人選任に関する申入書及び要請書を提出しておく必要があります。

なお、少年保護事件付添援助制度の場合、観護措置により身体拘束を受けていない少年であっても、保護処分を受けることが予想される場合等の他の要件を満たせば、援助制度を利用することができますので、観護措置が取り消されたりした場合も、引き続き同制度による付添人として活動を継続することができます。

　少年保護事件付添援助制度を利用する場合、形式上は私選付添人となるので、付添人選任届に署名押印してもらった上で、家庭裁判所に提出する必要があります。

(3)　私選付添人としての受任

　家裁送致後において、少年本人や少年の保護者等が弁護士費用を支払うことができれば、私選付添人として受任することができます。

　この場合は、付添人選任届に署名捺印をもらって家庭裁判所に提出する必要があります。

　私選付添人として受任する場合には、被疑者段階で私選弁護として受任する場合と同様に、少年の親との関係に気を付ける必要があります。

　付添人にとって、その付添人活動の対象は少年自身であることを肝に銘じておかなければなりません。

　したがって、少年の親等に弁護士費用を支払ってもらう形で私選受任する場合には、付添人活動は少年本人のために行うものであること、そのため場合によっては少年の親に対して厳しいことを述べたり、少年の親の意に沿わない主張をしたりする可能性もあることを、十分に説明し、納得してもらう必要があります。そのことを明確にするためにも、付添人選任届は必ず少年本人に署名捺印してもらうべきです。なお、受任後すぐに記録を閲覧・謄写するために、接見するよりも前に親からの付添人選任届を家庭裁判所に提出することもありますが、その場合も重ねて少年本人からの付添人選任届も作成しておくべきです。

　上記のような付添人からの説明に対して親が強く反発を示したり、将来的に少年の親とトラブルになって弁護活動や付添人活動に大きな支障が生じる可能性が少なくないと思われたりする場合には、あえて私選事件とし

ては受任しないという選択肢を選ぶことも考慮に入れるべきでしょう。

　特に付添人段階で私選依頼が来る場合には、すでに被疑者国選弁護人に引き続く国選付添人や付添援助制度による付添人弁護士が付いていることもあり、その弁護士と対立して私選付添人を選任しようとしている場合もありえます。少年本人にとって私選受任をすることが望ましいかどうかを十分に検討することが重要です。

4　受任の際の注意事項

(1)　弁護人や付添人選任の意義の説明・説得

　少年、特に十代前半の少年や非行を起こしてしまった少年の中には、弁護士が弁護人や付添人として付いてもらうことの意義を理解できなかったり、弁護士を選任することを自分だけで決めることに躊躇を覚えたりして、弁護人選任や付添人選任に消極的になる少年も少なくありません。「軽微な事件と言われているので弁護士はいらないと思っている。」「弁護士がついて何の役に立つのかわからない。」などと言われることもあるかもしれません。

　しかし、少年事件の場合、成人の刑事事件とは異なり、事案が軽微だからといって不起訴処分に相当するものがなく、全件家庭裁判所に送致されます（法41条、42条）。そして、少年審判では、事案の軽重のみで処分が決せられるわけではなく、要保護性も重要な判断要素になります。

　また、仮に保護観察等の比較的軽微な処分が見込まれたとしても、要保護性の解消に向けた環境調整を怠ると、再非行に及ぶ可能性が高まりかねません。

　加えて、捜査が適正になされているかの監視も弁護士付添人の重要な役割です。

　そのため、事案が軽微であろうと、弁護士が環境調整に尽力することで、少年の更生に必ず役に立ちます。そのことを是非少年に対して自信を持って説明し、また費用の負担も考えなくていいことをしっかり伝えて、弁護人や付添人を選任したり、国選弁護人選任請求したりするように説得する

ことが望ましいといえます。

少年が、親の了解を得てからとどうしても拘る場合でも、1日も早く弁護人・付添人として活動を始めた方がいいですから、選任届の提出は親の了解を得てから提出するという留保付きでもいいので、先に選任届の署名押印をもらう努力をしましょう。

(2) 親への説明

上述したとおり、弁護人や付添人の選任は少年自身にしてもらえばよく、必ずしも親からの了承や同意等を得る必要はありません。

とはいえ、少年の抱えている問題を正確に把握したり、少年の要保護性を解消したりするためには、親からの協力が非常に重要となり、弁護人や付添人となることについて親からも理解を得ておく必要があります。

したがって、国選か法律援助かを問わず、弁護人や付添人に選任されたときには、まずはすぐに親に連絡をし、弁護士が関与することのメリット、費用の問題が国選や援助制度でクリアできること、少年事件の手続の流れ等を保護者にも丁寧に説明し、理解を得ておきましょう。

ただし、十分に説明しても親の理解が得られない場合であっても、少年本人からの選任が得られていれば、辞任したりする必要はありません。むしろ、弁護人や付添人の選任に親が反対しているケースの方が、要保護性の問題があって弁護士が関与すべきケースであるといえます。その場合は、弁護活動や付添人活動を通じて、親への理解を得る努力を続けていくことになります。

(3) 審判予定日のスケジュール確保

後述するとおり、少年事件の場合、観護措置期間の上限が4週間となっていることに加え、家庭裁判所（特に支部）によっては、少年鑑別所からの押送の関係で、観護措置中の少年の審判日となる曜日が決まっているため、家裁送致の段階で審判予定日がほとんど決まってしまう場合があります。

また、勾留延長されそうかどうかの判断ができれば、家裁送致前の勾留

段階でも、家裁送致日がおおよそ予想でき、そこからさらに3〜4週間後の審判予定日が予想できます。

　そのような場合には、受任の時点で審判予定日のスケジュールを確保しておいた方がいいでしょう。

(4)　弁護人選任届・付添人選任届

　弁護人選任届及び付添人選任届は少年本人から署名・押印をもらい、受領しておくことが必要です。また、家裁送致前での面会であっても、付添人選任届を持参し、署名・押印をもらっておきましょう。なぜなら、観護措置手続への立会い等を求めるに当たっても付添人選任届の提出が必要ですし、そうでない場合でも家裁送致後（国選付添人を選任しないことがはっきりした後）にすみやかに付添人選任届を提出することで、記録閲覧・謄写を含めたその後の手続もスムーズに行うことができるためです。

　また、付添人の選任権者は、少年及び保護者ですが（法10条）、両親が共同親権を行使している場合には、父母両方からの選任を受ける必要があることに注意しましょう。

5　受任にあたり特別な考慮を有する類型（複数選任、遠方勾留など）

(1)　複数選任

　重大事件や少年を取り巻く環境が複雑な事件など、弁護士一人では十分な弁護活動・付添人活動が難しい事件では、複数の弁護士を弁護人や付添人に選任してもらう複数選任を検討すべきです。

　この点、純粋な私選での受任の場合には、弁護士費用をどうするかという問題はあるものの、手続的には新たに弁護人・付添人となる弁護士についても選任届に署名押印してもらって捜査機関や裁判所に提出すれば足ります。

　一方で、被疑者国選弁護人や国選付添人の場合、裁判所に複数選任を認めてもらう必要があります。裁判員裁判対象事件などは比較的複数選任が

認められやすいですが、それ以外の事件では簡単には複数選任を認めては
もらえませんし、裁判員裁判対象事件であっても逆送見込みが低い事案な
どでは、国選付添人の複数選任はなかなか認めてもらえません。なぜ複数
の弁護士で対応する必要があるのか、具体的な理由を付して裁判所に対し
て追加選任の申入書を提出しましょう。

　なお、福岡県弁護士会の場合には、裁判所が国選弁護人や国選付添人の
複数選任を認めなかった場合に、2人目以降を刑事被疑者弁護援助制度や
少年保護事件付添人援助制度で付けることができる独自制度があります。
裁判所が複数選任を認めなかった場合には、所属する弁護士会の方で別に
追加選任できる手続がないかどうか確認してみましょう。

　最後に、弁護士が刑事被疑者弁護援助制度や少年保護事件付添人援助制
度の場合、弁護士会に複数選任を承認してもらう必要があります。「複数
弁護士承認願い」に複数選任が必要な具体的な理由を記載して弁護士会に
申し出をし、その承認を得てから法テラスに追加選任の申込みをする必要
があります。

(2) 移送・回付が見込まれる事件

　少年保護事件の管轄は「少年の行為地、住所、居所又は現在地による」
とされています（法5条1項）。ただし、行為地を管轄する家庭裁判所と少
年の住所地を管轄する家庭裁判所が異なる場合には、前者の家庭裁判所に
事件が送致された後、「保護の適正を期するため特に必要がある」として、
後者の家庭裁判所に移送されることが多く、これを裁量的移送といいます
（法5条2項）。なお、ある家庭裁判所の本庁と支部の間でも同様に事件が
移されますが、これは「回付」といわれます。

　勾留裁判所と勾留状記載の少年の住所地を管轄する家庭裁判所が異なる
場合など、移送・回付が見込まれる事件については、受任の際に、移送・
回付後も付添人として活動することが可能かどうかを検討する必要があり
ます。仮に、移送・回付後に付添人活動を続けることができない場合には、
その旨を少年やその家族等に説明するとともに、付添人が就かない期間が
生じないように、移送・回付先の弁護士会や家庭裁判所とも連携をとる必

要があることにも留意が必要です。

	逮捕	勾留 （勾留に代わる 観護措置）	家裁送致
国選付添人対象事件 ①死刑または無期もしくは長期3年を超える懲役もしくは禁錮にあたる事件 ②検察官関与事件 ③被害者等の審判傍聴の申し出を許可した事件	勾留前被疑者弁護援助制度	被疑者国選弁護人	国選付添人
国選付添人対象事件だが、選任されなかった場合（※1）			少年保護事件付添援助制度
国選付添人対象事件以外			
注意点	・弁護人選任届を留置先に提出 ・法テラスに援助制度の利用申込	援助制度を利用しており、勾留後に国選弁護人として受任する場合は、検察庁に辞任届を提出	※1 国選付添人に選任されなかったことが援助制度の利用要件なので、利用申込前に、選任申入書（家裁）及び選任要請書（法テラス）を提出

第 3 章

被疑者段階
—— 弁護人としての活動

1 　少年被疑者事件の弁護活動の視点

⑴　成人事件との違い

　少年が被疑者として逮捕された場合であっても、捜査段階においては、成人事件同様に、刑事訴訟法が適用されます（法40条）。

　そのため、弁護人がなすべき活動も、成人事件における弁護活動を基本とするところですが、捜査の対象が未成熟な少年であることや家裁送致が予定されていることなど、少年事件特有の性質があるため、弁護人としては、少年事件の性質を理解した上で、弁護活動を行っていく必要があります。

㋐　**少年の特性**

　まず、少年が、成人と比較して、理解力・表現力・判断力が不足していることがあることを把握しておく必要があります。

　そのため、少年から事件について聴取する際にも、丁寧にひとつひとつ事実を確認しながら聴き取りを進めていく必要があります。聴き取りの際には、少年が事件について話しやすいように、受容的に聞くことが大切です。少年は、弁護人と接見するまでに、捜査関係者から事件に関して、根掘り葉掘り聞かれており、場合によっては辟易していることもあるでしょう。そのようななかで、弁護人が、少年に対してパートナーとしての姿勢を見せることが信頼関係の樹立のために必要となります。

　もっとも、少年は、事件に関して、友人をかばったり、捜査官と話を合わせたりして、本当のことを言わない、言い出せないということがあります。そのような際には、信頼関係に配慮しつつ、事実を確認していく必要があります。

㋑　**手続的な違い──勾留・接見禁止・検察官の処分**

a　勾留について

(a)　勾留の要件

　少年の身体拘束については、少年に対する精神的影響が大きいことから、勾留が「やむを得ない場合」（法48条1項・43条3項）に限られています。

　しかし、実務上、「やむを得ない場合」は緩やかに解されており、少年

の勾留が安易に認められてしまっています。

　なお、特定少年に関しては、法48条1項の規定の適用が排除されているため（法67条1項）、勾留の要件は成人の場合と変わらないこととなっています。

(b)　勾留に代わる観護措置

　検察官は勾留の要件が認められる場合であったとしても、勾留に代えて観護措置を請求することができます（法43条1項）。また、裁判官も勾留請求があった場合でも、勾留に代わる観護措置をとることができます。

　勾留に代わる観護措置がされた場合、勾留とは異なり、家裁調査官による観護の方法をとることができること、10日間の観護措置期間は延長できないこと、勾留に代わる観護措置により少年鑑別所に身体拘束されていた事件が家裁送致された場合、当然に家裁送致後の少年鑑別所収容の観護措置とみなされること（法17条6項）という違いがあります。

(c)　勾留場所

　少年が勾留される場合、警察署における留置施設が勾留場所として指定されることが多いものの、少年に対する悪影響を考慮し、鑑別所を勾留場所とすることが認められています。

　そのため、弁護人として、仮に少年が勾留される場合であっても、少年鑑別所を勾留場所とすることを求めていくことが考えられます。

b　接見禁止について

　少年事件において接見禁止等処分がされた場合、成人事件とは異なり、保護者だけは接見禁止決定から除外されている場合が多いです。もっとも、少年事件においては保護者以外の親族・雇用先等の関係者など環境調整のために接見を行う必要がある場合もあるため、後述のとおり、接見禁止等処分に対する準抗告・一部解除の申立て等を検討する必要があります。

　また、少年が観護措置によって鑑別所に在所することとなった場合の接見について、刑事訴訟法には何の規定もありません。ただし、少年鑑別所の長は、鑑別所における少年の面会の相手が①保護者等、②婚姻関係の調整、訴訟の追行、修学または就業の準備その他身分上、法律上、教育上または職業上の重大な利害に係る用務の処理のため面会することが必要な者

である場合には、原則として、面会を許すことができる（少年鑑別所法80条）とされています。

c　検察官の処分について（全件送致主義　法41条、42条）

　少年事件は、成人事件とは異なり、検察官が少年の被疑事実について、犯罪の嫌疑が存在すると判断した場合には、家庭裁判所へ送致しなければならない（全件送致主義〔法41条、42条〕）とされています。

　そのため、成人事件であれば、起訴猶予処分による不起訴が見込まれるような事件であったとしても、少年事件であれば家庭裁判所へ送致されるという大きな違いがあります。このような違いは、後述するように被害者と示談をすることの意義などの違いを生じさせることとなります。

(2)　早期着手・スケジューリングの必要性

　少年が、家庭裁判所に送致された場合には、後述のとおり、観護措置決定によって少年鑑別所に送致がされることがあります（法17条1項2号）。観護措置期間は原則として2週間を超えることができない（法17条3項）とされていますが、実際には、鑑別所におけるプログラムが1か月を前提として組まれているため、観護措置期間が更新される（法17条4項）ことによって、4週間、鑑別所に収容され、観護措置の満了までに少年審判が行われることが一般的です。

　そのため、少年の観護措置が予想される場合には、収容を伴う観護措置決定から少年審判まで3週間弱しか期間がないため、弁護人は、被疑者段階から少年審判までの期間を見越して、親や祖父母との面会・打合せによる家庭環境の調整、学校関係者・雇用主等との面会・打合せによる社会環境の調整、さらには調査官との面談、付添人意見書の提出といった準備を進める必要があります。

　そこで、弁護人は、被疑者段階から、観護措置決定に対する意見書や少年審判における最終的な意見書の提出に向けて、早期にスケジューリングした上で着手することが重要となります。

2　取調べに対する対応

⑴　頻繁な接見・打ち合わせの必要性

㋐　刑訴法および少年法上、少年に対する取調べに関する特別の規定はないため、取調べは成人事件と同様に行われます。しかし、少年は仲間や大人に対する迎合性が高く、取調べに対する抵抗力も成人以上に弱いため、少年の意に沿わない供述調書が作成されかねません。

　そのため、弁護人は、少年や保護者とよく面会し、打ち合わせを重ねることによって取調べに対する対策を話し合う必要があります。

㋑　また、弁護人が、逮捕勾留前または被疑者段階から少年に関わるようになったとしても、少年がすぐに心を開いて、弁護人と話をしてくれるとも限りません。そのため、弁護人が、少年と信頼関係を深めていくためにも、打ち合わせを重ねるとともに、被疑者段階にあっては頻繁に接見をして話をすることが重要となります。

　このような信頼関係の構築は、付添人活動が必要となった場合に、非行事実の認否のみならず、少年の成育歴や家庭環境・学校・職場などの社会環境について聞き出し、審判に向けての準備するためにも重要となってきます。

㋒　少年が嫌疑を否認している場合、弁護人は、捜査機関の少年に対する取調べの質問内容や少年の語る事実を丁寧に聴き取ることによって、捜査機関の見立てを把握するとともに、少年に対して、捜査機関の取り調べに対する対応をアドバイスしていくことが重要となります。

　そのために、まずは、弁護人から、少年に対して、捜査機関から取調べにおいて、どの点について重点的に質問を受けているかを確認することで、捜査機関の証拠の把握状況等を確認する必要があります。

　その上で、弁護人は、少年に対して、どのように取調べに対応していくか、黙秘を含めて打ち合わせていく必要があります。その際には、少年の性格・資質等を踏まえて、具体的にアドバイスすることが重要であり、少年が黙秘することが可能か、黙秘できるとすればどの点を黙秘するか等を丁寧に伝えていくことが重要です。

そして、少年が勾留されている場合には、2016年（平成28年）刑事訴訟法改正により一部事件で取調べの録音・録画が義務付けられたことも踏まえ、警察・検察に対して、取調べの録画録音の申入れをすることが必要になるケースもあります。

㈑　少年が非行事実を認めている場合、弁護人から少年に対する内省を深めることが重要になります。少年は、当初、少年・家族・被害者・社会に対して非行がもつ意味をしっかりと理解しておらず、単に悪いことをしたから捕まったとの理解に留まることもあります。しかし、弁護人が少年と非行事実について話を進めていく過程において、被害者の気持ちや社会に与える影響を考えてもらうことで、少年の非行に対する内省を深めることにつながります。

(2)　取調べについての接見時の聴き取り及びアドバイス

　少年が逮捕勾留されている場合に、捜査機関の取調べについて少年から聴き取りをする場合には、被疑者ノートを活用することが重要です。少年に被疑者ノートを記入してもらうことによって、当日の取調べの状況や具体的な質問等を正確に知ることができます。また、少年自身も取調べにおいて記憶すべき内容を把握するという目標ができることによって、付添人に対する取調べ状況の説明がスムーズに行われることもあります。なによりも、捜査機関側による暴言・暴行等の違法行為があった場合には直ちに対応することができる上、違法行為があったことを示す一つの証拠となり得ます。このような場合には、内容証明郵便などで担当検事や警察署長宛に苦情又は調査の申入れをすることも検討しましょう。

　そして、付添人としても、取調べ状況を正確に理解することができることによって、適切な助言をすることができるというメリットがあります。

　また、少年の供述が捜査段階から一貫したものであることを示す必要がある場合には、捜査段階の少年の供述調書を聴き取って確定日付の入った書面を作成する等も考えられます。

(3) 取調べの録画録音の申入れ

2016年（平成28年）刑事訴訟法の改正では、裁判員裁判対象事件等の取調べの録音・録画が義務化された事件と、録音・録画の義務化の対象外となっている事件があります。そのため、弁護人において、取調べの録画録音が必要と考えた事件については、警察署及び検察庁に対して取調べの録画録音の申し入れを行う必要があります。

3　身体拘束からの解放

(1)　少年被疑者における身体拘束からの解放の重要性

少年であっても、逮捕されれば警察署内の留置施設に留置されますし、勾留される場合も、警察署内の留置施設が勾留場所として指定されることが通常であるため、少年は、それまでの環境とは全く異なる場所に置かれることになります。

しかし、長期間における身体拘束は、心身の発達が未熟である少年にとって著しく悪影響を与えかねない上、就学先の学校から退学処分を受ける、雇用先から解雇を言い渡されるなど社会資源の喪失を招きかねません。

そのため、弁護人は、第一に少年が逮捕・勾留されないように弁護活動を行う必要があります。

(2)　逮捕されないための対応

(ｱ)　少年事件のうち、比較的軽微な事案については、捜査機関から任意に取調べを求められるケースも存在します。しかし、そのような場合であっても、少年が、取調べにおける黙秘権等の権利を理解しておく必要があることは変わりません。

そのため、弁護人から、取調べを受ける少年と保護者に対して、黙秘権を有すること、供述調書の署名・押印を拒否しうること等を事前に説明する必要があります。

(ｲ)　また、少年に対して、任意の取調べであることから、取調べを拒否しうることも合わせて説明する必要があります。ただし、捜査機関から任意

出頭を求められた場合に拒否を続けると、かえって逮捕の必要性があるとして逮捕されてしまう危険性があります。

　そのため、弁護人から、少年に対して出頭に応じないと逮捕される危険性があることを説明した上で、可能であれば、弁護人が取調べに同行して警察署内に待機する必要があることもあります。

(ウ)　さらに、少年が、捜査の進展によって逮捕される可能性が生じる場合には、事前に、弁護人が少年とともに警察に赴き、任意に取調べを受けることで、罪証の隠滅がないことを示すことも考えられます。

　また、弁護人が、少年の環境調整を行っておくことで、逃亡のおそれがないことや逮捕の必要性が乏しいことを基礎付けることも考えられます。

(3)　勾留されないための対応

(ア)　検察官に対して

a　犯罪の嫌疑に関する意見書

　検察官は、少年の被疑事実について、犯罪の嫌疑があると思料するとき、事件を家庭裁判所へ送致します（法42条）。そこで、少年に犯罪の嫌疑がない、または、嫌疑が不十分である場合には、検察官に対して、犯罪の嫌疑がないことに関する意見書を提出する必要があります。

　また、少年に対する嫌疑について、弁護人の意見と被疑事実とが異なる場合（例えば、被疑事実は強盗致傷であるが、弁護人は窃盗と傷害が成立するにすぎないと考える場合）にも、検察官に対して意見書を提出する必要があります。

b　勾留に関する意見書

　この他にも、成人事件同様に、少年に対する勾留の要件を満たさない場合には、勾留に関する意見書を提出する必要があります。また、その際には、仮に身体拘束されるとしても、勾留に代わる観護措置を求める旨を記載することも必要です。

(イ)　裁判官に対して

　上記(ア)のような活動にもかかわらず、検察官が勾留請求を行った場合、弁護人としては裁判所に対して、犯罪の嫌疑または勾留に関する意見書を

提出する必要があります。

　勾留に関する意見書を提出する際には、少年が罪証隠滅を行うことがないことを示す具体的事実を記載するとともに、保護者の身元引受書等を添付して、逃亡のおそれがないことを記載して、少年に対する勾留がやむを得ないとは言えないことを主張することが重要です。

　さらに、少年が受験等を直前に控えているなど、勾留によって不利益を被る事情がある場合には、勾留の必要性がないことを記載することも重要ですし、勾留の要件が認められる場合であっても、勾留に代わる観護措置とするように求めることも重要です。

⑷　勾留に対する異議申立て

㋐　準抗告申立て

　少年が勾留された場合であっても、成人事件における勾留の要件（刑訴法207条1項、同60条1項）や「やむを得ない場合」とは言えない（法48条1項、43条3項。ただし特定少年の場合には除かれます）ときには、裁判所に対して準抗告（刑訴法429条1項2号）を申立てることが考えられます。

　法は、勾留が少年の心身に対して悪影響を及ぼすことから、少年を勾留できる場合を制限しています。そのため、「やむを得ない場合」とは一般的には①請求を受けた裁判所の所在地に鑑別所がないなど物理的に鑑別所への収容が困難なとき②事案の内容からみて勾留に代わる観護措置の期間内には捜査を遂げる見込みがないなど、勾留によらなければ捜査の遂行上重大な支障があるときをいうとされています。

　もっとも、勾留については、実務上、「やむを得ない場合」を緩やかに解しており、成人事件と同様の基準で勾留決定がされるケースが多いです。しかし、そのような場合であっても、少年を勾留することがやむを得ないとは言えない、すなわち、違法であると考える場合には、積極的に準抗告を申し立てるべきといえます。

㋑　勾留取消請求（刑訴法87条）

　少年について、勾留請求時において勾留の要件や必要性が認められる場合であっても、その後の弁護活動によって勾留の要件や必要性がなくなる

場合（被害者との示談など）があります。そのような場合には、勾留取消請求を申立てることが考えられます。

(ウ) 勾留の執行停止（刑訴法95条）

　少年が勾留されている場合であったとしても、家族の葬儀などに出席するために必要があるときは勾留の執行停止を申し立てることが考えられます。少年事件においては、少年から高校等を受験する必要があることや入学式・卒業式といった行事に参加したいといったことを伝えられることがあります。特に受験が差し迫っている場合には、募集要項・受験票のコピー・身元引受書を提出することによって、勾留の執行停止が認められるケースがあります。

(5) 勾留に代わる観護措置について

　少年に対して勾留に代わる観護措置がされた場合については、勾留に関する規定が準用されています（刑訴規則281条、282条）。もっとも、勾留に代わる観護措置について、どこまで勾留の準抗告に関する規定が準用されるかについては争いがあります。

　しかし、勾留に代わる観護措置であっても、少年を釈放すべきであると考えた場合には、その問題点を指摘して、まずは申立てを行うことが重要です。

4　接見禁止の解除に向けて

(1) 少年事件における接見の重要性

　共犯事件や否認事件など、ケースによっては勾留とともに接見等禁止決定がされることがあります。この場合であっても、両親については対象から除外されている場合が多いです。しかし、祖父母・兄弟姉妹といった親族、通学先の教職員、雇用主、友人等は接見ができないことになり、外部との交流が極めて制限されることとなります。

　しかし、留置施設に勾留された少年の心情の安定を図り、また、早期の環境調整を図る必要があることからすれば、両親以外の者であっても留置

施設に接見へ行ってもらうことが重要となります。

⑵　接見等禁止決定に対する弁護活動

　そこで、弁護人が、接見等禁止決定の対象となっている者と接見を図る
必要があると考えた場合、接見等禁止決定に対する準抗告（刑訴法429条1
項2号）、または接見禁止一部解除の申立て等を行う必要があります。

5　その他の弁護活動

⑴　証拠収集・情報収集——環境調整の前提としても

　弁護人は、少年との面会によって得た情報をもとに、非行の成否や重要
な犯情に関わる証拠を収集することが必要となる場合があります。

　また、少年との面会で得た情報をもとに、親・兄弟・親族や雇用主・学
校との教師とも面会や電話をすることによって、少年の育成歴・家庭環
境・社会環境等の情報を得る必要があります。これらの情報から、少年の
更生のために有用な社会資源を発掘していくことも重要です。

⑵　学校対応

　少年が公立中学校に通学している場合、少年が逮捕・勾留されたとの情
報は、警察から中学校へと通告がされることによって、公立中学校側も把
握していることが多いです。そのため、このような場合には、学校側の校
長・指導担当・担任と面会することによって、中学校での様子を知ること
ができます。

　また、教師が少年との面会することや少年審判に出席することが少年の
更生につながることから、弁護人から、早期に学校側と接触することも重
要です。

　これに対して、少年が私立中学校や高校に通っている場合、少年が逮
捕・勾留された事実が明らかになると退学等の処分がされる可能性がある
ため、慎重な対応を求められることがあります。

(3) 環境調整

　弁護人は、少年や保護者等からの聴き取った内容から、早期に環境調整に着手することが重要であることは上述のとおりです。

　少年を家庭に戻すことが困難な事情がある場合には少年の居住先を早期に確保することが必要となりますし、その場合には、保護者や居住先との調整が必要となります。

　また、少年が仕事をしているような場合、雇用主の協力を求めることが可能であれば、少年を雇い続けてもらえるように働きかけるとともに、社会復帰後の勤務について、少年と面談してもらうように頼むことも考えられます。

　さらに、少年から、社会資源となりそうな情報を得た場合には、それを生かすことができないか調査をする必要もあります。

(4) 被害者交渉

　弁護人は、保護者や捜査機関から被害者に対する謝罪や被害弁償を求められることがあります。被害者に対する謝罪や被害弁償が、成人事件とは意味合いが異なることは後述7(1)のとおりですが、早期に被害者との話し合いを持つことは、少年が被害者と真摯に向き合おうとしていることを示すものとして重要です。

　また、弁護人が被害者との交渉することは、少年が被害者を通じて、非行事実と向き合うことにつながることにもなります。弁護人から被害者の気持ちを聴き取り、少年に伝えることは、少年の内省を促すことにもつながります。

　さらに、弁護人が被害者に対して、少年の置かれた状況を話すことによって、被害者側に少年のことを理解してもらえることもあります。

6　家裁送致後の活動の準備

　弁護人は、少年の家裁送致がされた後にも、円滑に付添人としての活動ができるように手続きをしておく必要があります。

被疑者国選弁護人としてすでに選任されている場合、少年が家裁送致されることによって、被疑者国選弁護人の選任の効力が失われます（法42条2項）。

　そのため、弁護人は、当該事件が国選付添人対象事件（第2章参照）の場合には、少年に対して国選付添人制度について説明をした上で、国選付添人の選任に関する要請書を法テラスへ、同申入書を家庭裁判所に提出しておく必要があります。

　当該事件が国選付添人対象事件でない場合は、付添援助制度を利用する必要があります。付添援助制度を利用する場合には、少年または少年の保護者からの付添人選任届を家裁に提出する必要がありますので、事前に選任届をもらっておくことも有益です。

7　終局処分

(1)　少年事件の終局処分の特徴

　少年事件の特質で述べたとおり、少年事件は、嫌疑がない場合を除き、全件送致主義によって、家庭裁判所に事件が送致されるため、起訴猶予処分が存在しません。

　そのため、成人事件において、被疑者段階の被害弁償・示談が終局処分を決する上で重要な意味をもつのに対して、少年事件における被害弁償・示談は異なった意味合いをもつことになります。

　少年が、自らの意思で被害者に対して謝罪をすることは、少年が被害者の心情を理解するとともに自らの行為を振り返り内省を深める上で重要な意味を持ちます。

　また、保護者が少年の謝罪に立ち会い、被害弁償をサポートすることは、保護者が少年と向き合い、それまでの少年との関係を見直すこととなる上、少年自身が少年のことを助けてくれる家族や協力者がいることを実感させることになり、少年が自らおかれた環境を見つめ直すきっかけにもなります。

　したがって、被害者との示談・被害弁償は、本来的には少年から自発的

に行われるべきものであり、少年の内省を図るためのものとして位置づけられます。

(2) 終局処分を見据えた弁護活動——意見書の提出等

　捜査機関が捜査を終結し、家裁に対して事件を送致した場合、家裁は当該事件を受理するとともに、少年に対して、観護措置をとるかどうかを判断することとなります（法17条1項）。

　そのため、弁護人は、家裁へと事件が送致されることが予想される場合、事前に、観護措置の要件を欠くこと等を内容とした家庭裁判所宛の意見書を準備しておく必要があります（観護措置の要件・決定手続等については第4章を参考）。

　また、少年に対する収容を伴う観護措置決定が予想される場合であっても、弁護人は、意見書において、少年が非行事実についてどのように考えてきたか、反省文や日記等を添付することによって、少年が審判までの間に内省を深めていることを示し、記録として残しておくことも重要です。

　意見書の提出は、家裁が、事件の受理後、24時間以内に観護措置を取らなければならない（法17条2項）とされているため、家裁送致日に提出することになります。家裁送致日については、事前に少年本人や警察官・検察官に連絡をすることによって確認することができます。

　また、弁護人は、観護措置に関する意見書において、観護措置決定手続きの立会いや裁判官との事前の面談を求めることもあり得ます。

　さらに、弁護人は、保護者に対して、観護措置決定がされない場合に備えて、保護者が家庭裁判所に迎えに来てもらえるように準備を整えておくことも必要です。仮に、少年に対して観護措置決定がされた場合であっても、保護者が少年を迎えに来たという事実が少年にとって重要となります。

第4章

家裁送致後審判前
——付添人としての活動

1 弁護人から付添人への切り替え手続

⑴ 被疑者国選弁護人として選任されていた場合

　少年が家裁送致されることによって、被疑者国選弁護人の選任の効力は失われます（法42条2項）。

　しかし、被疑者段階において、少年の身柄解放や環境調整などの活動をしてきた弁護人が、家裁送致後も途切れることなく付添人として活動することが少年にとって有益といえます。

　そこで、当該事件が国選付添人対象事件（第2章参照）の場合には、少年に対して国選付添人制度について説明をした上で、国選付添人の選任に関する要請書を法テラスへ、同申入書を家庭裁判所に提出しましょう。この手続を経ることで、観護措置決定後に裁判所から国選付添人に選任されることとなります。

　他方で、当該事件が国選付添人対象事件でない場合や、対象事件であるにもかかわらず裁判所が国選付添人を選任しなかった場合は、少年保護事件付添援助制度を利用する必要があります。少年保護事件付添援助制度を利用する場合には、少年または少年の保護者からの付添人選任届を家裁に提出する必要がありますので、被疑者段階に忘れずに選任届をもらいましょう。

　なお、被疑者国選弁護人ではなく被疑者援助制度を利用して弁護人に選任されている場合も、基本的な手続は同じです。

⑵ 私選弁護人として選任されていた場合

　少年が家裁送致されることによって、私選弁護人の選任の効力も失われます。

　そこで、改めて家庭裁判所に付添人選任届を提出する必要があります。

⑶ 家裁送致後、裁量による国選付添人として選任を受けていなかった場合の国選付添人への切り替え手続について

　少年保護事件付添援助制度を利用して付添人の選任を受けて活動してい

たところ、検察官関与決定や被害者等の傍聴の申出による意見聴取手続が行われることとなった場合に、国選付添人への切り替えが可能となります。

　国選付添人が選任されるためには、私選付添人がいないことが要件になります。

　そこで、このような場合、当該付添人は、国選付添人への切り替えに先立って家庭裁判所に対して辞任届を提出しておくことが必要となります。

　なお、福岡家庭裁判所は、援助付添人に対する傍聴の意見聴取手続が開始された場合には、「傍聴を許す場合において、意見を聞くべき弁護士付添人がいないこと」（法22条の5参照）が要件であることから、弁護士が被害者傍聴について意見を述べる前、具体的には意見書等を提出する前に、辞任届を提出しておくことが必要であるとの見解をとっています。

　ちなみに、私選付添人の立場としての活動を継続することはできますが、援助制度を利用している場合は、法律援助事業実施要綱において、必要的国選付添人選任対象事件の場合は援助の対象外であるため、援助を受けられず無報酬で活動しなければならなくなる点に留意が必要です。

2　観護措置決定

(1)　観護措置期間

　観護措置決定が出された場合の期間は、原則2週間とされており、「特に継続の必要があるときは」1回に限って更新することができます（法17条3項）。もっとも、ほとんどの事件が更新され、4週間の観護措置期間がとられています。

(2)　観護措置決定手続及び同手続への立会い

(ア)　観護措置決定手続では、人定質問、供述が強いられることのないことについての説明及び付添人選任権の告知、審判に付すべき事由の告知、そして少年の弁解聴取が行われます（規則19条の3参照）。

(イ)　少年法及び少年審判規則には、付添人の立会いに関する規定を設けておらず、裁判官の裁量に委ねられています。

少年が家裁送致された経験があるかどうかに関わらず、観護措置決定手続の意味がよくわからない少年や同手続への不安から、うまく弁解ができない少年も多いです。加えて、適正手続の確認の観点からも、付添人による観護措置決定手続きへの立会いは重要な意義をもっているといえます。

　それにもかかわらず、観護措置決定手続への付添人の立会いは、法律上の規定がないため、立ち会わせないという運用をとる家裁も少なくありません。このような家裁の運用の変化のために、付添人は、根気強く、積極的に立会いを申入れるべきです。立会いの申入れの際には、観護措置手続への立会いを求めるということのみならず、付添人の立会うべき理由を具体的に述べることが肝要です。

　そもそも、立会いの可否が裁判官の裁量に任されているとはいえ、全くの自由裁量ではなく、規則22条では付添人への決定通知が定められていること、少年法は少年の更生を援助するものとして付添人の存在を認めていること、逮捕・勾留を経て「観護措置決定」を覚悟している少年にとって、付添人の立会いが少年の動揺を招く事態になることはなく、むしろ被疑者段階から面会を重ねそれなりの信頼関係が熟成されている付添人が立ち会えないことのほうが少年の動揺を招きかねないことからしても、基本的に裁判所は、付添人の要望があれば立会いを認めるべきと考えます。

　裁判所において立会いを拒否された場合は、漫然とその事実を受け入れたり、抗議するだけにとどめず、事前若しくは事後に裁判官と面会して、その裁判官が立会いを認めない理由を明らかにさせていく努力が必要でしょう。

(3)　決定後の手続

　観護措置決定後、少年は鑑別所へ送致されます。鑑別所へ送致されたことは、その旨、保護者や付添人に通知されます（規則22条）。

　観護措置決定とならなかった場合はそのまま釈放されますが、審判不開始とならない限り、在宅での調査を経て審判開始となります。審判開始を見据えて、少年との定期的な面接、指導、環境調整などをする必要があります。

⑷　観護措置決定に対する不服申立ての方法

　観護措置決定に対する不服申立てとして、「異議の申立て」（法17条の
２）または「観護措置取消」（規則21条）による方法があります。

⑺　異議申立て

　付添人により異議申立てがなされた場合、家裁は観護措置決定ないし更
新決定をした裁判官が関与しない合議体によって、決定しなければいけま
せん（法17条の２第３項）。

　異議申立てへの裁判所の姿勢は消極的であるため、付添人は、異議申立
ての認容に向けて、異議申立書において観護措置の必要性がないこと及び
観護措置による支障を具体的に主張する必要があります。そして、その事
情を示す疎明資料として、例えば、学校の内申書・通知表、両親の陳述
書・誓約書、勤務先の証明書などを添付します。

　異議申立書に少年法の理念などの抽象論を記載することは説得的とはい
えず、むしろ、裁判官が知り得ない被疑者段階の活動で把握した事実を含
め、記録だけでは知り得ない具体的事情を記載することが有益です。

　異議申立てが認められるのは、一般的には、非行が軽微であり、前歴も
ない場合や、観護措置をとることで進学などに大きな影響を与える場合
（進級試験・入学試験に重なる、拘束により退学の危険がある）が多いようです。

　異議申立棄却決定に対する不服申立てとしては、憲法違反などを理由と
して、５日以内に最高裁判所に特別抗告をすることが可能です（法17条の
３、法35条１項）。

⑻　観護措置取消

　観護措置決定後に生じた事情や調査結果などを踏まえて、家裁が観護措
置の「必要がなくなった」と判断した場合、家裁は、職権によって、速や
かに観護措置を取り消さなければいけません（規則21条）。

　あくまで職権発動によるものなので、家裁に応答義務はなく、付添人は、
観護措置の取消を促す上申書を提出することとなります。

3 家裁送致後の裁判所による調査

(1) 家裁調査官による調査

　裁判官は、送致記録に対して法的調査を行います。その後、通常は、家裁調査官に必要な調査、社会調査（審判や処遇上必要な事項に関する調査）を命じます（法8条）。

　調査官は職場や学校等の関係機関を訪問しての調査、保護者等との面接調査など、少年の問題性の把握に必要な調査をしていきます。

　調査官は、2010年（平成22年）ころから、「生物─心理─社会モデル」（BPSモデル）を活用して調査をすすめているとされています。BPSモデルとは、1977年にアメリカの精神科医ジョージエンゲルが提唱したもので、個人の発達や身体的・精神的健康におけるいろいろな問題に対し、心と身体とを切り離すのではなく、そこに影響する様々な要因を「生物」「心理」「社会」という三つの側面の総合的なシステムとして理解するという枠組みで、三側面からみた各種要因が、どのように相互作用しながら当該問題に影響を与えているかを分析し、問題の発生、維持、悪化のメカニズムを解明して効果的な介入を行うための枠組みです。調査官は、このBPSの視点に、ミクロ・マクロ分析、非行促進・抑止要因などの考え方を付与して理解して、その上で仮説を組み立てていき、どこにどのように働きかけたら最も効果的で処遇効果が上がるかを考えているとされています。

　また、調査官は、少年鑑別所が行った少年鑑別結果通知書も参照して、社会調査の結果に基づいて、処遇意見を付して、家庭裁判所に少年調査票を提出します。

　少年鑑別所は、少年自身の問題を、主に心理テスト等を活用して調査するのに対して、調査官は、少年に対する調査面接のみならず、職場や保護者に対する調査をおこなって、社会との関わりのなかで少年の問題性を分析するとされています。

⑵　少年鑑別所による心身鑑別

　少年鑑別所による心身鑑別は、少年を鑑別所に収容したうえ、資質面について、心理学的な面を中心に詳細な観察、分析を行ないます。

　鑑別所では、まず、①入所時調査、初回面接が行われ、入所後おおむね１週間以内に、知能や性格特性を把握するための集団方式の心理検査を実施し、健康診断を経た後に、鑑別方針が設定されます。ここまでの鑑別で、知能や性格特徴、社会的態度や価値観などの所見を得ているようです。

　その後、②鑑別面接やさまざまな個別心理検査が実施されます。2013年（平成25年）からは法務省式ケースアセスメントツール（MJCA）が実施されるようになりました。これは、過去の経歴に着目する静的領域（生育環境、学校適応、問題行動歴、非行・保護歴、本件態様）と、動的領域（保護者との関係性、社会適応力、自己統制力、逸脱親和性）を設定して、評価するもので、再非行の可能性を４段階の区分により示し、再非行防止にむけた処遇の必要性の参考になるとされています。

　③これらと並行して、鑑別所内の行動観察（ⅰ知能、ⅱ特に対人行動に関する行動傾向、ⅲ情緒および意欲、ⅳ社会的態度および価値観、ⅴ生活習慣）

図　少年鑑別所における収容審判鑑別の流れ

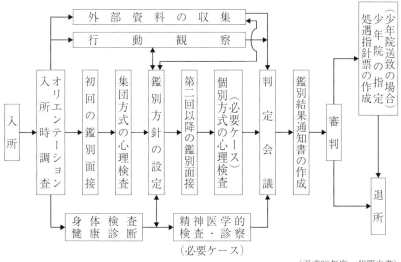

（平成30年度　犯罪白書）

などが行われ、④まとめの鑑別面接をしたのちに、⑤調査官との事例検討、⑥判定会議を経て、⑦鑑別結果通知書が作成され家庭裁判所裁判官に送付されます。

4 　記録閲覧

⑴　法律記録と社会記録

　付添人は、審判開始の決定があった後は、直ちに記録や証拠物を閲覧することができます（規則 7 条 2 項）。

　記録には、捜査機関から家裁に送致され、非行事実の存否を認定するための資料である「法律記録」と、少年の処遇上の問題点を知る上で重要な「社会記録」という家裁送致後に作成される調査官の調査票や少年鑑別所の鑑別結果などをまとめた記録ファイルの 2 種類があります。

　少年審判には、起訴状一本主義が妥当せず、伝聞証拠排除則の適用もありません。そこで、捜査機関が作成・収集した検察官の手元にある一件記録が、家裁に送致され（規則 8 条 2 項）、「法律記録」となります。したがって、成人の刑事事件の裁判記録よりも圧倒的に量が多いです。なお、家裁に送致されることなく捜査機関のもとに残り続ける証拠が存在することもありますので注意が必要です。

　以前に家裁送致歴のある少年については、前回作成された社会記録も、本件の「社会記録」に綴られており、参考になります。

⑵　法律記録の閲覧・謄写

㈠　閲覧・謄写の方法

　付添人は、記録の閲覧をすることができます（規則 7 条 2 項）。法律記録については、実務上、謄写も認められています。ただし、記録の謄写は、裁判所の許可事項です（規則 7 条 1 項）ので、裁判所の許可がおりず、謄写されない記録が一部残る可能性があります。このため、謄写を行う前に、事前に閲覧をしておくのが望ましいといえます。

　閲覧・謄写の方法は、各地の家庭裁判所によって異なります。東京家裁

では、少年部訟廷記録係で閲覧・謄写の手続を行います。福岡家裁では、少年係書記官室で閲覧・謄写の申込が可能です。

(イ) 注意点

　少年事件の場合は、ずさんな捜査が行われているケースが少なくありません。共謀の時期や共謀の内容、傷害事件における暴行の回数や態様などが、捜査官の意のままに調書にとられている場合や、道路交通法違反事件における捜査報告書に矛盾がある場合もあります。争いがない事件においても、「疑いの目」で検討する必要があります。

　調査官は、法律記録の記載をそのまま鵜呑みにする傾向があり、法律記録の記載と少年の言い分との食い違いを「否認」とか「事件を真摯に受け止めていない」と捉えることもあります。このため、報告書・意見書などで適時に指摘する必要があります。

　法律記録には少年の要保護性、つまり前歴の有無、家庭環境、友人関係、職場環境、学校環境などに関する重要な情報も記載されています。

　これらの観点から、法律記録は必ず閲覧し、可能な限り謄写しておくのが望ましいといえます。

　なお、家裁送致後の補充捜査によって捜査記録が追送されてくることがありますが、この場合には、速やかに付添人への連絡があります（規則29条の5）。

(3) 社会記録の閲覧

　社会記録は、「少年調査記録」とも呼ばれます。家裁送致後に作成される調査官の社会調査の結果をまとめた少年調査票や学校照会書、成績表、少年鑑別所の鑑別結果、保護観察状況等報告書、児童相談所等の関係機関による判定結果・意見書、施設等からの聴取書、保護観察結果報告書、審判書などが綴られています。

　社会記録の内容は、結論に大きな影響をあたえるものですので、付添人としては、必ず閲覧する必要があります。

(ア) 閲覧・謄写の方法

　前述の通り、付添人は、記録の閲覧をすることができます（規則7条2

項）ので、社会記録の閲覧も可能です。

　記録の謄写は、裁判所の許可事項（規則 7 条 1 項）なのですが、実務上は、社会記録の謄写を認めない運用がなされています。福岡家裁でも現在の運用上社会記録の謄写は認められていません。

　しかし、少年の更生を少年や家族とともに考えていく付添人の立場からは、社会記録の謄写を認めないとする運用は理解できません。全国の付添人が社会記録の謄写申請を行い、家庭裁判所の機械的な運用を変えていく努力が求められています。

　閲覧・謄写の方法は、各地の家庭裁判所によって異なります。東京家裁では、少年部訟廷記録係で閲覧・謄写の手続を行います。福岡家裁では、少年係書記官室で閲覧・謄写の申込が可能です。

⑷　注意点

　前歴のある少年の場合は、前回の社会調査の結果が綴られているので、早期に閲覧する必要があります。これにより、ある程度の調査官・鑑別所の意見が予測できます。もちろん、前回の社会記録に表れている要保護性に対する評価が正しいとは限りません。前歴の要保護性の検討が誤っていたために今回の再非行に至ったということもできます。したがって、前回の社会記録は批判的な目で検討する必要があります。

　少年鑑別所での心身鑑別の結果を記載した鑑別結果は審判の 3 〜 7 日前に、調査官が作成する調査票は審判の 1 〜 3 日前に完成することが多いです。このため、審判の 1 〜 2 日前には、社会記録の閲覧のための時間を確保しておきましょう。

　調査官の意見と付添人の意見が異なる場合には、これに対する反論を含めた意見書を検討する必要があります。

　なお、虞犯の場合には、記録のほとんどが社会記録に該当することが多く、謄写許可が下りないことがほとんどですので、記録閲覧の際には、必要部分を手書きないしパソコンでメモするようにしましょう。

5　少年との面会

(1)　鑑別所での面会時間などの注意点

(ア)　面会時間

　面会時間は、各鑑別所によって取り扱いが異なるため、事前に電話などで情報を収集しておきましょう。

　福岡少年鑑別所は、平日は午前8時30分から11時30分まで（面会時間は正午まで）、午後1時から午後4時30分まで（面会時間は午後5時まで）、土曜日は11時00分まで（面会時間は正午まで）となっています。面会室が埋まっていることもあるため、事前に面会の予約をしておくとスムーズに面会できます。

　鑑別所は不便な場所にあることが多く、調査官による面会や運動などが予定されている場合もあるため、少年と面会する場合は、事前に鑑別所に電話を入れて少年の都合を聞いておくのが良いでしょう。

表　鑑別所での休日・夜間の面会

| | | 家裁送致前 (勾留に代わる観護措置を含む) | | 家裁送致後 | |
		初回	2回目以降	初回	2回目以降
休日	対象	すべて	すべて	すべて	すべて
	実施日時	平日と同じ執務時間内	土曜日の午前中のみ	平日と同じ執務時間内	土曜日の午前中のみ
夜間	対象	すべて		5日以内に審判期日が指定されているとき	
	実施時間	午後8時まで			

注1　上記以外でも、弁護人や通訳が遠方から来訪する場合、その他これらに準ずる緊急性・必要性がある場合には、夜間又は休日（平日の執務時間と同一の時間）にも面会ができます（例外的措置）。

注2　夜間・休日面会には予約が必要です。
　　原則→面会希望日直近の平日の執務時間内
　　夜間面会予約の例外→①面会希望日当日に面会の必要性が発生した場合にはその日の午後3時30分までに、②面会希望日とその翌日にも審判期日が予定されているときは面会希望日の執務時間内

⑷　**面会できる人や時間の制限**

　少年鑑別所法80条１項によると、①「被観護在所者の保護者等」、②「婚姻関係の調整、訴訟の遂行、修学又は就業の準備その他の被観護在所者の身分上、法律上、教育上又は職業上の重大な利害に係る用務の処理のために面会することが必要な者」による面会の申出があった場合は、原則、面会を許すことが規定されています。

　①「被観護在所者の保護者等」とは、少年の保護者及び親族で、内縁関係の者も含まれます（少年鑑別所法２条８号）。

　②「婚姻関係の調整、訴訟の遂行、修学又は就業の準備その他の被観護在所者の身分上、法律上、教育上又は職業上の重大な利害に係る用務の処理のために面会することが必要な者」とは、たとえば、少年の雇い主、保護司、少年の通う学校の先生などです。なお、少年の恋人や友人は①②には該当しません。

　付添人に選任されていない場合であっても、少年との面会の必要性がある場合には「付添人となろうとする者」として、積極的に少年との面会を申し出るべきです。

　付添人面会の場合は時間の制限はありませんし、職員の立会もありませんが、一般面会の場合は時間の制限も職員の立会もあります。なお、保護者や雇い主と一緒に付添人が面会する場合は、一般面会と同様の取り扱いがなされます。

⑸　**付添人の面会の制限**

　付添人の接見交通権について少年法上に明記はされていませんが、刑事訴訟法81条との均衡上、付添人の接見交通権については制限することはできないと裁判所も解しています。

　ただ、調査官の面接と付添人の面会とが重なる場合があります。付添人も調査官も少年の立ち直りを目指す役割は一緒であり、優劣関係にあるものではありませんし、調査官の面接がカウンセリング技術を駆使して少年の要保護性を聞き出す特殊なものですので、途中で面接を中断されるのは困る場合があることは理解できます。しかしながら、調査官は、裁判所という国の機関としての立場から少年を調査するため、時として、少年の利

益と対立関係となることもありますし、少年と調査官との相性が合わない場合もあります。そのような場合には、漫然と調査官の面接が終わるのを待つのではなく、面接を中断してもらい、短時間であっても少年に適切なアドバイスをすることが、少年のパートナーとしての付添人の役割といえます。

　もっとも、付添人と調査官が衝突する自体はできる限り避けたいので、家裁送致後は、調査官と密に連絡を取り合い、互いの面会時間につき調整・配慮をするのが良いでしょう。

⑵　少年との面会での注意点

㋐　スケジューリングを決める

　2⑴で述べたとおり、観護措置がとられた場合、審判期日まで4週間しかありません。4週間という観護措置期間は、少年にとっては長いものではありますが、付添人活動においては、時間が足りないと感じるくらい相当短いものです。付添人は、4週間の中で、①少年との面会、②記録の閲覧・謄写、③保護者との面談、④調査官との面談、⑤保護者以外の社会資源との面談、⑥鑑別技官との面談、⑦意見書の提出、⑧裁判官との面談などをする必要があります。

　特に、①少年との面会、③保護者との面談、④調査官との面談、⑤保護者以外の社会資源との面談は、複数回行うことになりますので、スケジューリングの管理は非常に重要です。

　スケジューリングを決める最初の一歩は、非行の内容もさることながら、少年との初回面会です。初回面会において、どのような少年なのか、少年の家族関係は良好なのか、現在通学しているのか、仕事をしているのか等の情報を入手し、少年の要保護性の解消のためにはどのような環境調整が必要なのか、その環境調整に向けてどのくらいの時期に誰と面談をするべきかなどを決める手がかりとします。

㋑　少年との初回面会

　少年との初回面会において重要なのは、少年の気持ちや事件への認否・意見について否定するのではなく、受容と共感をすることです。これは、

成人事件でも求められることではありますが、迎合性が高く、自己評価が低い傾向のある少年においては、特に意識して面会をする必要があります。非行をする多くの少年は、学校の先生や勤務先の上司ばかりではなく、もっとも親しく一番の味方であるはずの保護者からも否定されていると感じ、自己肯定感が低いことが多いです。例えば、中学校の部活や勉強で一定程度の成果を挙げていたにも関わらず、高校では少年が期待していたような成果が挙げられなかった場合、自分の価値が他より劣っていると必要以上に感じてしまい、その劣等感を埋めるために、非行に走ることがままあります。少年のパートナーであるべき付添人が、そのような少年に対して、「否定されている」と感じるような言葉をかけてしまえば、少年は心を閉ざし、信頼関係の構築が困難ないし時間がかかってしまいます。

　審判まで4週間しかないことを考えれば、早い段階での少年と付添人との信頼関係構築が大切といえますが、成人と異なり、少年は、自己表現力の稚拙さから、自分の気持ちを上手く伝えることができません。付添人は、焦らず、少年との面会を何度も繰り返し、少年と向き合い、信頼関係を構築することが何より重要ですし、少年の立ち直りへの近道といえるでしょう。

(ウ)　**少年と話す内容**

　少年自身の口から、非行事実の内容、非行を犯した理由、家族関係、交友関係など要保護性に関する事情をひとつでも多く聞き出すことが大切ですが、付添人のではなく、少年のペースに合わせて話をしましょう。

　少年と話をするにあたって、少年院収容の経験のある少年は、「大人が喜ぶ言葉」をよく知っており、反省や自分の問題点を言葉で表現することが上手です。しかし、少年院収容経験がありながら再非行に及んでいるのですから、少年の言葉は表面的なものに過ぎません。少年の「言葉」の裏の本音、再非行の理由をいかに聞き出すかがポイントとなります。他方で、少年院収容経験のある少年でも、自己表現の苦手な少年もいます。そのような少年に対しては、少年院で何を考えたのか、何を学んだのかなどを聞き出す必要があるでしょう。

(エ)　**少年への働きかけ**

　家裁送致後、速やかに記録の閲覧・謄写を行うこととなりますが、少年の長所など記録に現れていない事情も多々あります。非行内容だけではなく、少年の好きなものや得意なことなど、ざっくばらんに少年と話をしてありのままの少年を受け止めましょう。自己肯定感の低い少年が多いので、少年との会話で気付いた少年の長所や得意分野を指摘して、褒めてあげることも有用です。

　また、少年の中には、自分がした非行内容や被害者の気持ちを軽んじている場合もあります。被害者へ謝罪させることを推奨するわけではありませんが、少年が自分の非行の重大性を受け止めるために「次回の面会までに、被害者に言いたいことを考えてもらう」という宿題を出したり、ロールプレイをしたり、被害者への手紙を書かせたりするなどの工夫をするといいでしょう。さらに、少年との議論を深めるために、「はい」「いいえ」で答えられる質問ではなく、少年自身の言葉で気持ちや考えを話してもらうようにしましょう。そのためには、少年の非行によって、被害者や家族など少年の周囲の人々がどのような気持ちになるのか、なぜそのような気持ち（例えば、悲しい、悔しいなど）になるのか考えてもらったり、少年の非行がなぜ悪いのか、どのような迷惑をかけるのかなどを少年と議論してみると良いです。

　例えば、薬物（特に少年が手を出しやすい大麻）や無免許運転などの道路交通法違反は、直接の被害者がいないことから、「なぜ薬物に手を出してはいけないのか」「運転技術があるのになぜ運転してはいけないのか」と質問されることが多く、その答えに窮することがあります。答えに窮した場合であっても、「法律で禁止されているからダメなんだよ。」といった頭ごなしの回答をして、少年と議論を深めることをやめてしまってはいけません。わからない場合であっても、「一緒に考えよう。次回までの私の宿題にしておくね。」等、少年の疑問に真正面から向き合っていく姿勢を見せることが大切です。

　このように少年との議論を深めるためにはできる限り多くの時間が必要ですし、後述する環境調整のための時間も必要となりますので、必然的に

面会の回数は多くなるでしょう。

6　社会資源の確保・環境調整

　社会資源とは、以下のような、少年の更生に役立つと思われるすべての人的・物的資源をいいます。この社会資源をいかに開拓するのかが、少年事件の醍醐味といっても過言ではありません。社会資源は「見つける」のではなく、付添人が「つくり出す」ものであることを自覚しなければなりません。

■迷ったら、前へ■■■

　鑑別所で初めて面会した10代後半の男子少年。見た目は、チャラ男でしたが、顔には傷がありました。非行事実について、一通り話を聴き、両親の名前や連絡先を聴取したところ、少年は保護者に連絡することを頑なに拒否。私も顔の傷が気になっていたので、少年に、両親との関係を聞いたところ、「虐待を受けて、児童相談所にも入ったことがある。父親は殴ることしかしないし、絶対、連絡をとらないでほしい。」とのことでした。

　少年の話している内容は、非常に具体的で、少年の顔に傷があったこともあり、両親への連絡は断念。少年に他に頼れる大人がいないか聴いたところ、「以前お世話になった方がいるが、住所も、電話番号もわからないし、携帯電話にも入っていない。ただ、コンビニの近くに住んでいるのは覚えている。」とのこと。スマホで検索するも、全く場所がわかりませんでした。

　一瞬、行くかどうか迷いましたが、「とりあえず、そのコンビニまで行ってそれから考えよう。」と思い、近くまで行き、周辺を歩きまわると、偶然、少年がお世話になった方に出会うことができました。その方は、最終的には、保護者として身元引受も行い、審判にも出席し、審判後も、少年に関わってくれています。

　迷ったら、前へ。この事件で、私が学んだことです。

---

(1) 家族

(ア) 父母

i 面談の目的

　少年の非行の原因は、家庭にあることが多くあります。それは、目に見える親子の軋轢の場合もあるし、目に見えない親子の葛藤の場合もあるでしょう。このような軋轢や葛藤を、単に、少年対父親・少年対母親といった個々の問題として捉えてはいけません。

　例えば、少年に暴力を振るう父親がいる場合、「少年対父親」という直線的な問題と捉えるのではなく、その暴力を見て見ぬ振りをしている母親、暴力を振るわれることが嫌で深夜徘徊や窃盗を繰り返す少年、お前の教育が悪いのが原因だと叱る義父といった、円環的な家族関係の問題と捉えるべきと考えます。

　このような家庭に潜む問題を推測していくために、父母との面談は必須です。

ii 面談場所

　付添人の事務所だけではなく、少年の家でも面談しましょう。

　事務所での面談では、きっちりした服を着込んで問題がないように思えても、家庭訪問してみると、ゴミ袋が部屋のそこら中に置いてあったり、洗っていない食器であふれかえっていたり、逆に、家の広さに比べて物が置いておらず生活感を感じられないこともあります。少年の部屋を見ることも忘れてはいけません。目につくところに灰皿が置かれていたり、少年の部屋がないこともあります。このように家庭訪問をすることで、親が少年の非行から目を背けているのではないか、少年のプライバシーが確保されていないことで感情の整理ができないのではないか等と推測することができます。

　付添人は、「少年のパートナー」というだけではなく、「家庭裁判所のケースワーク機能の補完」という側面をも有しています。調査官が家庭訪問をできていない現状がある中で、付添人が積極的に家庭訪問をして、調査官が拾い上げられない事情を組み上げることによって、見えなかった問題点や解決策を見出せるでしょう。

iii 面談での注意点

　父母との面談では、今回の非行に対しての思いや親が思う原因のみならず、家での少年の様子、少年が仲良くしている友人や先輩、これまでの非行への対処方法、少年が生まれてからの出来事、親が思っている少年の長所・短所など、様々なことを聴取します。

　親は「少年の非行の原因は自分にある」と自分を責め、思い悩み、疲弊していることが少なくありません。そのような親に対して、励まし、勇気づけることも付添人の役割のひとつといえます。他方で、自分の態度を棚に上げ、少年への不平不満ばかりを口にして、非行の原因がすべて少年にあるかのように考えている親もいます。

　親は重要な社会資源でありますし、どんな親であれ、少年は親からの愛情を求め、関係修復を諦められずにいます。時には、少年と親との利害が一致しない場合もありますが、付添人は少年の利益の代弁者であることを忘れずに、親ともしっかりと向き合い話し合っていかなければなりません（父母ともに同時ではなく、別々に面談する必要がある場合もあります）。

(イ)　父母以外の親族

　少年の周囲には、父母以外にも、兄弟姉妹、祖父母、叔父・叔母などの社会資源が存在します。親よりも少年と一定の距離があるため、客観的に少年や家庭の問題点を把握していることがあります。

　また、少年に親がいない場合や親が少年の養育を放棄している場合に、親以外の親族が少年の保護者代わりとして少年を養育していることがあります。少年の社会資源が親である必要はなく、親でないことが良いときもあります。親との距離を置くことは、一見、少年と親との関係修復や更生への遠回りのようにも思えますが、互いに自分を見つめ直し、成長した姿で親との関係修復を図ることが、少年の更生や将来にとって有効ともいえるでしょう。

　以上のとおり、少年の親族が重要な社会資源であり、付添人としては、親族を社会資源に昇華させることも重要な役割の一つです。

　もっとも、収容施設を避けるためだけに、安易に飛びついてはいけません。父母と同様に親族と面会し、少年とも十分に話し合いをし、受け入れ

後の通学先や勤務先などの調査や調整をした上で、受け入れを図るようにしましょう。

■どんな親でも■■■

「あの子はいつか人を殺す。社会に出すべきじゃない。親権は放棄する。」

少年の母親は言いました。

少年は、幼少期から、母親に虐待されて育ちました。

ごはんの食べ方が汚い、元の場所に物を片付けていない、そんな理由で叩かれ、何時間も立たされ、家の外に出されたりしていました。

暴力や深夜徘徊を繰り返し、児童相談所、児童自立支援施設、そして少年院を渡り歩きました。

少年院から出院した少年は、母親の家に戻りました。

ある時、少年が鍵を使って家に入ろうとしましたが、家に入ることはできませんでした。母親が勝手に家の鍵を替えていたのです。

そこから、少年は祖父母宅に住むようになりました。

少年は、些細なことで祖父と口論となり、投げた物が祖父の頭に当たり、怪我をさせました。どうにかして少年を落ち着かせないといけないと思った祖母が、110番すると、少年は傷害罪で逮捕されてしまいました。

結局、鑑別所に送致され、審判を受けることになった少年に、「今後はどこで生活したい？」と聞くと、「おばあちゃんの家に住みたい。本当は母親と住みたいけど、喧嘩すると思うし、一緒に住んでくれないと思う。」と答えました。

虐待されても、少年が親を嫌いになることはないんだなと思いました。

そんな少年の気持ちを知ってか知らずか、母親が審判に来ることはありませんでした。

今、少年は定職にも就き、結婚もして、幸せな生活を送っています。

(2) 学校・雇用先

(ア) 学校

a 中学校

　少年が中学生の場合、中学校は重要な社会資源となります。

　このため、付添人としては、少年から中学校での生活の様子、相談できる教師の存在、学校での友人関係などを聴取し、在宅処遇となる場合には、少年が戻る場所は中学校しかないことを少年に十分に認識させ、在宅処遇後に中学校でどのような態度で生活を送るのか、送るべきかなどを少年としっかりと話し合うことが大切です。

　同様に、中学校の教員の方々に協力を仰ぎ、連携を求めることも忘れてはいけません。中学校を訪問し、教員から見た少年の学校での生活態度や友人関係などを聴くようにしましょう。教員の方々は、付添人よりも多くの時間を少年、その親と過ごしています。中学校の先生と面談することは、付添人にとって、非行の要因についてのヒントを得る機会でもあります。

　もっとも、少年の学内での問題行動によって、中学校側も手を焼いているケースが多く、学校側が積極的に施設収容を希望し、これを学校照会書に記載していることは稀ではありません。これは、中学生というもっとも周囲からの影響を受けやすい時期に、問題行動を起こす少年の存在によって他の生徒が非行に巻き込まれることを懸念しての行動といえます。しかし、そうした場合でも、実際に教員の方々と会って胸襟を開いて話をすると、少年を立ち直らせたいという情熱をもっている教員の方が多くいます。学校の懸念や悩みに十分耳を傾け、そうした懸念を少しでも減らすべく、少年への自覚を促したり、少年に面会に行ってもらうことで少年の変化をみてもらったりする等、学校側に受け入れの気持ちを持ってもらうよう、諦めずに働きかけることが大切です。たとえ、施設収容されたとしても、少年はその地域に戻ってきます。問題を抱えた少年を受け入れ、粘り強く地域で見守ることこそ、少年のみならず、その地域での将来の非行をなくす活動のひとつではないでしょうか。

b 高校

　少年の更生にとって少年が高校の卒業資格を得ることがその後の就職に

有益であることは異論がないと思います。ところが、高校においては、少年の逮捕・勾留、観護措置などが発覚してしまうと、そのほとんどで自主退学を勧告します。そのため、高校が少年の非行事実をまだ知らない場合には、それを保護者や付添人から知らせるかどうかは十分検討しましょう。

　一方、すでに少年の非行を高校側が知っている場合（基本的には、警察や家裁からの連絡で知っていることが多いです）には、正面から高校と連絡をとって、担任や校長と面談し、退学処分としないように働きかけるようにしましょう。ケースによりますが、弁護士の中には、少年や保護者に自主退学勧告を受け入れないよう言い聞かせた上で、高校に対して仮に退学処分をしたら裁判で争う、と主張して、高校が少年を受け入れてくれるよう強気で交渉したという報告もあります。また、定時制高校は普通の高校に比べ柔軟に対応してくれるケースがあります。

　さらに、最近は、単位制やフリースクールなど高校の形態も多様化していることから、しっかりと学校側と話をしていくなかで、少年を学校側が受け入れてくれる事例もあるようです。少年院送致になった少年に対して、少年院側にも理解と協力を得て、高校側が通信教育という形で課題をさせ引き続き在籍を認めてくれた例もありました。

　また、学校の処分内容が、少年の非行内容と均衡がとれているか判断がつかない場合もあるので、担任や校長から話を聞くなどして確認しましょう。

　ただし、すでに高校の出席日数が足りなかったり、怠学がひどいなど、出席態度に問題があるケースも多く、少年自身にも高校への意欲が薄れている場合もあります。付添人としては、まずそうした点も含め、少年が将来設計をどのように考えているかについて、しっかりと話をしていくことが大切です。

㈡　勤務先

　少年が元々働いている場合には、少年の勤務先に連絡をとり、差し支えのない範囲で非行事実を雇用主に伝え、理解を得た上で、引き続いて雇用してもらえるよう働きかけをしましょう。少年の突然の休職による勤務先の迷惑を、少年自身に考えさせ、少年の書いた手紙を雇用主に渡すことも

有用です。雇用主のなかには非行を行った経験のある方もおり、その場合少年の継続雇用に対して好意的なことがほとんどです。少年にはそのような雇用主の好意に甘えることなく、雇用主への感謝を忘れないよう伝えておきましょう。

　一方、少年が無職であったり、現在の勤務先になじんでいないような場合は、新たな勤務先を探すことが必要となります。多くの場合は、保護者の人脈を通じて探すこととなりますが、勤務先が見つからない場合には、全国就労支援事業者機構や他の弁護士などから勤務先を紹介してもらうことも良いでしょう。もっとも、闇雲に勤務先を紹介してもらっては、少年の就労が長続きしないばかりか、かえって再非行に走りかねません。少年の性格や特性、これまでの勤務経験の有無や勤務内容を考慮した上で、少年に合う勤務先を探しましょう。

　そして、勤務先が確保できた場合には、直ちに口頭または書面で家裁に報告をします。その際、職種・住所・稼働時間・給与体系・自宅までの距離・少年ないし家族との関係などを明らかにします。特に、要保護性の解消において、勤務先の確保が重要と思われる事案の場合は、雇用主を調査期日に同行させるとともに、審判期日での出廷も確保することが必要です。

(3)　交友関係

　非行に走る少年は、居場所であるはずの家庭や学校で孤立していることが多く、自分を認め、受け入れてくれる仲間を探し求め、不良交友をする場合があります。

　不良交友が非行の背景にある事件においては、交友関係の見直し、解消を図ることが課題であることに間違いありません。しかしながら、大人からみれば、少年の交友関係は「不良交友」であったとしても、少年にとってのそれは、孤独感を共有し、自分を受け入れてくれる「唯一の居場所」であることが少なくありません。

　それにもかかわらず、付添人が、少年の交友関係を「不良交友」と決めつけ否定すると、不信感と抵抗感から少年の心が閉ざされてしまいます。

　まずは、少年と一緒に非行の原因を考え、交友関係に問題があることの

自覚を促しましょう。その際も、闇雲に交友関係の断絶を約束させるだけでは問題の解決にはなりません。上述したように、少年は交友関係を唯一の居場所と感じていますので、交友関係の断絶はすなわち居場所を失うことを意味するのです。少年に対しては、そこだけが居場所でないこと、そこに居場所を求めずとも受け入れられるべき人物であることを話し、少年が自信を持てるようにすることが大切です。

(4)　福祉専門職

　非行を起こす要因として、発達障害や虐待が考えられる場合があります。その場合には、児童福祉司などの福祉専門職の方と連携をとりながら、付添活動を進めていく必要があります。詳しくは、第11章と第16章で述べますが、付添人は福祉専門家ではないため、付添人と専門職とで役割分担をして付添活動をしていきましょう。

7　被害者対応

　被害者への謝罪や被害弁償は少年の更生の一歩でありますが、形式的な謝罪や被害弁償はなんの意味ももちません。最近の調査官は、「被害者への謝罪を行ったのか」「被害弁償を行ったのか、親はどのように対応するつもりなのか」ということに重きを置いていることが多いように見受けられます。成人であれば、被害弁償を行うことが量刑に反映されるため一定の意味をもちますが、少年の場合は必ずしもそうではありません。少年の内省が深まっていないにも関わらず、謝罪文を書かせたり、少年や親に被害弁償を求めるのではなく、まずは少年の内省を深めるべく、きちんと話をすることが大切です。

　内省を深めた少年が謝罪の意向を示した場合、調査官を通す等して、被害者にその意向を伝えます。被害者と連絡がとれたら、謝罪の意向を伝えましょう。少年やその親は資力がないため、被害弁償できないことがままあります。被害弁償については、必ず確認されますので、被害弁償の可否や金額を決めた上で被害者に連絡してください。また、被害者は、審判ま

で4週間しかないことを知りませんので、はじめに説明しておくのが良いでしょう。

　被害者への謝罪、被害弁償をした場合には、直ちに、そのことを家裁に報告し、調査官・裁判官が認識できるようにしておく必要があります。

8　調査官面談

(1)　調査官面談の目的

　調査官面談をする目的としては、まず、調査官の把握する少年に関する情報、家族に関する情報を伝えてもらうとともに、付添人が独自に把握する情報を伝えること、すなわち情報の交換があります。

　次に、調査官の把握する「要保護性」と付添人が推測する「要保護性」をすり合わせることです。付添人活動において要保護性の解消が重要であることはすでに述べたとおりですが、その解消活動が、調査官の考える問題点とずれていては意味がありません。

　最後に、すり合わせた「要保護性」解消に向けた付添人活動およびその成果を調査官に報告し、調査意見に反映してもらう必要があります。

(2)　調査官面談の時期・方法

　調査官面談の時期や回数としては、まず、付添人活動の早い時期に一度会った上、その後に最低2回ぐらいは会うことになるでしょう。初回面談では、付添人なりの視点・今後の活動方針などを話した上、調査官の把握している情報・意見を聞きます。

　次に、時間が許せば、保護者の調査期日に同行し、立会います。事前に申入れをしていれば、ほとんどの調査官は立会いを認めてくれます。調査期日に同行できない場合には、その期日後直ちに面談します。

　そして、審判1週間前の調査票の作成前にもう一度会い、意見交換を行い、付添人活動の報告をします。

　もっとも、面談にこだわることなく、緊密に電話連絡をとり、情報・意見交換を行うことが重要です。

(3) 調査官面談で伝えること、聴取すべきこと

(1)に挙げた３つの目的を念頭に、調査官面談を行います。調査官に対しては、経験の有無に関わらず、臆することなく率直な意見を伝えましょう。調査官は家裁の機関であるとはいえ、少年の立ち直りのために情熱をもった方がほとんどです。互いの情報や意見を出し合うなどして、調査官と本音でぶつかり合って議論してください。

調査官が処遇意見の見通しを表明した場合、そう考える理由、付添人の方針に対する不安や疑問を教えてもらい、それを解消する方向での面会等を試みることが考えられます。

また、少年に前歴のない場合には、調査官も真っ白な状態です。被疑者段階から受任しているような場合であれば、調査前に、少年の生育歴・交友関係・発達障がいの有無など付添人の知っている情報を報告書として、早めに提出してしまいましょう。調査の方向性を付添人の視点の方向へ導き、少年に関心をもってもらうことが社会内処遇に繋がります。

(4) 調査官との意見が合わないときに執るべき手段

調査官の中には、少年の前歴の社会記録を見たり、少年と１回面会をしただけで処遇意見を決め、その後頑なにその意見にこだわる人もいます。そのときは、調査官の知らない事情をどんどんぶつけて、調査官の「収容への確信」を揺るがすしかありません。色眼鏡で見てしまっている調査官は、得てして情報を聞き漏らしてしまっていることも多いので、面談や電話連絡の際に、どんどん事情をぶつけていってください。

また、家族や親族の受け入れが難しい場合、補導委託先や寮付きの就労先などの受け入れ先を見つけなければ、調査官による収容意見を変えることができません。受け入れ先の情報については、付添人のほうがよく知っていますので、そのような情報を調査官に伝えるようにしてください。もっとも、調査官は、受け入れ先に行ったことのない方が多く、受け入れ先に関して誤解をしている方もいます。調査官に対して、受け入れ先の正しい情報を伝えるために、できる限り、付添人も受け入れ先を訪問しておくべきですし、その時間がない場合は受け入れ先の代表者に対して、施設に

関する詳細な聴取をしておくべきです。

9　意見書の提出

(1)　意見書の意義

　少年審判手続においては、通常の刑事事件において適用される予断排除の法則及び伝聞法則の適用がないため、裁判官は、捜査機関から送致された証拠資料をもとに、非行事実について一応の心証をもって、審判に臨むことになります。

　また、少年調査票を始めとする社会記録も事前に検討し、審判期日前に処遇方針も決めてしまっていることが多いです。

　そのため、付添人としても、審判期日前に裁判官の心証形成に働きかける必要があり、意見書を提出することが必要となります。

　すなわち、意見書の意義は、裁判官が処遇等に関する方針を決定する前に、付添人から、適宜、必要な情報を提示して、付添人の意見を主張することによって、少年の権利を擁護することにあります。

(2)　意見書提出の時期

　上述のような意見書の意義からすると、意見書の提出時期は、裁判官によって処遇や手続の進行の方針が決定される前に提出するということになります。

　そのため、観護措置決定に反対する意見書や手続進行に関する意見書は家裁送致日に提出することになります。この場合、家裁送致日であれば、送致前であっても、事実上、受け取ってもらえることが多いです。

　また、非行事実に関する意見書、証拠に関する意見書（供述調書の任意性・信用性含む）、調査方針に関する意見書等は、裁判官による心証が形成される前に提出する必要があるため、家裁送致直後が望ましいと考えられます。

　上記の意見書については、事件の性質に応じて提出するものであるのに対して、審判の前には、処遇に関する意見書を、必ず提出する必要があり

ます。

　少年の処遇については、裁判官が、最終的に決定するものではありますが、それまで少年とかかわってきた調査官の意見が強い影響力を持ちます。そのため、処遇に関する意見書は、調査官の処遇決定へ働きかけるものでなければなりません。

　そこで、処遇に関する意見書は、調査官意見が提出される前に提出すべきです。福岡家庭裁判所の場合、調査官意見の提出は、遅くとも審判日の３日前に行われていることが多いため、処遇に関する意見書の提出時期は、遅くとも審判日の４日前には提出することが望ましいです。

　また、処遇に関して、調査官と意見が分かれるときには、調査官の意見と付添人の少年に対する見立てが異なる点を主張する書面を提出することも重要です。

⑶　処遇に関する意見書の内容——試験観察意見については特に言及を

　処遇に関する意見書においては、少年審判の要件である非行事実と要保護性について記載する必要があります。

　まず、非行事実について争いがある場合には、捜査機関から提出された証拠及び付添人が収集した証拠に基づいて論じる必要があります。非行事実に争いがなかったとしても、少年の処遇に影響を及ぼすことから、その非行態様や動機等には、付添人から意見を述べておくことが重要です。

　次に、要保護性について、付添人は、少年の社会内における更生可能性（とりわけ、少年が観護措置後、内省を深めてきた過程と到達点）や、家庭環境・社会環境といった社会資源が存在することを主張することが重要です。例えば、少年が被疑者段階から書き続けてきた手紙を添付することで、少年の内省の過程を示すこともあり得ます。付添人が行ってきた環境調整や少年への働きかけと言った付添人活動の集大成を意見書で形にすることが必要です。

　また、付添人が、少年院送致も見込まれる事件において、試験観察が相当であると考える場合には、必ず試験観察にすべきことを主張する必要があります。試験観察は調査官にとっても負担が大きくなるため、付添人の

協力が必要です。そのため、付添人は試験観察が相当であると考えていたとしても、そのことが裁判官や調査官に伝わらなければ、裁判官や調査官が少年を試験観察とすることにはためらいを覚えるでしょう。付添人から裁判官や調査官の背中を押すことが必要です。

(4) 特定少年の処遇に関する意見書

　令和3年少年法改正によって、裁判所は、特定少年の処遇について、①6カ月の保護観察、②2年の保護観察、③少年院送致のいずれかとしなければならない（法64条1項）とされ、少年院送致についても、犯罪の軽重を考慮して、3年以内の範囲内で期間を定めなければならないとされました（法64条3項）。

　そのため、特定少年の処遇に関する意見を述べる際には、処遇の期間についても意見を述べることを検討することが必要となります。保護観察の意見を述べる場合でも、6か月と2年のいずれの期間とするのが相当であるのか理由も加えて意見を述べるべきでしょうし、検察官送致ではなく少年院送致が相当という意見を述べる場合には、具体的な期間についてまで意見を述べるかどうか、事案に応じて検討する必要があります。

10　裁判官面談

(1) 裁判官面談の意義

　裁判官は、少年審判の前に一応の心証を固めていることが多いため、付添人から裁判官に対して、非行事実に関する意見や少年の処遇に関する意見を伝えることで、裁判官に働きかけることが重要です。とりわけ、非行事実について争いがあるような場合には、裁判官と面談して、証拠関係のどの点に問題があるかを伝えておく必要があります。

　また、少年の処遇について、調査官と付添人の意見が分かれるような場合には、裁判官に対して意見を述べることが必須です。上述のとおり、少年の処遇については、調査官の意見が強い影響力を持つものの、付添人から意見を述べることによって調査官と再度協議することも十分にあり得る

ことです。

　さらに、付添人から、裁判官に対して、少年の理解力やコミュニケーション能力と言った少年の特性や性格を伝える事によって、裁判官からの質問を工夫してもらうことで少年審判を意義あるものにすることも重要です。

(2)　裁判官面談の方法

　福岡家庭裁判所における面談については、意見書に面談希望であることを記載しておくほか、事前に、書記官に面談希望であることを連絡することで、裁判官との時間の調整を図ることができます。付添人において、裁判官との面談が必要であると考えた場合には、早期に家庭裁判所に連絡をすることが重要です。

(3)　裁判官面談で伝えるべきこと、聴取すべきこと

　非行事実について争いがある場合には、付添人から、裁判官に対して、あらためて面談において、証拠関係の問題点を主張することが必要です。

　要保護性について、処遇に関する意見書においては説明しにくい事情や少年の更正についても、少年の内省の深まりの過程を伝えることが重要です。

　また、上述のとおり、裁判官に対して、少年の性格や特性を伝えておくことによって、丁寧な訴訟指揮を求めることも重要です。

　一方で、裁判官が少年の処遇について、少年院送致が相当であると考える場合、少年のどの点について懸念を持っているのかを聴取する必要があります。

　そして、付添人が、裁判官が懸念する点について、いかにして環境調整等を図ってきたかを説明する必要があります。それでも、裁判官の結論が変わらないこともあり得ます。そのような場合であっても、裁判官に対して、少年の内省の深まりを確認するように伝えることが重要です。

第 5 章

少年審判

1 少年審判の特徴

(1) 審判とは

　審判は、法21条の決定に基づき、家庭裁判所が、送致された少年保護事件について少年・保護者等に直接面接して非行事実と要保護性の存否を確認し、終局的な処分を選択する司法手続です。

　審判は、言うまでもなく、少年にとって、自らの処遇が決せられる非常に重要な場です。審判の結果次第では、家族や友人と長期にわたって会えなくなることさえ生じます。少年の多くは、それまでの人生で経験したことのないような極度の緊張状態で審判に臨みます。それゆえに、自らの意見を十分に表現できなくなったり、質問が全く理解できなくなってしまったり、裁判官の発言に対して過剰に攻撃的になったりと、保護者や付添人がこれまでに見たことのない姿を見せる場合もあります。

　付添人にとっては、審判前までに行ってきた様々な付添人活動の集大成を表現すべき場です。裁判官は、審判前に調査官との事前協議などを経ていますから、調査官の意見については十分に理解しており、一応の心証を事前に形成していると考えられます。この点は、成人の刑事裁判と大きく異なります。それゆえ、付添人の処遇意見が調査官の意見と異なるときには、審判の場で相当の覚悟と準備をもって自らの意見の妥当性を裁判官に伝えなければなりません。

　審判は、少年本人にとっても、担当した付添人にとっても一世一代の大舞台なのです。

(2) 特徴

　審判は、「懇切を旨として、和やかに行うとともに、非行のある少年に対し自己の非行について内省を促すものとしなければならない」（法22条1項）と定められています。審判に関する最も基本的な指針を定めた規定です。もっとも、審判の具体的な運営方式に関する規定は、法律上、この条文の他にはありません。審判の運営は、裁判官の自由な裁量において行われることになります。

しかしながら、裁判官の自由裁量に委ねられているとはいえ、「懇切を旨として、和やかに」行うべきであるとの指針が覆されることがあってはなりません。ときには、裁判官が審判運営の趣旨を履き違え、少年に対して高圧的な態度に終始することを通じて少年に内省を促す（反省することを押し付ける）審判運営に遭遇することがあります。付添人としては、そのような審判運営に直面したとき、強い姿勢でこれを制し、審判運営の手法についても意見を差し挟むべきです。

　また、少年の健全育成に資するよう審判の効果を最大化する為に、審判の手法や流れについて事前に裁判官と協議することも非常に有意義です。職権主義であり、審判運営について細かな規定が設けられていないということを逆手にとれば、様々な形の審判があり得るということです。一般の刑事裁判の常識に囚われず、常に“この少年にとってどのような審判を作り上げるべきか”という視点から、付添人なりの審判のイメージを持つことが重要です。

(3)　非公開

　審判は、公開しないものと定められています（法22条2項）。審判では非行事実のみならず要保護性が審理対象となりますから、少年のプライバシーにかなり踏み込んだ事実を扱わざるを得ません。そのような事実（情報）が流布され、将来、長期間にわたって少年にとって不利益に働くことは、少年の更生を目指す少年法の趣旨に沿いません。それ故に、審判は原則として非公開とされています。

　なお、例外的に、被害者等による審判傍聴制度があります。この点については、第12章で詳しく述べます。

(4)　併合審理

　同一の少年に対する二つ以上の事件は、なるべく併合して審判しなければなりません（審判規則25条の2第1項）。非行事実の存否自体の審理は事件ごとに行うことも可能ですが、要保護性の有無や程度についての審理は複数の事件について一体として行わざるを得ないからです。

なお、この併合審理の原則があるが故に、少年審判期日の直前に当初の送致事実と異なる事実が追送致されてくる場合があります（4(3)参照）。

(5) 伝聞法則の非適用

　審判は、証拠方法についても特段の制限を設けていません。言い換えれば、いわゆる伝聞証拠排除法則の適用を受けないこととなります。そもそも、裁判官は、事件が家庭裁判所に送致された時点で証拠すべてに目を通し、非行事実があるとの蓋然的心証を形成した上で審判を開始すると決定しているのですから、当該心証の形成に用いた証拠資料を心証から排除することは極めて困難です。起訴状一本主義がとられる一般の刑事裁判との大きな違いだといえるでしょう。

2　審判の対象

(1) 非行事実

　審判における審判対象の一つ目は、非行事実です。捜査機関から家庭裁判所に対して事件が送致されてきているのであれば、送致事実がその基準となります。

　もっとも、少年保護事件の審判では、成人の刑事裁判ほど明確な「訴因」が定められているわけではありません。成人の刑事裁判では当事者主義構造であるがゆえに審理の対象たる「訴因」を明確にして双方の攻撃防御を尽くさせることが必然的に求められます。他方、少年審判では職権主義構造がとられているため、「審判当事者の攻撃防御の便宜を図る」という要請は決して高くありません。

　しかしながら、少年自身が何について審理されているのかよく分からないといった事態や、審判において裁判官から弁解を聞かれた事実と異なる非行事実が一方的に認定されたという事態が生じると、少年に対する審判の訴求力は弱いものとなってしまい、少年の更生に悪影響が及ぶことは誰の目にも明らかです。

　したがって、少年保護事件の審判においても、不告不理の原則が妥当し、

裁判官は、弁解を聞いた事実と事件的に同一性を失わない範囲内でのみ非行事実を認定することができるとみるべきです。付添人としては、審判に臨む前に送致事実を適切に把握しておき、裁判官から少年に対する質問が送致事実と異なる内容に及んでいるような場合には裁判官に質問の趣旨を尋ねたり、質問内容に誤導が含まれているような場合にはその点を指摘したりし、裁判官と少年とのやり取りが円滑に行われるよう注意すべきです。

(2) 要保護性

　審判における審判対象の二つ目は、要保護性です。少年保護事件における要保護性とは、当該少年の現在の性格、環境に照らして将来再び非行に陥る危険性があること、すなわち、犯罪的危険性を中心として捉えます。もっとも、もし仮に犯罪的危険性があったとしても、少年が精神病を抱えている場合や、犯罪嗜好の強い反社会的集団の中心的メンバーである等の事情で教育による矯正が見込めない場合には、保護処分よりも精神保健法上の措置や刑事処分に委ねる方が適切かもしれません。その意味で、矯正可能性も大切な要素となりえます。さらに、犯罪的危険性があり、かつ矯正可能性があったとしても、保護処分による保護が当該少年に対してもっと有効適切な手段でなければ少年の更生に資することができません。したがって、保護相当性も大切な要素です。

　以上のとおり、要保護性とは、①犯罪的危険性、②矯正可能性、③保護相当性といったそれぞれの要素が含まれる概念だと考えられます。この考え方を三要素説と呼ぶことがあります。

　①犯罪的危険性及び②矯正可能性の有無の判断とは、少年が生来持ち合わせた特徴や当該少年を取り巻く社会環境という事実に基づき、当該少年が今後非行を繰り返す危険性があるか否か、保護処分による矯正が可能か否かという展望的予測を判断する作業です。したがって、非行行為時点ではなく、家庭裁判所の処分判断時を基準時として、主として社会記録に基づき事実認定することになります。ここでは、審判までに至る少年の生い立ちや人間関係、審判前の受け答えの状況など、少年に関するおよそ全ての事実がその基礎資料となります。

他方、③保護相当性の判断は、認定された事実を前提とはするものの、裁判官による規範的価値判断（保護処分による矯正が可能であるものの、有効性適切性に疑問があるのでこれを行うべきではない）にならざるを得ません。

3　審判の人的・物的構成

(1)　審判の場所

審判場所は、通常、家庭裁判所内の審判室（名称は裁判所により異なります）で行います。もっとも、裁判所外においても行うことができる（審判規則27条）とされています。

実際に、少年鑑別所、少年院、補導委託先等で審判が行われるケースがあります。

(2)　審判の出席者

少年が審判期日に出席しないときは、審判を開くことができません（審判規則28条3項）。他方、少年の親族や学校の教員その他相当と認められる者については、裁判所の許可を得た限りにおいて出席することができます（審判規則29条）。通常、少年の両親や保護者は出席が許可されています。

審判においては、非行事実の有無だけではなく、少年の要保護性が審判の対象であり、様々な事情を総合考量して少年にとって最適（と考えられる）処遇を決することとなります。したがって、付添人としては、審判に当たって少年に関する情報を提供することができる人物について、広く出席を求めることを検討すべきです。祖父母、交流が深い叔父や叔母等、兄弟姉妹、担任の教師、生徒指導担当の教師、仕事先の雇用主や上司、保護観察中の少年であれば保護司などが想定されますが、記載したものに限られることはありません。ただし、深く検討することなく担任の教師に同席を求めたところ、学校側に非行事実が伝わり、退学処分を受けるに至ったなどという事例も聞き及ぶところですので、どの範囲で同席を求めるべきか十分に検討すべきでしょう。

また、これらの関係者の出席に当たっては、裁判所の許可が必要です。

裁判官に対して、審判前に、当該関係者が審判に同席する必要性を説明しておく必要があるでしょう。

(3) 検察官関与

(ア) 概要

2000年（平成12年）の法改正により、検察官関与（法22条の2）が新設されました。対象となるのは、①故意の犯罪行為により被害者を死亡させた罪、及び、死刑または無期若しくは長期3年を超える懲役若しくは禁錮にあたる罪を犯した場合であって、②非行事実を認定するために必要な場合です。

家庭裁判所は決定により検察官が審判に関与することを認めます。裁判所は、検察官の関与を決定するときは、検察官の申し出がある場合を除き、あらかじめ検察官の意見を聴かなければなりません（法22条の2第2項）。

検察官関与制度が設けられた趣旨は、非行事実の存否が激しく争われ証拠調べにおいて少年と裁判官が対峙しかねない事案において、裁判官が、少年の利益を擁護する後見的な活動と、適正な事実認定をする活動の一人二役をこなすことが困難であり、検察官を非行事実の認定手続に参加させることによって事実認定の適正化を図る点にあります。ここにいう非行事実とは、犯罪構成要件のみに限られず、犯行の動機、態様および結果その他の当該犯罪に密接に関連する重要な事実を含むとされています（法17条4項）。

(イ) 検察官の関与が予想される際の付添人の対応

前述のとおり、検察官の関与は、非行事実が重大事件であることのみで認められるものではありません。検察官を関与させなければ非行事実を認定することが困難であるかどうか吟味されなければなりません。もし仮に、少年が非行事実の一部を否認していたり、動機についてやや不明確な供述をしていたり、共犯者との言い分の一部に食い違いがあったりしても、裁判官と少年が対峙するほどの状況にはなく、少年が非行事実の大部分を認めているような場合には、裁判所が少年から丁寧に事情を聴き、あるいは付添人と徹底的に議論することを通して、非行事実を認定すれば足ります。

そこで、検察官関与決定がなされる前から付添人として活動している場合には、上記の視点から事案を検討し、付添人として検察官を関与させる必要がないと判断するときは、その旨の意見書を作成し、または裁判官と面談する等して、裁判官の説得に努めるべきでしょう。

㈦　**検察官の関与が決定されたときの付添人の対応**

　検察官関与決定がなされたときは、重大事件でありかつ非行事実の存否が激しく争われる事案ですので、審判の進行に関し、裁判所との事前の打ち合わせが頻繁になされることが予想されます（審判規則30条の４）。複数の弁護士で受任する必要性が極めて高くなるでしょう。

　また、非行事実の認定に当たり証人尋問を行うことも考えられるため、観護措置期間について４週間を超えて延長されることもあり得ます（法17条４項）。付添人としては安易な観護措置期間の再延長に反対し、原則として４週間の観護措置期間内で証人尋問等を行うよう求めるべきです。

　さらに、審判での尋問順序は法定されていませんので、付添人として積極的に証言を固めておきたい場合等は付添人からの主尋問を要求して証拠調べ請求をする（審判規則29条の３）などの対応をとるべきです。

⑷　**裁定合議制**

　2000年（平成12年）、裁判所法を改正し、裁判所の裁量により審判を合議とすることができるようになりました（裁判所法31条の４）。法定合議事件は規定されておらず、ケースに応じた柔軟な対応できるようになっています。

　もっとも、少年にとって、正面に座る裁判官というものは一人であったとしても畏怖を覚える対象となります。そのような裁判官が合議となって３名に増えれば、その畏怖感はより一層、高まることが予想されます。恣意的、または不必要な合議決定がなされることのないよう注意しなければなりません。

　なお、合議決定がなされることと、検察官関与決定や国選付添人決定はリンクしているものではありません。

(5)　被害者の出席（法22条の4）

　少年の更生を目指す少年法の趣旨に照らすと、従来、審判が非公開とされ、被害者に少年審判を傍聴させる制度そのものが存在しなかったことはごく当然のことでした。しかしながら、2008年（平成20年）改正において、①故意の犯罪行為により被害者を死傷させた罪、②業務上過失致死傷等罪（刑法211条）、③過失運転致死傷罪等（自動車運転処罰法4条、5条、6条3項、同条4項）のいずれかの非行事実によるときには、被害者等に少年審判を傍聴させる制度ができました（ただし、触法少年の場合にはいずれも被害者の生命に重大な危険を生じさせたときに限られます）。

　裁判所は、要件を満たす事件の被害者から申し出があったときは、「少年の年齢及び心身の状態、事件の性質、審判の状況その他の事情を考慮して、少年の健全な育成を妨げるおそれがなく相当と認めるとき」に限り傍聴を許すこととなります（法22条の4）。

　なお、その際には、弁護士付添人の意見を聞くことが必要です（法22条の5第5項）。

4　期日での活動

(1)　審判の進行概要

　審判は以下の流れで進行するのが一般的です。

　①人定質問
　②供述を強いられることはないことの説明（審判規則29条の2）
　③審判に付すべき事由の要旨の告知と少年からの弁解録取（審判規則29条の2）
　④非行事実についての審理
　⑤要保護性についての審理
　⑥調査官及び付添人の処遇意見
　⑦裁判官による審判

非行事実に争いのない事件については、④⑤は明確に区別されないのが通常です。具体的には、裁判官から少年自身や出席した親族・教師・雇用主等に対して質問していきます。「では、付添人の方からご質問があればどうぞ」と振られたときには裁判官の許可を受けたものとして、付添人から少年自身や出席した親族・教師・雇用主等に対して質問していきます。ケースによってはこのような配慮がない場合もありますので、少年から裁判官に対して伝えさせておきたいこと等があるときは、⑥に入る前に裁判官に対して質問したい旨を申し出るのがよいでしょう。

　なお、非行事実に争いがある（否認事件）場合の処理については、第10章において後述します。

(2) 進行についての事前協議

　審判において少年や関係者に対して、どういった順番で、どのような内容の質問をするのかについては、基本的に裁判官の裁量に任されます。したがって、少年の問題点に関する理解や審判における獲得目標について、裁判官と付添人の考えが合致していれば充実した審判が期待できる一方、意思疎通が不十分な状態で裁判官にすべてを任せてしまうと、かえって少年の更生の妨げになる可能性すらあります。

　審判という場を少年の更生に最大限活かすためには、審判出席者の意識が共有されている必要があります。審判前に裁判官や調査官と面会し、その際に、審判の運営手順についての意見や、当該少年の更生にとって重要な点がどこにあるのか、付添人としての意見を伝える必要があります。

　これらの意見は、処遇に関する付添人の意見書に記載するよりも、裁判官に対して直接伝え、意見交換をすることが有意義でしょう。

(3) 非行事実の告知及び陳述における留意点
(ｱ) 一般的な留意点

　裁判官は、少年に対して、非行事実として送致書に記載された文章を読み上げ、その内容に誤りがないかどうかを確認します。これは、成人の刑事事件における起訴状朗読と罪状認否に相当するものです。

少年事件においては、以下の2点に留意しなければなりません。まず一つ目は、「同じことを何度も聞かれすぎているがゆえに、少年にとって興味関心が薄れている」という点です。多くの少年は、警察官、検察官、鑑別所職員、調査官、付添人、両親などから、それこそ耳にタコができるほどに、非行事実について尋ねられてきています。少年にとっては、「よくわからないけれど、またどうせ、同じことを言っているのだろう」という意識を持ちやすいのです。そこで、非行事実については、事前に、少年と十分な打ち合わせを行い、必要であれば付添人が詳細な認否を事前に書面化しておく等、少年が誤った非行事実を理由として処分を受けることがないよう万全の対策が必要です。特に複数回の暴走行為や窃盗行為に及んでいるような場合には、成人の刑事事件における罪数の問題として頭の中で処理するのではなく、一つひとつ丹念に聴き取るべきです。

　二つ目は、「非行事実として記載されている日本語は、少年にとっては難解極まりないものだ」ということです。そもそも日常生活で用いることがない専門用語が多用される傾向にありますし、接続詞を用いて一文で記載されることが多いために事実相互の繋がりが理解しにくいものとなっています。裁判官が何の配慮もなく非行事実を一気に読み上げてしまったような場合には、付添人が積極的に意見を述べ、要件や段落ごとに区切って時間を取りながら読み上げるよう求めたり、より理解しやすい言葉に言い換えるよう求めたりすることが必要です。いずれにしても、少年の顔を注視し、真に理解しているかどうか気を付けなければなりません。

㈠　追送致が審判期日直前となり十分に検討できていないとき

　当初送致されてきた非行事実のほかに別の非行事実が追送致されてきたが、審判日ないしその直前になってしまい、付添人が少年と綿密な打ち合わせを経ていない場合にはどうすべきでしょうか。少年事件の場合、同一少年に対する二つ以上の事件に関してはできるだけ併合して審判すべきものとされており（審判規則25条の2）、直前の追送致は決して珍しいことではありません。

　まずは、追送致された場合に備えて、警察や検察で取り調べられた余罪について事前に少年から聴き取っておくことが有用です。全てが送致され

てくるとは限りませんが、ある程度、追送致を予期することができます。

　また、そのような準備をもってしても対応できない追送致があった場合には、審判前の少年との面会や、審判手続きの中断を求める等して、事前に打ち合わせの機会を作りましょう。

(4)　少年等に対する質問についての留意点

(ア)　裁判官が少年に対して質問するとき

　裁判官は、すでに一定の心証を形成し終えた状態で審判に臨んでいます。それ故に、複数の意味で解釈することができるような曖昧な質問がなされる等、精密さに欠けることもままあります。少年が何の疑いも差し挟むことなく回答した場合には、少年の回答の趣旨と裁判官の理解との間にずれが生じてしまうことになります。

　付添人は、裁判官と少年とのやり取りに齟齬が生じていないかどうか、常に細心の注意を払うべきです。また、少年の回答に違和感を覚えた場合には「今の質問はこういうことを聞いているのだけれど、今の答えで間違いないかい？」「今の答えだと、こういう意味だと裁判官は理解すると思うのだけれど、それで合っているかい？」「以前、私と面会したときに言っていたことと少し違うみたいだけれど、それで間違いないかい？」といった言葉をかけて、補充することが必要になってきます。"付添人は、裁判官と少年とそれぞれの言葉を繋げる通訳人である。一言一句聞き逃してはならない。"という気持ちで臨むことが大切です。

　ちなみに、少年自身が行った抗告における抗告理由で最も多いのが「審判で自分の言いたいことが十分言えなかった」ことだそうです。これでは、少年の更生に向けて審判が役立つどころか、更生に向けての歩き出しを阻害することになりかねません。すべての少年に妥当することではありませんが、「少年は理解力、表現力に乏しいのだ」という前提で臨むことが大切でしょう。

(イ)　付添人が少年に対して質問するとき

　成人の刑事事件において被告人に質問するときは、情状立証において必要な事実を想定し、その事実を認定するに足りる質問を重ねていくことが

多いでしょう。しかしながら、少年事件においてはややそのスタンスが異なります。すなわち、事実関係以外にも、少年が事件後に悩んだこと、考えたこと、感じたこと、今後の目標としていること等、それまでに付添人が少年と面会する中で少年の口から出てきた言葉を改めて、少年に紡ぎだしてもらう必要があるのです。少年の反省を審判廷で表現するときにも、「反省していますか」などという通り一遍の質問を投げかけるのではなく、少年の考えや想いに寄り添って、少年が素直に回答できるような質問を投げ掛けなければなりません。ここは、付添人と少年との信頼関係を築くことができたかどうかに大きく左右されることになります。

(ウ) **付添人が保護者等の関係者に対して質問するとき**

　成人の刑事事件であれば、保護者等はいわば情状証人ということになります。弁護人としては、情状にかかわる事実を引き出し裁判官に伝えることに注力します。

　しかしながら、少年事件においては、保護者をはじめとする関係者の発言は、裁判官に向けられたものであると同時に、少年に向けられたものでなければなりません。そのためには、関係者との十分な事前打ち合わせが必要不可欠であることはもちろん、少年が関係者に対してどのような関わりを求めているか、関係者が少年に対してどのような思いを抱いているか等の内心に関する事情まで詳しく把握しておくことが求められます。また、事前に準備した質問事項をこなすだけではなく、関係者の回答に応じて、より効果的な次の質問は何であるか、常に思考しながら進めることが肝要です。

■雨降って地固まる？■■■

　バイクの暴走運転で2回少年院に行った少年がいました。
　今回も友人と一緒にバイクの暴走運転をして鑑別所に入ることになりました。
　少年は5人兄弟の長男で、末っ子はまだ保育園に通っていました。

「はじめまして。Ａくんの付添人になった●です。」と少年の母親に電話すると、「あいつ、どうしようもないですね。こっちも大変なのに。少年院に行ってもらっていいです。」と言われました。

　小さい子の子育て、仕事、家事、そして少年の非行と、母親も大変な時期をたくさん過ごしてきたんだろうなと思いましたが、少年も「子どもがたくさんいるから少年にかまってられない。」等の母親の発言から、自宅に自分の居場所がありませんでした。

　何度も母親と話し合いましたが、「あいつは反省してない。私は頑張っているのに全然わかってない。どうせ、口だけ。」と言い、少年に少年院へ行ってほしいという気持ちはなかなか変わりませんでした。

　審判当日、半ば諦め気味だった中、裁判所の待合室で母親と審判の打ち合わせをしていました。

　すると、お母さんが、「あれからたくさん考えました。これまで自分の考えを押し付けていた。自分のせいで、あの子の居場所をなくしていた。」と言い、突然泣き出しました。

　審判でも、泣きながら同じことを言ってくれました。

　少年院送致になりましたが、審判が終わると、母親が少年の頭をおもむろに撫でて、「がんばれ」と少年に言い、それを聞いた少年は、涙ぐみながら、「俺が悪かったけん。自分を責めんで。」とお母さんを気遣っていました。

　長い目で見ると、親子関係が修復できた良い機会だったと思います。

⑸　審判廷からの退席

　審判においては、少年を含め、審判の出席者を一時退出させることがあります。少年を離席させて保護者の真意を確かめたいとき、保護者を離席させて少年の保護者に対する本音を聞き出したいとき、少年に秘しておくべき少年の出生に関する事情に話が及ぶとき等が想定されます。付添人としても、鑑別所や調査官の意見と付添人の意見が食い違っており改めて協議したいとき等に当事者に対する質問が終了した時点で出席者を退席させるよう求めて、裁判官や調査官に再考を求める工夫があり得ます。

(6)　意見の陳述

(ア)　調査官の処遇意見陳述

　多くの審判では、裁判官から「調査官の意見は、事前に提出していただいた意見書のとおりでよいですか」という質問が投げかけられ、調査官が「はい」と答えるだけか、状況に応じて若干の補足説明を行うことによって行われることが多いようです。

(イ)　付添人の処遇意見陳述

　付添人の意見についても、調査官の意見と同様、「意見書のとおりですね」と質問される場合が多いようです。たしかに、付添人の意見書は、裁判官が処遇を決定するにあたって参照する一資料にすぎませんから、法律上、読み上げが必要なものではありません。しかしながら、「はい」で済ませるのではなく、少なくとも要約程度をその場で話せるように準備はしておきましょう。なぜならば、付添人の意見書は、一定程度、少年本人にとっての意見表明に代わるものだからです。自らの言いたいことが"言葉"として審判廷内で表現されなければ、少年の「言いたいことが言えなかった」という感覚を強くさせてしまう可能性があります。少年のパートナーたる付添人としては、そのような少年の気持ちにも配慮した意見陳述としなければなりません。

　特に、事案からして少年院送致が強く予想されるものの、なんとかして社会内処遇を求めたい事案においては、少年に対して、「私は最後まで反対意見をきちんと持っているよ」「君が施設に行かなくても社会内で十分に更生可能だと信じているよ」というメッセージを送る必要があります。このような場合には、たとえ若干長時間に及ぶのだとしても、意見書の全文を読み上げることも検討すべきです。

(ウ)　少年の意見陳述

　審判の終わりに、少年に意見を聞くことが通例です。少年に対して、事前に演説を準備させる必要まではありません。もっとも、そういった場が存在すること、基本的にはそのあと審判が出されるから目の前の裁判官に自分の気持ちを伝える最後の場になること等を伝え、審判全体を通して、少年に考える機会を与えることが重要です。

5　審判における決定の言渡、審判期日の続行

(1)　通常の手続

　裁判官は、通常、処遇意見を確認した上で、少年に対して処遇を告知することとなります。もっとも、告知前に休廷を入れて少年を退席させた上で処遇に関して調査官や付添人と意見交換をする場合もあります。このような運用は、処遇決定のプロセスに付添人も関与することができますので、審判の実質化という観点から評価できます。

(2)　審判期日の続行

　非行事実に争いがない事案では、通常1回で終了します。もっとも、審判を1回で終えなければいけないという法的な制約はありません。また、審判期日を続行するにあたって必要な条件等もありません。審判期日を続行させて、改めて要保護性に関する判断資料を提出する等し、当該資料をも考慮した上で最終的な判断を行うことが可能です。

　なお、審判を続行するか否かの決定は裁判官が行います。付添人として審判の続行が適切であると考える場合には、裁判官に対してその必要性を説明し、続行決定を促す必要があります。特に、審判を続行するということは、多くの事案で観護措置期間を経過することを意味します。観護措置を取られている場合には身柄の解放を意味しますので、逃亡のおそれ等についても裁判所は考慮することとなるでしょう。

第6章

処遇

1　少年事件における処遇等

(1)　審判不開始

　審判不開始とは、家庭裁判所における調査の結果、「審判に付することができない場合」、または「審判に付するのが相当でない場合」に、審判自体を開始しない旨の決定をすることです（法19条1項）。同決定がなされることで直ちに事件は終了します。

　「審判に付することができない場合」とは、非行事実の存在について合理的疑いを超える心証が得られない場合（非行なし）や少年の所在が不明な場合などのことを言います。

　「審判に付するのが相当でない場合」とは、事案が軽微であったり、家庭裁判所に送致された時点で少年が十分に反省しており要保護性が既に解消されていたりする場合のことを言います。

(2)　不処分

　不処分とは、審判の結果、「保護処分に付することができないとき」、または「保護処分に付する必要がないと認められるとき」になされるものです（法23条2項）。

　「保護処分に付することができないとき」とは、非行事実の存在について、合理的疑いを超える心証が得られない場合（非行なし）等のことを言います。

　「保護処分に付する必要がないと認められるとき」とは、調査、審判の過程で、付添人や調査官、裁判官によって少年の持つ問題性に応じた教育的、保護的措置が講じられた結果、要保護性が解消し、再非行の危険性がないと認められる場合や、既に別件で継続的な保護的措置が講じられている場合等のことを言います。試験観察により要保護性が解消された場合も、これに該当し、不処分とされることがあります。

(3) 保護処分

(ア) **保護観察**

保護観察とは、少年を家庭や職場等においたまま保護観察所の行う指導監督及び補導援護という社会内処遇によって、少年の改善更生を図ろうとする保護処分です。

保護観察官と保護司が処遇を担当しますが、専門家である保護観察官の配置が少ないため、少年との接触のほとんどが民間のボランティアである保護司に委ねられているのが実情です。

保護観察では、少年の遵守事項が定められ、これを遵守するよう指導監督されます（更生保護法50条、57条）。遵守事項としては、「一定の住所に居住し、正業に従事すること」「犯罪性のある者または素行不良の者と交際しないこと」といった一般遵守事項のほか、保護観察所長が家庭裁判所の意見を聞いて定める特別遵守事項があります。

具体的な処遇としては、一般的に、少年が、月に２、３回、保護司宅を訪れて近況報告を行い、保護司から指導、助言を受けるといった方法で行われます。面談内容や時間は保護司によってまちまちですが、手料理を振舞うなどして家庭的な関係を築いてくれる保護司もいます。保護司は、保護観察官の指示や連絡に従って少年や少年の家族と接触、指導するほか、毎月１回、少年の状況を保護観察所に報告し（保護観察経過報告書）、また、再犯、所在不明などの特別な事情が発生した場合にも報告を行います（事故報告書）。

法定の保護観察の期間は、特定少年が保護観察処分を受けた場合を除き、原則として少年が20歳になるまでです。ただし、通達により解除基準が設けられており、実際は法定期間満了前に保護観察が終了することがほとんどです。保護観察は、一般保護観察、一般短期保護観察、交通保護観察、交通短期保護観察の４種類に分かれており、それぞれで解除基準は異なります。最も長期である一般保護観察の場合でも、概ね１年間が経過し、成績が良好である場合には、解除が検討されているようです。

なお、遵守事項違反があった場合、少年院送致がなされることもあります（法26条の４）。付添人は、保護観察処分となった少年に対し、このこと

を説明しておくべきです。

　また、特定少年について保護観察処分がなされる場合には、犯情の軽重を考慮して相当な限度を超えない範囲内において、6カ月または2年のいずれかの期間を指定して保護観察に付さなければならないとされています（法64条）。遵守事項違反の程度が重く、少年院において処遇をしなければ本人の改善及び更生を図ることができない場合に少年院送致がなされることは特定少年も同様です（法66条1項）。

㈠　児童自立支援施設送致（法24条1項2号）

　児童自立支援施設送致とは、①「不良行為をなし」た児童、②不良行為を「なすおそれのある児童」、③「家庭環境その他の環境上の理由により生活指導等を要する児童」について、個々の児童の状況に応じた指導を行い、その自立を支援することを目的とした施設である児童自立支援施設（児童福祉法44条）に入所させ、または、保護者の元から通所させる保護処分です。入所経路の多くは親の同意を得てなされる児童相談所の措置（児童福祉法27条1項3号）によるものであり、保護処分による児童は多くはありません。

　収容対象は18歳未満の少年ですが（児童福祉法4条）、実際は、中学生くらいの年齢の少年が大半です。施設に収容して処遇を行うのが原則ですが、ごく一部を除いては開放施設となっています。職員の勤務体制は、交代制と小舎夫婦制があります。

　児童自立支援施設では、家庭裁判所の強制措置許可決定を得て、児童の行動の自由を強制的に制限する強制措置を取ることができます。男子は国立武蔵野学院、女子は国立きぬ川学院において実施されています。

　各都道府県に設立が義務付けられている施設であるため、家庭裁判所で児童自立支援施設送致決定がなされた場合、原則として、県内に所在する児童自立支援施設に送致されることとなります。福岡の場合、福岡県立福岡学園（福岡県那珂川市）となります。

㈡　児童養護施設送致

　児童養護施設送致とは、「保護者のない児童（中略）、虐待されている児童その他環境上養護を要する児童を入所させて、これを養護し、あわせて

退所した者に対する相談その他の自立のための援助を行うことを目的とする施設」（児童福祉法41条）に入所させる保護処分です。なお、児童養護施設は、開放施設であり、非行少年に対する特別な処遇を想定した施設ではないため、保護処分として選択されることは非常に稀です。

　収容対象は、満18歳に達するまでの少年です。家庭裁判所の審判以外の入所経路もあるため、入所対象自体は、幼児（満1歳から小学校就学の始期に達するまでの者）及び少年（小学校就学の始期から満18歳に達するまでの者）となっています。20歳までは入所期間を延長することもできます。

　児童養護施設においては、児童指導員または保育士が児童とともに生活しており、生活指導や職業指導が行われています。かつては「孤児院」という呼ばれ方をすることもありましたが、現在は、両親がいない児童は少なく、両親はいるが虐待その他の事情により両親による養育が不可能なため入所している児童が多いようです。

㈎　**少年院送致**

　少年院送致とは、生活指導、職業指導、教科指導、体育指導、特別活動指導等を施すことにより非行性の矯正を行うことを目的とする収容施設である少年院に一定期間収容する保護処分です。

　少年院には第1種から第4種少年院があり（少年院法4条1項）、第3種を除いて男女が分けられていましたが、令和3年の少年法改正により第5種少年院が設置されることとなりました。家庭裁判所が少年院送致決定をする際に指定する少年院は第1種から第3種までに限られており、第4種少年院は、少年院において刑の執行を受ける者を対象とした少年院です。第1種少年院は心身に著しい障害がないおおむね12歳以上23歳未満のもの（第2種対象者を除く）、第2種少年院は心身に著しい障害がない犯罪的傾向の進んだおおむね16歳以上23歳未満のものを対象としています。第1種少年院と第2種少年院の違いである「犯罪的傾向の進んだ」という要件については、第1種少年院の収容歴、非行の悪質性、体格・成熟度などから総合的に判断されます。第3種少年院は心身に著しい障害のあるおおむね12歳以上26歳未満のものを対象としています。旧法の医療少年院に該当するもので、全国に京都医療少年院1カ所しか存在しません。

第５種少年院は、特定少年のうち、２年間の保護観察処分を受け（法64条１項２号）、かつ、遵守事項違反により少年院送致となった者（法66条１項）を収容することとされています（少年院法４条１項５号）。

　少年院送致の処遇期間としては、特定少年以外の場合、家庭裁判所が審判の際に行う処遇勧告により、短期間、特別短期間、処遇意見なしの３種類に区分されており、収容期間も異なります。短期間は６か月、特別短期間は４か月、処遇意見なしは２年以内での仮退院を目指す処遇計画が立てられます。ただし、訓令・通達に基づく処遇意見なしの場合であっても、実務上「十分尊重する」ものとされている裁判官の処遇勧告が付されることがあります。比較的短期間との処遇意見が付された場合は８か月から10か月程度、特に処遇勧告がない場合は１年程度、比較的長期間の場合は18か月程度、相当長期間の場合は２年以上が目安となっています。少年院内で規律違反等があった場合には、仮退院までの期間が延びることもあります。

　特定少年の場合、少年院送致とするときは、裁判所は３年以下の範囲内で収容期間を定めなければならないこととなりました（法64条３項）。

　少年院における処遇は３段階に分けられています。入院すると、まず３級になり、自己の問題改善への意欲の喚起を図る指導が行われます。続く２級では、問題改善への具体的指導がなされます。最後に、１級で社会生活への円滑な移行を図る指導を受け、出院となります。

　指導の具体的な内容としては、次のようなものがあります。生活指導では、善良な社会人として自立した生活を営むための知識・生活態度の習得を目指し、個別面接、集団討議、薬物乱用防止等の各種プログラム、SST（ソーシャル・スキルズ・トレーニング）、被害者の視点を取り入れた教育、問題行動指導等を行います。職業指導では、勤労意欲の喚起、職業上有用な知識・技能の習得を目指し、職業生活設計指導、パソコン実習、溶接実習等を行います。教科指導では、基礎学力の向上を目指し、義務教育、高校卒業程度認定試験受験指導等を行います。体育指導は、基礎体力の向上、健全な心身の育成を目指し、サッカー、水泳、運動会等を行います。特別活動指導は、情操を豊かにし、自主性、自律性、協調性を育てることを目

指し、上記各指導以外の社会貢献活動、野外活動、音楽の実施等を行います。

■少年院のおかげかも■■■

その子は10代後半の少年でした。

複雑な家庭、紆余曲折の生い立ち、非行少年としては珍しくない経歴。

ただ、私が出会った中で、発する言葉と心とのちぐはぐ感が最も気になる子でした。いかに自分が酷いことをしたかを訴えながらも、心がとても追い付いていない印象。痛ましい程でした。

そのちぐはぐ感について率直に問いかけることがためらわれたまま、少年院送致となりました。少年院なんて入ったって意味ないのに、と私は思い、少年にもそのような言葉を手向けました。

ある日、ひょんなことから、少年院を出た彼と再会しました。

当時のあまり仕事がうまく行っていない状況をとつとつと語ってくれました。憂鬱な状況を憂鬱なままに語っている、そう感じました。

少年院では、毎日、内省の時間を持たれると聞いています。私は、それまで、少年院教育は、専門性が低く、効果がないと考えていました。

しかし、少年の変わり様、心と言葉が一体になっていると感じさせる有り様を目にし、これは少年院のおかげかも、と思いました。そして、少年院送致となったとき、もっと他に捧げる言葉があったのではないかと悔いました。

今も自問自答は続いています。

(4) 検察官送致（法20条）

検察官送致とは、少年を成人の刑事手続きによって処分すべく、家庭裁判所が決定をもって、検察官に事件を送致する処分です。一般に、逆送とも言います。

家庭裁判所は、20歳以上であり少年でないことが判明したときには検察

官に送致しなければならないとされています（法19条）。

　また、少年（特定少年を除きます）が死刑、懲役または禁錮に当たる罪の事件について、調査または審判の結果、その罪質及び情状に照らして刑事処分を相当と認めるときに、検察官送致を行います（法20条1項）。「刑事処分を相当と認めるとき」とは、実務上は、保護不能（保護処分によってはもはや矯正の見込みがない場合）だけでなく、保護不適（事案の内容、社会に与える影響等から、保護処分で対処するのが不相当な場合）も含んだ解釈で運用されています。

　なお、故意の犯罪行為により被害者を死亡させた事件で、罪を犯したとき16歳以上の少年については、原則として検察官送致となります（法20条2項）。

　さらに罪を犯したときに18歳以上の特定少年であった場合は、原則逆送となる範囲が拡大しており、死刑または無期もしくは短期一年以上の懲役若しくは禁固にあたる罪の事件について、原則として送致しなければならないとされています（法62条2項2号）。

(5)　知事または児童相談所長送致

　知事または児童相談所長送致とは、家庭裁判所が少年の要保護性を調査した結果、「児童福祉法の規定による措置を相当と認めるとき」に、都道府県知事または児童相談所長に送致し、児童福祉機関の措置に委ねる処分です（法18条）。

　児童福祉法の適用を前提としていますので、対象となるのは18歳未満の少年です（児童福祉法4条）。非行はあまり進んでいないが、家庭環境等に問題があり、審判後も継続的な関わりが必要なケースにおいて選択されることがあります。実際には、保護処分として同処分が選択されることは非常に稀であり、また、知事に送致しても結局は児童相談所へ送致されますので、同処分がなされる場合でも、児童相談所長送致となることがほとんどです。

　送致後は、児童相談所の措置として、訓戒、誓約書の提出、児童福祉司等による指導、里親等への委託、児童養護施設・障害児入所施設・児童自

立支援施設等の児童福祉施設への入所措置等がなされます。なお、保護処分としての児童養護施設送致、児童自立支援施設送致は親権者等の意思に反してもなされるものですが、知事または児童相談所長送致の結果としてなされる児童養護施設送致、児童自立支援施設送致は、あくまで児童福祉法上の措置ですので、親権者等の意思に反して行うことはできません。

2　試験観察

(1)　試験観察の意義

　試験観察とは、家庭裁判所が、保護処分を決定するために必要があると認めるときに、決定をもって、相当の期間、少年を調査官の観察に付することを言います（法25条1項）。

　審判日における少年を直ちに保護観察処分に付すには要保護性が大きいが、少年院送致決定を付さずとも更生の可能性があるといった場合になされる中間処分であり、付添人や調査官が、相当の期間、少年を指導、監督、教育して要保護性の解消、軽減を図り、結果が良好であれば保護観察や不処分が、不良であれば少年院送致が、終局処分としてなされます。

　具体的には、新たな居住先や就業先が見つかり、社会内処遇による少年の更生が期待されるも、新たな環境に馴染むまで家庭裁判所の関与が必要と考えられる場合などに利用されます。

(2)　試験観察のあり方

(ア)　在宅試験観察

　在宅試験観察とは、少年が自宅等で居住しながら行われる試験観察のことです。

　少年は、定期的に家庭裁判所において調査官との面接を行うほか、日記、反省文などの課題が課されることもあります。

(イ)　補導委託

　補導委託とは、試験観察のうち、適当な施設、団体、個人に少年の補導を委託する措置のことを言います（法25条2項3号）。

補導委託には、「補導のみ委託」と「身柄付き補導委託」の2種類があります。「補導のみ委託」とは、少年を自宅等に居住させながら、保護司、児童委員などに補導を委託するものです。「身柄付き補導委託」とは、補導委託先に居住しながらの補導を委託するものです。

　補導委託先は、各地の家庭裁判所が独自に開拓した篤志家等によって成り立っていますが、近年、補導委託先が減少しつつあり、補導委託先の空きがないという理由で補導委託を前提とした試験観察ができないという事情があります。補導委託による試験観察を検討する場合、事前に調査官に意向を伝え、少年の希望する補導委託先があるか確認を取っておく必要があります。

(3)　試験観察中の付添人活動

(ア)　少年

　試験観察は、終局処分ではないため、試験観察となったからと言って油断することなく、付添人は少年と定期的に連絡を取り、面談を行うなどして積極的に少年と関わることが重要です。少年との関わり方は様々ですので、活動の仕方に唯一の正解はなく自らの信念に従い、少年の更生に資すると考える支援、援助を行なうことが第一です。

　なお、身柄拘束をされていた事件では、いったん拘束が解かれることにより少年の気が緩み、非行を行なっていた仲間との交流を再開させるなどの問題行動を起こすことがあります。特に、付添人との間で連絡が取りにくくなった場合は何か問題行動を起こしている可能性があるため、少年の保護者等と連絡を取るなどして早急に少年の状況を把握し、指導等を行なう必要があります。その際、改めて、少年に対し、試験観察中であり終局処分がなされているわけではないことを認識させることも重要です。

(イ)　両親、親族等

　両親や親族等は少年の更生にとって非常に重要な存在であり、試験観察終了後も関わりを持ち続ける存在です。少年の問題点や更生に必要な支援、援助が何であるかを共有することが、少年の更生にとって非常に重要です。

　ただ、少年の度重なる非行により、疲労し、少年を信用できなくなって

しまっている親等もいます。そのような場合には、親等自身が抱える不安や悩みを解消してあげることも重要です。しかし、付添人自身に親としての経験がないなど、直接、親等の問題解決をすることが難しい場合もあるかと思います。そのような場合は、非行と向き合う親の会（福岡では「ははこぐさの会」）などを紹介することも一つの選択肢です。

(ウ) 委託先、就業先等

補導委託や就業が始まる前に、委託先等の責任者・担当者と連絡を取り、付添人として考える少年の問題点や更生のために必要な支援、援助について伝えましょう。その後も、定期的に連絡を取り、訪問するなどして、少年の生活状況等に関する情報を共有することが好ましいといえます。

なお、非行少年の受け入れに応じてくれる補導委託先、就業先には、別の非行少年が既に入所等をしているケースがあります。少年に良い影響を与えることもあれば悪い影響を与えることもありますので、付添人としては、少年がともに生活、就業する者がどのような者であるかを確認し、その人たちとの接し方について、少年と話をしておくことも大切です。

(エ) 家庭裁判所調査官

調査官は、定期的な面接のほか、遵守事項を定めたり（法25条2項1号）、条件をつけたり、日記・反省文などの宿題を課したりして（法25条2項2号）、少年について観察します。

付添人としては、調査官が把握している情報を取得するとともに、付添人として把握している情報を調査官に提供し、調査官と協力して少年の更生の支援、援助を行います。

ただ、試験観察期間中に、少年が交流を禁じられた非行少年の仲間と会うなどの遵守事項違反をしたり、新たな非行を行なっていることが発覚したりすることがあります。このような場合、調査官と、どのタイミングでどの程度の情報共有を行うかは、付添人としては非常に悩ましい問題です。しかし、我々付添人は、少年審判において弁護人的役割も有していますので、当然に全ての情報を調査官に伝える必要はありません。少年の更生にとって何が一番良いのかという観点から付添人活動をする必要があります。

㈠　**審判**

　試験観察期間中、特に問題を起こさなかった場合は、概ね、保護観察処分となり、場合によっては不処分となることもあります。

　付添人としては、裁判所に対し、少年が試験観察中に更生に向けて順調に走り出しており、社会内処遇で問題ないことを伝える必要があります。ただ、審判直前に初めて裁判所に情報を伝えた場合、少年に対する処遇決定にあたってその情報が十分考慮されないリスクもありますので、少年に関する情報については、審判前に余裕をもって調査官と共有し、裁判官に伝わるようにしておくべきです。

■可塑性を実感した手紙■■■

　弁護士1年目に担当した、初めての少年事件でのことです。

　10代後半の少年が保護観察中の再非行（しかも、前件の非行とほぼ同種）を行ったというもので、少年院送致という厳しい結論も十分にありえる案件でした。

　何とはなく、自分と共通するところがあるなと感じ、その少年と面会を重ねていました。その中で、自身の非行の原因や、自身の物事のとらえ方や感受性について問いかけを繰り返すことで、少年自身の力で考えてもらいました。

　その少年は素直な心で向き合ってくれ、初めて会った時の少年と審判の時の少年では別人のようになっていました。また、少年に掛ける言葉が自分にも跳ね返ってきて、自分の姿勢・生き方を見返すいい機会になりました。

　審判では、試験観察となりました。ある日、試験観察中の生活についての打ち合わせを実施しました。その際に、少年が手紙を書いて、持ってきてくれました。全く予期していなかっただけに、とても嬉しかったのを覚えています。その内容も、少年が自分自身と向き合い、今回のチャンスを生かしていきたいというものでした。座学ではわからなかった、少年の可塑性というものを本当に実感しました。

3　審判後の活動

⑴　審判後の活動の意義

審判がなされることにより、少年法上の付添人の任務は終了します。

しかし、審判がなされたからといって、当然に少年が更生するわけではありません。むしろ更生に向けてのスタートというケースも多くあります。

少年の更生のためには、少しでも多くの社会資源があることが望ましく、付添人であった弁護士は、非常に有用な社会資源の一つです。家庭裁判所や保護観察所などの公的機関は、手続きが終了してしまうと個別に少年と関わることは困難です。一方、弁護士は自由な立場で少年と関わりを持ち続けることができます。

弁護士には、少年が更生するにあたっての相談役であったり、再非行の歯止めであったりと様々な役割や関わり方があります。少年の人生をより良いものとすべく、是非、審判後も元付添人として少年に関わっていただきたいと思います。

⑵　弁護士費用

現状、審判後に元付添人が少年への支援活動を行うにあたって、弁護士費用に関する制度が整備されているとは言いがたく、多くの弁護士がボランティア活動を行っているのが現実です。

その中でも以下のような制度がありますので、是非、活用を検討してください。

㈎　民事法律扶助（法テラス）

経済的に余裕がない者が法的トラブルにあった際に、無料で法律相談を行い、弁護士等の費用の立替えを行う制度です。更生の一環としての示談交渉であったり、少年の生活を立て直すための債務整理等を行う際に利用することができます。

ただし、親等の同意がなければ制度の利用ができないうえに、生活保護受給者でない限りは、原則として立替金の返還義務が生じます。

(イ)　子どもに対する法律援助（法テラス）

　日弁連委託援助事業の一つです。子どもにかかる行政手続きの代理、訴訟代理等の活動が援助の対象となります。貧困、遺棄、無関心、敵対その他の理由により親権者及び親族からの協力が得られない場合は、民事法律扶助は利用できませんが、この制度を利用することができます。

　原則として、子どもの費用負担はありませんが、示談が成立するなどして現実に利益が得られた場合は、その利益から受任弁護士に成功報酬を支払うことになります。

(ウ)　子どもの手続代理人（家事事件手続法23条）

　少年が両親の離婚調停や親権者の指定・変更の調停・審判、未成年後見に関する審判など家庭裁判所の調停・審判に参加する場合、子どもの手続代理人制度を利用することができます。参加する少年の年齢は、概ね小学校高学年以上が想定されています。ただし、実際の運用としては、家庭裁判所は同制度の利用には消極的です。

　費用は、両親に負担させることもありますが、前述の子どもに対する法律援助制度にて賄われることもあります。

第 7 章

逆送

1 逆送の意味と法律上の類型

　家庭裁判所が事件を検察官に送致する決定のことを通常「逆送」と呼んでいます。検察官が家庭裁判所に送致した少年の事件を、改めて家庭裁判所が検察官に送致するという形で通常の流れとは逆方向に送り返すことから「逆送」と呼ばれるのです。検察官送致を略して「検送」と呼ぶ場合もあります。

　逆送には、年齢超過という形式的理由によるもの（法19条2項、23条）と「刑事処分相当」判断を経た実質的理由によるものがあります。

　そして、実質的理由による逆送に関しては、特定少年（18歳19歳の少年）の場合とそれ以外の場合とで要件や原則逆送の範囲が異なります。

　まず、特定少年（18歳19歳の少年）の場合でもそれ以外の場合でも、調査の結果、その罪質及び情状に照らして刑事処分を相当と認めるときは逆送されます（法20条1項、62条1項）。ただし、審判時に特定少年（18歳19歳の少年）の場合には罪の種類を問いませんが（法62条1項）、それ以外の場合には死刑、懲役又は禁錮刑の定められた罪の事件でしか逆送は認められません（法20条1項）。

　さらに、事件時に特定少年（18歳19歳の少年）であった場合、死刑又は無期もしくは短期1年以上の懲役もしくは禁錮に当たる罪の事件では、特段の事情により刑事処分以外の措置を相当と認めるとき以外は、原則として逆送されます（法62条2項2号）。また、事件時に16歳以上の場合で故意の犯罪行為により被害者を死亡させた罪の事件でも、同様に原則として逆送されます（法20条2項、62条2項1号）。

　なお、実質的理由による逆送の場合には、犯罪事実が認定されることが必要であって、犯罪事実自体が認定されない場合には、審判において非行事実なしとして不処分決定がなされることになります。

(1) 形式的理由による逆送

　家庭裁判所は、調査や審判の結果、本人が20歳以上であることが判明したときは、検察官送致決定をしなければなりません（法19条2項、23条3

項）。成人直前の送致で調査中に成人となった場合も同様です。ただし、成人前に同条項での送致決定は許されないと解するべきとされています。

(2) 実質的理由による逆送——刑事処分相当事案

　法20条1項、62条1項は、調査の結果、その罪質及び情状に照らして刑事処分を相当と認める場合には検察官に送致しなければならないと定めています。なお、逆送の対象年齢は平成12年の改正で16歳以上から14歳以上に引下げられました。また、以前は死刑、懲役又は禁錮刑の定められた罪の事件でしか実質的理由による逆送は認められていませんでしたが、令和3年の改正により特定少年に関しては対象事件の限定がなくなり、罰金刑の定めしかない罪の事件でも逆送が認められるようになりました。

　刑事処分の相当性は、罪状及び情状に照らして検討されますが、その内容については学説が分かれています。

　学説は、主として、①保護不能（保護処分によっては矯正改善の見込がない）の場合に限定する説、②保護不適（保護不能ではないが、事案の性質等から保護処分で対応するのが不相当な場合）も含むという説に分かれています。

　この点、裁判例（東京家裁昭36.3.22）は、「少年に対しては性格矯正の可能な限り保護処分をもって臨み、それが不可能な場合において初めて例外的に少年法20条により事件を検察官に送致してその少年に刑事処分を科すべく、而してその保護処分が可能な場合においてもその少年を保護処分にすることが刑事司法の基礎である正義の感情に著しくもとるときは、保護処分に付するべきでなく、刑事処分に付するべきものである」としており、実務はこれに基づいて②保護不適の場合も含むという説によっていると言われています。

　しかしながら、少年法が処罰より保護教育的な処遇で少年を立ち直らせるべきであるという理念に基づく法律であることから考えて、少年に更生可能性があるにも関わらず事案の重大性等に着目して正義の感情に著しくもとるとして刑事処分を科すことは少年法の理念に反すると言わざるを得ません。

　そこで、付添人は、どれだけ事案が重大で社会的耳目を集めるような事

案であっても、少年に更生可能性がある場合には、実務の運用を踏まえつつも、積極的に逆送に反対する意見を述べるべきです。

⑶　実質的理由のある逆送――原則逆送事件

　法62条2項2号は、事件時に特定少年（18歳19歳の少年）であった場合、死刑又は無期もしくは短期1年以上の懲役もしくは禁錮に当たる罪の事件では、原則として検察官に送致しなければならないと定めています。

　また、法20条2項本文や62条2項1号は、事件時に16歳以上の少年が故意の犯罪行為により被害者を死亡させた場合は、原則として検察官に送致しなければならないと定めています。

　もっとも、法20条2項や法62条2項はいずれも但書で例外を定めていて、犯行後の情況、少年の性格、年齢、行状及び環境その他の特段の事情を考慮し、刑事処分以外の措置を相当と認める場合には逆送以外の処分ができます。

　法20条2項は平成12年改正で新設され、法62条2項は令和3年改正で新設された規定です。いずれも、少年非行の厳罰化を求める世論の動向に押された改正と言わざるを得ません。

2　逆送の可能性のある事件における付添人活動及び弁護活動

⑴　逆送の可能性のある事件とは

　逆送の法律上の類型は1に記載したとおりですが、実際に逆送の可能性のある事案としては、①年齢超過切迫事案、②非行内容が少年の未熟性に起因するというより、成人と同様の責任を問うべきとも考えられるような事案、③少年に少年院送致歴がある事案、④非行罪名や犯情、結果が重大な事案等があります。これらの事案では、選任直後から逆送の可能性を念頭において、積極的に被疑者弁護や付添人活動をする必要があると考えてください。

(2) ①年齢超過切迫事案

　事件が家庭裁判所へ送致された段階で少年が19歳10ヶ月や11ヶ月である
場合を、実務では年齢超過切迫事案と呼んでいます。少年が審判までに満
20歳となってしまうと少年法が適用されず、成人として刑事処分を受ける
ことになります。少年の可塑性、刑事処分を受けることの少年の経歴への
影響の大きさなどからすれば、たとえ罰金刑や執行猶予つき判決であって
も、少年には刑事処分ではなく保護処分が望ましいと考えるべきです。

　したがって、年齢超過切迫事案を担当する場合、少年が家裁送致の段階
で20歳まであと10日を切っているなど時間的に絶対に間に合わない場合を
除いて、年齢超過による逆送を阻止することが必要でしょう。それが少年
の利益につながると考えられます。

　そして、年齢超過の逆送を阻止するために最も大切なことはスケジュー
ルの管理です。現在では、全ての勾留事件（少年の場合は勾留に代わる観護
措置も含む）が被疑者国選の対象となっていますから、家裁送致前の少年
に被疑者弁護人として関わることが多くなっています。そこで、年齢超過
切迫の少年被疑者の弁護人となった時点で、審判日までのスケジュールを
イメージするようにしてください。なお、少年院送致が予想される場合に
は、少年の20歳の誕生日の前日までに少年院へ入所する必要がありますの
で、鑑別所から少年院へ送致する時間も考慮して審判日を設定しなければ
なりません。

　年齢切迫の少年被疑者の弁護人となった場合、まずは１日でも早く事件
を家庭裁判所へ送致するよう担当検察官へ働きかけてください。検察官は
通常勾留満期日に事件を家庭裁判所へ送致しますが、事案軽微や年齢切迫
の事情等を考慮して勾留満期日の数日前に事件を家庭裁判所に送致するこ
ともあります。

　次に、家裁送致前に家庭裁判所の書記官へ年齢切迫の少年が家裁送致予
定であることの情報を積極的に情報提供しましょう。家庭裁判所は、検察
庁から事前に勾留中の少年に関して情報提供を受けている場合が多いので
すが、少年被疑者を担当している弁護人からも積極的に情報提供をするこ
とが望ましいと思われます。

また、家裁送致後は直ちに家庭裁判所の書記官や調査官と調査や審判日の日程調整をしてください。担当裁判官が不在でも、調査命令を出すことも、審判日を決めることもできます。家庭裁判所にスケジュール管理を任せてしまうのではなく、付添人から積極的に働きかけることが望ましいでしょう。

　そして、時間的制約があるので、被害弁償や示談は被疑者弁護の段階から動きはじめ、可能な限り家裁送致前に終えるよう努めてください。

　なお、年齢切迫事案で逆送が予定される事件であっても、それだけを理由に少年法20条1項が適用されることもありません。

(3)　②非行内容が少年の未熟性に起因するというより、成人と同様の責任を問うべきとも考えられるような事案

　少年非行の中でも、交通事犯（交通事故、飲酒運転等）や、高年齢（18歳以上）の薬物（大麻やシンナー、覚せい罪等）事犯、知能犯（特殊詐欺や美人局）などは、事案にもよりますが、要保護性が乏しく少年に成人と同様の責任を問うべきだとして刑事処分相当であると考えられることがあります。

　しかし、そのような考え方に安易に同調するべきではありません。少年と真摯に向き合ってその少年の可塑性を見いだし、審判では、保護処分による矯正が可能であるとして保護処分相当の意見を述べるべきです。

　特に、罰金見込の交通事犯では、安易に逆送決定される可能性があります。現に逆送事案で一番多いのが罰金見込の交通事犯であると言われています。しかし、罰金見込の交通事犯であっても、他の場合と同じように刑事処分の相当性をしっかりと検討し判断されなければならないのは当然です。

　したがって、被疑者段階から弁護人として関わる場合には、被疑事実（非行事実）に関する弁護活動を怠らないようにしてください。

　逆送されても罰金だから、執行猶予が付くことは確実だからと逆送を安易に容認するような弁護活動や付添人活動は決して望ましいことではありません。罰金前科でも執行猶予付であっても前科がつくことは少年の利益には決してなりません。

少年の非行の背景にはやはり少年の規範意識等の欠如がある場合が多いと考えられますので、弁護人や付添人は、少年に対し、社会規範の重要性を説くなどの活動を再非行防止の観点からも積極的に行うべきです。

(4)　③少年院送致歴がある事案

少年に少年院送致歴があっても、それだけで保護不能、刑事処分が相当であると安易と考えるのは早計にすぎます。一度ならず二度の少年院送致歴があっても保護処分にとどまった事例は多数あります。

少年が少年院での矯正教育を経ても再非行を繰り返す原因を探り、その原因に対して積極的な付添人活動をすれば、裁判所が安易に刑事処分相当であると判断することはないはずです。

少年の内省をこれまでの非行時よりも深めること、新たな環境調整を試みるなどの積極的な付添人活動によって、安易な逆送を阻止するよう努めてください。

(5)　重大事案（原則逆送事件を含む）

(ア)　初動

少年の重大事件を担当することになった場合、逆送の可能性が実際どの程度あるのか、事件の見通しを事件を受任した当初から意識するようにしてください。

そして、事件が重大な場合、できる限り早期に複数人で受任するようにしてください。事件が重大な場合は、少年への通常以上の多数回の面会、膨大な記録の検討、被害者やマスコミの対応等、一般の事件よりも対応しなければならないことが多いので、一人より複数で対応することが好ましいと考えられるからです。

(イ)　弁護活動の注意点

どんな事件でも、否認事件でも自白事件でも、ケースセオリーは大切ですが、重大事案については特にケースセオリーが大切です。重大事案で被疑事実（非行事実）に大きな争いがないと一見みえる事件でも、少年被疑者の話をしっかりと聴取して事実をしっかりと確認し、客観的証拠等との

整合性を検討してケースセオリーを立てるようにしてください。

　また、逆送が想定されるような事案では、少年事件とはいっても、捜査機関は、少年に対し連日長時間の厳しい取り調べをする可能性が高く、接見は一般的な事件以上に重要です。

　少年が捜査機関のストーリーに迎合したり、虚偽自白をしたりしないように、また少年が事実を認めている場合には内省を深めさせるため、できる限り頻回に接見するようにしてください。

　そして、事案の内容によっては取り調べでの黙秘などしっかりと戦略をたてることが必要になることも忘れないようにしてください。

(ウ)　**原則逆送事件**

　原則逆送事件は、事件時に特定少年だった場合には死刑又は無期もしくは短期1年以上の懲役もしくは禁錮に当たる罪の事件、16歳以上だった場合には故意の犯罪行為により被害者を死亡させた事件です。いずれも法定刑が重い重大事案であり、特に特定少年以外で原則逆送となるのは、殺人や強盗殺人、傷害致死等の結果も重大な非行が対象となります。

　特定少年に関する原則逆送については、2021年（令和3年）の法改正で新設されたものであり、原則逆送の範囲がかなり広まったため、原則逆送事件を担当する機会も増えることになりました。

　法20条2項も法62条2項は、調査の結果、但書を適用して保護処分とすることを認めていますので、原則どおり逆送するのか、但書を適用するのかを判断するためにも、原則逆送事件であっても調査官による調査を経ることが大前提となっています。

　特に、特定少年に関しては、かなり広い範囲の罪が対象となっており、但書の適用を求めて逆送を防止する積極的な付添人活動をする必要があると考えられます。また、特定少年以外の事件でも、同意殺人や嘱託殺人、あるいは傷害致死等の事案では逆送されなかった事案が相当数あります。そこで、付添人は、原則逆送事件であっても、安易に逆送前提の付添人活動に終始せず、但書適用に向けて、裁判官や調査官に面談するなどして、逆送を防止するための活動を積極的に行うべきです。原則逆送事件だからと付添人が最初からあきらめてしまうことは絶対に避けるべきでしょう。

3　逆送決定に関して

　審判で逆送決定がなされてしまった場合、付添人が逆送決定の決定書を家庭裁判所から直接入手することはできません。決定書の内容を起訴後の証拠開示前に確認したい場合には、逆送後に検察官から事実上入手するなどの工夫が必要です。

　また、逆送決定に対しては不服申立の手段がありません。逆送後の刑事裁判の中で法55条移送を主張することが不服申立の代わりになると考えられます。なお、55条移送の詳細については第8章を参照してください。

第 8 章
少年の刑事事件

1 成人との相違点

　少年は、大人以上に成長発達の過程にあるものですから、その成長発達権は、刑事手続においても十分に保障されなければなりません。少年法の保護主義の理念は、刑事裁判にも反映されるべきと考えられます。

　少年法が「少年に対する刑事事件の審理は、第9条の趣旨に従って、これを行わなければならない。」として公判手続においても科学調査主義に基づく審理がなされるべきこと（法50条）等を定め、同条を受けた刑訴規則277条においても「少年事件の審理については、懇切を旨とし、且つ事案の真相を明らかにするため、家庭裁判所の取り調べた証拠は、つとめてこれを取り調べるようにしなければならない。」としているのは、まさにその表れです。

　少年の刑事手続においては、成人にはない終局処分の内容として、不定期刑（法52条）及び家庭裁判所への移送決定（法55条）が定められているのが特徴です。これらの規定は、前述した少年法及びこれを受けた刑事訴訟規則の趣旨を具現化したものです。

　私たち弁護人も、このような少年の特殊性を理解した上で、少年法の理念を公判手続に反映するよう努める必要があります。

　以下、少年に対する配慮の必要性が際立つ、公判請求がなされた場合を念頭に述べていきます。

2 少年の公判特有の注意点

⑴ 裁判の公開原則（憲法82条1項）との関係

　少年の人間性や、少年が非行に至った経緯や動機を含む少年非行の本質を理解しようとするとき、私たちは自然と、少年の生育歴、生育環境、人格、あるいは少年及び周囲の大人が抱える葛藤、苦悩その他の複雑な感情等、極めてプライバシー性の高い情報に接していることと思います。同様に、裁判官や裁判員が非行の本質を理解するためには、これらの情報が公開の法廷に顕出される必要があります。

本来、こうした犯罪の捉え方は、成人にも共通するものといえるでしょう。しかし、少年の場合、成長発達権の保障を中心に据えて解釈運用がなされるべきですから、その意味において、少年の社会復帰を不当に妨げることのないよう、裁判公開の要請との調整が必要となります。また、特に年少少年の場合、不特定多数の傍聴人の目にさらされることで、不相応に萎縮したり、あるいは不当・不必要に情操を害されたりして、主体的な手続参加がより一層難しくなることも考えられます。

　こうした観点から、弁護人が裁判所ないし検察官に対して、期日簿や開廷表あるいは公判審理の際の匿名措置を求める、入退廷時に被告人席と傍聴席との間に衝立を置く遮蔽措置を求める、傍聴席から顔が見えないよう被告人の着席位置や角度等を工夫するよう求めるといった活動があり得ます。

　なお、2021年（令和3年）の少年法改正により事件時18歳以上の特定少年が検察官逆送後に正式起訴された場合、推知報道の禁止が解除されることになりましたが、年齢超過による逆送事件を含め報道されない逆送事件も多くあります。したがって特定少年の逆送事件においても上記のような活動は重要になります。

⑵　社会記録の取扱い

　少年法50条は、「少年に対する刑事事件の審理は、法9条〔科学調査主義〕の趣旨に従って、これを行わなければならない」と定め、刑訴規則277条は、「少年事件の審理については、懇切を旨とし、且つ事案の真相を明らかにするため、家庭裁判所の取り調べた証拠は、つとめてこれを取り調べるようにしなければならない」と定めています。これらの規定は、少年の刑事裁判においても、少年法の保護主義の理念が及ぶことを表すと共に、少年審判手続で得られた科学的調査の結果を活用することを要請するものです。

　科学的調査の結果の代表格としては、社会記録（本章では、鑑別結果通知書及び調査官作成の少年調査票を意味することとします）が挙げられます。少年及び少年犯罪の実態を把握するためには、少年の刑事裁判においても、

社会記録を取り調べる必要性や有用性は高いといえます。

　他方で、社会記録には、少年や関係者のプライバシーに関わる情報が多分に含まれており、これが公開の法廷で詳らかにされた場合には、少年の名誉や情操を不必要・不相応に傷つける危険性があります。

　また、社会記録が徒に朗読されるようになれば、その弊害を恐れて従来のような少年の私生活や内面等に踏み込んだ調査官調査や鑑別が行われにくくなり、ひいては非行事件の解明が困難になる可能性があるとの指摘もあります。

　そこで、刑事裁判における社会記録の取扱い方が問題となります。

　まず、社会記録を取り調べる前提として、裁判所が家庭裁判所から社会記録を取り寄せます。その法的根拠については、刑訴法279条の公務所等照会と解する説、裁判所法79条の裁判所間の共助と解する説などがあります。社会記録は、通常、謄写を許可されませんので、弁護人においてその内容を書き写すなどの作業をする必要があります。

　社会記録の証拠調べ請求から取調べまでの流れとしては、まず、その全てを証拠調べ請求し採用される場合があります。取調べ方法としては、成人と同様、要旨の告知（刑訴規則203条の2）が活用されています。

　ただし、裁判員裁判の場合は、一般に、直接主義・口頭主義の徹底という観点から、全ての書証について全文朗読（刑訴法305条）とされています。そのため、社会記録に関してどのように証拠化するのかという点が、裁判員にその内容を十分に理解してもらうという観点も含めて問題となります。

3　少年法55条に基づく家庭裁判所への移送

(1)　いわゆる55条移送とは

　少年法は、家庭裁判所への全件送致主義・保護処分優先主義を採用した上で、例外的に検察官送致（いわゆる逆送。少年法20条）及び少年に対する刑事処分の余地を認めています。

　他方、逆送され起訴がなされた事件であっても、少年法55条は、「保護処分に付するのが相当であると認めるときは、決定をもって、事件を家庭

裁判所に移送しなければならない。」と定めて、保護処分相当性がある場合に、再び家庭裁判所へ戻す可能性を認めており、通称「55条移送」と呼ばれています。

　逆送決定には不服申立て手段がないことから、少年法55条が実質的にその機能を担っているといえます。

　なお、少年法55条は、「少年の被告人」を対象とする規定ですので、公判時に年齢を超過する場合には、当然のことながら、55条移送の余地はありません。年齢が切迫しているものの55条移送を十分狙える事案では、早めに裁判所と協議をし、早い段階で公判期日を設定する努力も必要といえるでしょう。

(2)　少年法55条にいう保護処分相当性とは

　55条移送の要件である保護処分相当性をどのように解釈すべきかという問題は、逆送の要件としての刑事処分相当性（法20条）の解釈と表裏の関係にあります。

　そのため、少年法55条の保護処分相当性の意義に関しては、法20条の解釈と相関して諸説が対立しており、一致を見ていません。以下、裁判例・実務での考え方を示します。

(ア)　20条1項、62条1項逆送にいう「保護処分相当性」

　法20条1項、62条1項の刑事処分相当性とは、保護不能に限らず保護許容性がない保護不適の場合も含むと解されています（第7章1(2)）。つまり、法20条1項、62条1項で逆送された場合、保護可能かつ保護処分許容性がある場合に、55条移送の要件を充たすと考えられています。

(イ)　20条2項、62条2項逆送にいう「保護処分相当性」

　法20条2項、62条2項は原則逆送を定めた規定であり、「特段の事情」（各同条同項但書）がない限り刑事処分相当性が推定されると解されています（第7章1(3)）。つまり、法20条2項、62条2項で逆送された場合、この推定を覆すに足りる「特段の事情」がある場合には、法20条1項、62条1項に定める要素を踏まえて刑事処分と保護処分のいずれが相当かを判断し、55条移送の可否を決すると考えられています。

例外である「特段の事情」の内容については、平成19年度司法研究『難解な法律概念と裁判員裁判』60頁以下で、犯行の動機、犯行に至る経緯、計画性の有無、犯行態様、方法、結果の大小、程度といった狭義の犯情を中心に考慮し、少年の資質や環境などの要保護性に関連する事情については狭義の犯情のうちの犯行動機の形成や犯行態様に深く影響したと認められる範囲で考慮するにとどめるべきと考えられています（犯情説）。

　もっとも、裁判例を見るに、純粋な犯情説に立って「特段の事情」の有無を判断しているものは少なく、少年の資質、年齢、環境や犯行後の状況など一般情状も含めて総合的に判断している総合考慮説に近いものが多いと思われます。

　少年法の保護処分優先主義の理念を追求する立場にある私たちとしては、そのためにより実効的と考えられる解釈（例えば相当性の意味を「保護可能性」に限定して解釈し保護可能性があれば保護処分相当性を認めるとする説、保護処分の原則的優位を主たる基準として相当性を判断し例外的に教育的見地から刑事処分が相当となる事情が存在する場合には、刑事処分を科すと考える説など）に挑戦すべき場合もあるでしょう。ただし、前述した現実の裁判例や実務の傾向を踏まえると、保護可能性（保護処分による矯正可能性）だけでなく、保護許容性（保護処分とすることが許容されうるか）や犯情等についても積極的に主張立証していく必要があります。

　詳しくは、各種基本書やコンメンタール等を参照してください。

(3)　保護処分相当性と立証責任（疑わしきは被告人の利益に）

　刑事処分は、保護処分よりも類型的に少年に不利益であると解されますので（同旨、最判平成9年9月18日刑集51巻8号571頁〔調布駅前事件〕）、55条移送の判断においても、「疑わしきは被告人の利益に」の原則（利益原則）が働きます。

　したがって、例えば法20条1項及び法55条の解釈として前記イの立場をとるとしても、検察官が「保護不能ではなく保護不適でもないこと」を立証して初めて、刑事処分を科すことができると解されます（同旨、福岡地決平成24年2月9日、同平成24年2月24日。いずれも強盗致傷・強盗被告事件）。

このような基本原則についても、弁護人が公判において適時適切に言及し、裁判官及び裁判員に対して遵守を求めていくことが重要です。

4　少年の刑事事件における弁護活動

(1)　弁護方針の検討・確立

　少年の刑事事件においても重要になるのは、弁護方針の検討です。まず、大きな方針としては55条移送を目指すかどうかを決めていく必要があります。

　逆送される事件は様々であり、裁判員裁判の対象となり重い刑も予想される重大事案から、罰金刑や執行猶予、事案によっては起訴猶予も見込まれる軽微な事案もあります。仮に刑事処分を受けることになった場合、どのような処分が予想されるかも念頭に置きつつ、方針を決めていかなければいけません。

　特に悩ましいのは、20歳に近い少年で、一部否認事件や重要な犯情等に争いがある事件です。判決時点で20歳になっていればそもそも55条移送決定の余地はなくなるため、55条移送を求めようと思えば、20歳を迎えるよりも前に判決期日（厳密に言えば55条移送決定後の審判期日）が迎えられるようにスケジューリングをする必要があります。

　しかし、そのために十分な証拠開示や争点整理ができなかったり、鑑定その他の手続をとることを諦めたりすれば、55条移送が認められなかったときに少年にとって不利益が生じかねません。

　その意味でも、弁護方針を早急に検討し、確立することは極めて重要です。

　また、いったん弁護方針を確立した後も、公判や公判前整理手続が進む中でも常に方針に関して検討や見直しを行い、必要があれば弁護方針を大きく変更することも考えなければなりません。

(2)　55条移送の主張をしない場合の弁護活動

　55条移送の主張をしない場合の弁護活動は、基本的には成人の弁護活動

と同じです。

　起訴猶予や略式起訴を見込める事案であれば、被害弁償や意見書の提出等の弁護活動を行っていくことになります。

　また、執行猶予の判決を求めたり、刑を少しでも軽くしたりするためにも、成人の刑事事件の場合と同様の弁護活動を行っていくことになります。

　成人事件と異なる点としては、家裁送致の段階で送致記録のほとんどを閲覧ないし謄写できていることです。これは否認事件や犯情に争いがある事件では大きなアドバンテージとなりますし、それ以外の事件でも弁護方針を早期に確立して準備を始めることができます。

　一方で公判を見据えた場合には、公開法廷での裁判の中でできるだけ少年のプライバシー等が守られるように、裁判所に対して被告人席の傍聴人側との遮蔽や法廷内での関係者の呼称等に関して当事者間で調整をしたり、証拠調べの際の要旨の告知の工夫を検察官に求めたりすることが必要になります。

　また、いかに逆送事件といえども、量刑においては事件時少年であることは様々な形で影響しますし、後述するとおり実刑判決の場合には不定期刑が科されることになりますので、そのことも念頭において量刑に関する弁護活動を行わなければなりません。その際に重要になるのが家庭裁判所から取り寄せられる社会記録であり、その内容を十分に検討・理解した上で、弁護活動に組み入れていく必要があります。

(3)　55条移送の主張をする場合の弁護活動

　55条移送の主張をする場合の弁護活動は、成人事件における弁護活動と重なる部分も多いものの、成人事件との違いを強く意識しながら進めていく必要があります。

　まず、何よりも意識しておくべきは判決期日までのスケジューリングです。公判審理によりせっかく裁判所が55条移送の心証を持ってくれたとしても、判決期日の時点で20歳を迎えていれば、55条移送決定の余地はなくなります。真剣に55条移送決定を考えているのであれば、スケジューリングに目を配っておくことは不可欠です。

次に、55条移送を狙うのであれば、保護処分相当性を主張立証していく必要があります。家庭裁判所から取り寄せられている社会記録の内容を念頭におきつつ、どのようにして保護可能性を具体的に主張していけるのか、そのためにどのような立証が必要なのかを検討し、具体的な立証に繋げていく必要があります。

　また、保護許容性についても主張していく必要がありますが、そのベースとなるのは犯情です。少年事件であっても、当該事件がどのような犯罪類型（非行類型）なのか、同じ犯罪類型（非行類型）の中でどのような特徴があるのかを検討し、検察官が証明しようとする犯情について争いがあれば、積極的に争っていくことも重要になります。

　このような保護処分相当性に関する主張や立証は、仮に55条移送が認められなかったとしても、そのまま量刑事情に関する主張立証と結びつきます。

　とはいえ、違法捜査があったことや共犯者との刑の均衡、被害弁償の有無など、必ずしも保護処分相当性には結びつかない量刑事情もあります。55条移送が認められなかった場合に備えて、それらの事情についても主張立証しておくことも検討しておくべきです。

　なお、少年のプライバシー等に関する配慮等については55条移送を主張しない事件の場合と同じです。

(4)　少年の裁判員裁判の弁護活動

(ア)　公判前整理手続

　裁判員裁判対象事件の場合、公判請求されれば必ず公判前整理手続に付されます。

　公判前整理手続においてまず重要なのは証拠開示です。少年審判段階で法律記録を全部謄写している場合であっても、審判時の一件記録に編綴されていなかった追送致記録や検察官が容易に入手することのできる捜査書類、逆送後に作成された供述調書等が存在する可能性が大いにあります。したがって、類型証拠開示請求等を行い、できる限り遺漏なく証拠開示を受けてください。

少年事件においても成人事件と同様に罪体や犯情に関して公訴事実の検討は必要不可欠です。

　そもそも犯罪（非行）の成立や犯人性が争点となるようであれば、これを予定主張の中心とすることになりますし、正当防衛や過剰防衛が問題になる事例、あるいは責任能力が問題となる事例なども、それらの法的主張が予定主張の中心となります。

　また、犯罪や非行が成立するとしても、訴状記載の公訴事実や検察官の証明予定事実に表れた犯行態様や経緯等と少年の言い分が異なる場合も、これを争点とすべきかどうかを検討することも重要です。

　犯情については、刑事罰が科される場合の量刑事情として量刑枠を決める重要な要素となるだけではなく、55条移送を主張する場合の保護処分相当性を判断する際にも極めて重要な要素となります。

　少年事件の場合、どうしても少年の環境や更生可能性等の一般情状に目が行きがちなところがありますが、犯情がどのように認定されるかによって保護可能性や保護許容性の判断が変わる可能性も十分にありますので、まずは罪体や犯情に関して十分に検討をする必要があります。

　その検討に当たっては、開示を受けた請求予定証拠や類型証拠だけではなく、必要に応じて主張関連証拠開示請求をしたり、他の方法で証拠や情報を収集したりすることも重要です。

　また、罪体に関する検討を行い、それに加えて犯情に関する検討を行っていくのと平行して、55条移送の主張をするかどうかの検討をしなければいけません。

　法55条の機能も踏まえると、少年の弁護人となったら、できる限り保護処分優先主義の理念を徹底するため、55条移送の主張をすることは重要です。特に原則逆送事件の場合には、少年審判段階で保護処分相当性について十分な審理がなされていないこともあり得ますから、55条移送をすべきかどうかが主要な争点となることが少なくないと考えられます。

　もっとも、事案の内容等によっては、55条移送の可能性が極めて低いと言わざるを得ない場合もあります。その場合、無理に55条移送の主張をすることが被告人（少年）の情操にかえって悪影響を与える場合もありえま

すし、何よりも裁判員裁判の場合には量刑に関する主張や立証が裁判員に
ぼやけて伝わってしまったり、弁護人の主張全般が信頼を失ってしまった
りして、判決の量刑が重くなってしまうリスクもあります。

　また、上述したとおり20歳に近い少年の場合には、55条移送の主張をす
るためには20歳になる前に55条移送決定を得る必要がありますが、そのた
めに十分な証拠開示や争点整理ができなかったりすることもありえます。

　そのような様々な事情を考慮して、55条移送の主張をするかどうかを検
討することが必要です。

　裁判員裁判対象事件での公判前整理手続では、公判審理における専門用
語その他の具体的説明をどうするかという点も法曹三者で協議をしておく
必要があります。特に法20条２項や62条２項での逆送事案の場合には、少
年法55条の保護処分相当性の解釈をどのように裁判員に説明をするのかと
いう点についても、公判前整理手続中に法曹三者で協議しておく必要があ
るでしょう。

(ｲ)　社会記録の証拠調べ

　裁判員裁判の場合は、一般に、直接主義・口頭主義の徹底という観点か
ら、全ての書証について全文朗読（刑訴法305条）とされています。そのた
め、少年の裁判員裁判においては、社会記録の全文朗読がなされることに
よる弊害を回避する方法として、社会記録の全てを採用する場合であって
も要旨の告知によって取り調べられることがあります。また全文朗読が可
能な程度に立証を簡略化する方法として、合意書面（刑訴法327条）の作成
や、少年と弁護人及び検察官がそれぞれ同意した部分のみを抄本化したも
のを朗読する方法等が提唱されています。当事者において必要箇所を特定
して作成した報告書等を証拠として採用する方法がとられる場合もありま
す。

　しかし、こうした社会記録の「つまみ食い」をする方法により、少年犯
罪の全体像を科学的に捉えるという少年法50条の趣旨を本当に達成できる
のか、疑問なしとしません。まして「裁判員にとっての分かりやすさ」の
ために、少年法の趣旨・理念を犠牲にすることがあってはなりません。仮
に取り調べられる社会記録の内容に過不足がなかったとしても、調査官や

鑑別技官が専門用語を用いて作成した文章を一度朗読されただけで、裁判員が理解することは不可能に近いと思われ、この点でも社会記録の朗読には問題があります。

　そこで、とりわけ裁判員裁判の場合は、口頭主義・直接主義の要請と少年法の理念とを調和しながら少年犯罪の真相理解を促進する観点から、後述する情状鑑定（証人尋問を含む）の活用を積極的に検討する必要もあります。なお、社会記録を朗読する代わりに、当該社会記録の作成者たる調査官や鑑別技官に対する証人尋問を行う方法も考えられます。しかし、裁判所は、こうした調査官や鑑別技官に対する証人尋問には消極的です。

(ウ)　**情状鑑定の活用**

　情状鑑定は、責任能力の有無及び程度を判断するための精神鑑定とは区別されるもので、概ね、精神医学や心理学等の専門的知見に基づき、被告人の資質や性格、心理的特徴、生活状況、犯行動機及び犯行に至る経緯、再犯可能性等について鑑定することをいいます。なお、当然のことながら、具体的な鑑定事項は事件によって異なります。

　本来、情状鑑定については成人事件においても行われるものではありますが、少年刑事事件では、55条移送の主張をする際に保護処分相当性を証明する手段として情状鑑定を用いることがあります。とりわけ裁判員裁判の場合には、弁護人は、公判前整理手続の段階で、裁判所に対して情状鑑定を請求し（裁判員法50条）、あるいは私的鑑定として情状鑑定を行い、これらの鑑定を行った専門家証人の尋問によって立証することも大いに検討すべきでしょう。

　その前提として、協力専門家を探す努力も必要です。元調査官や精神科医、臨床心理士等が考えられますが、知り合いがいない場合には、子どもの権利委員会の委員等に相談をしたり、当該専門家に直接手紙を送ったりして、接触を試みると良いでしょう。

　少年が刑事施設に勾留されている場合には、鑑定人との面会方法や時間について刑事施設側と折衝したり、施設職員の立会なしで面会ができるよう要請するなどの活動も必要となります。

(エ)　少年刑務所と少年院の違いに関する立証

　保護処分相当性についてどの説を採るにしても、55条移送の主張をする際には、保護処分の有効性、すなわち「刑事処分（刑務所への収容）よりも保護処分（主に少年院送致）が再犯防止にとって有効である」ことを主張立証することが不可欠です。

　立証手段としては、例えば、少年刑務所と少年院の処遇等の違いを記載した本やパンフレット等の書証の取調べ請求をすることが考えられます。しかし、検察官から不同意とされることもあるでしょうし、仮に一部同意された場合でも、同意された部分だけでは両者の違いが伝わりづらい可能性もあります。

　元法務教官を証人として請求し、証人尋問においてこれらの違いを証言してもらったという事案もあり、参考になります。

(オ)　裁判員裁判において少年法の理念から説き起こすことの重要性

　裁判員は、通常、少年法についての前提知識を持っていません。

　そのため、裁判員の眼には、被告人である少年は、「年齢が未成年というだけの犯罪者」として映り、通常の成人と同様に審理すればよいとの誤解を抱く危険性があります。この点、裁判官が説明をするかもしれませんが、必ずしも十分な内容であるとは限りません。また、少年の立場に立つ弁護人から適切な説明をすることは、弁護権として保障されるべきです。

　そこで、弁護人から、少年の刑事裁判における基本的なルール、すなわち少年法の理念は刑事訴訟法上も尊重されるべきこと、少年法55条移送や不定期刑等にも反映されていること等について、冒頭陳述や最終弁論において説き起こすことが重要と考えられます。

　ただし、公判は、弁護人の講義の場ではありませんから、長時間にわたることは厳禁です。あくまで手続の段階に応じて、適切な分量にまとめて、裁判員が理解しやすいように述べるようにしましょう。

5　判決──少年の刑事裁判における特例

　少年法では、少年の可塑性や、人格の未熟さゆえ責任非難の程度が成人

より低いこと等を考慮し、少年に対して刑事処分を言い渡すときの特例が定められています（法51条から法54条）。概要は以下の通りです。

(1) 犯行時18歳未満の少年に対する死刑と無期刑の緩和（法51条）

　犯行時18歳未満だった少年に対する最高刑は、無期刑に緩和されています（1項）。したがって、犯行時18歳未満だった少年には死刑が科されることはありません。

　また、犯行時18歳未満だった少年に対して無期刑をもって処断すべきときは、無期刑の他、有期の懲役または禁錮を科すことができることとされています（2項前段）。この場合、有期刑の刑期は10年以上20年以下の範囲とされ（同項後段）、不定期刑ではなく定期刑と解されています（最判昭和25年11月9日刑集4巻11号2227頁）。

　同条は、あくまで犯行時の年齢を基準としますので、判決宣告時に成人となっていたとしても適用されます。また、少年鑑別所での観護措置がとられていた場合の鑑別所での収容日数は、全て未決勾留日数として算入されます（法53条）。

　なお、本条の反対解釈として、犯行時18歳以上に達していた少年については、処断刑たる死刑及び無期刑が緩和されることはありません。

(2) 18歳未満の少年を有期刑をもって処断する際の不定期刑（法52条）

　特定少年を除く、すなわち18歳未満の少年である被告人に対し、実刑判決を宣告する場合には、所定の範囲で不定期刑を科さなければなりません。

　具体的には、少年に対して有期の懲役または禁錮をもって処断すべきときには、法定刑の範囲内で長期と短期を定めて言い渡します（1項前段）。

　短期の上限は10年、長期の上限は15年です（1項後段）。

　短期については、少年の改善更生の可能性その他の事情を考慮し特に必要があるときは、法定刑の短期の2分の1を下回らず、かつ、長期の2分の1を下回らない範囲内でこれを定めることができます（2項）。

　また、執行猶予付き判決を言い渡す場合には、これらの特例は適用されません（3項）。少年鑑別所での観護措置がとられていた収容日数が全て

未決勾留日数として算入されることは、(1)の場合と同様です（法53条）。

　なお、51条と異なり、同条は、判決宣告時も少年であることが必要であると解されています（最判昭和24年9月29日刑集3巻10号1620頁）。

　一方で、2021年（令和3年）の少年法改正により、18歳以上の特定少年に関しては法52条の適用がなくなりましたので（法67条4項）、18歳以上の少年である被告人については成人と同様に刑期が定められた判決が言い渡されます。これも基準時は事件時ではなく判決宣告時ですので、注意が必要です。

(3)　労役場留置（換刑処分）の禁止（法54条）

　特定少年を除く、すなわち18歳未満の少年に対しては、労役場留置の言渡しをすることはできません。労役場留置が、「改善には短いが悪風感染には十分である」という短期自由刑と同様の問題を持つほか、不定期刑の採用とも相容れないというのが理由として考えられています。

　本条により、18歳未満で罰金以下の刑の定めしかない罪の事件については、家庭裁判所が検察官送致をすることはできません。

　しかし、多くの道路交通法違反事件など、禁錮以上の刑に当たる罪で罰金刑が選択刑とされているものについては、罰金刑を言い渡すことが許されています。この類型に該当する事案で、検察官送致後、略式起訴・罰金刑が言い渡された場合、当該少年が罰金を支払わなかったとしても、労役場留置とすることはできません。もっとも、罰金を完納しないまま成人すれば、労役場留置とされる余地はあります（刑法18条）。

　一方で、2021年（令和3年）の少年法改正により、18歳以上の特定少年に関しては法54条の適用がなくなりましたので（法67条4項）、18歳以上の少年である被告人については労役場留置の言渡しをすることができ、罰金以下の刑の定めしかない罪の事件についても家庭裁判所が検察官送致をすることができます。

6 少年に対する刑事施設の処遇及び仮釈放

(1) 懲役または禁錮の執行（少年法56条、57条）

①特定少年を除く、すなわち18歳未満の少年に対する懲役または禁錮刑は、特に設けた刑事施設又は刑事施設・留置施設内の特に分界を設けた場所で、成人と区別して執行しなければなりません（56条1項）。成人と接触することでの悪風感染を防ぐ趣旨です。

現在、少年に対する自由刑の執行は、全国8か所の少年刑務所（函館・盛岡・川越・松本・奈良・姫路・佐賀）で行われています。

上記の措置は、満26歳に達するまで継続することができます（法56条2項）。

一方で、2021年（令和3年）の少年法改正により、18歳以上の特定少年に関しては法56条1項の適用がなくなりましたので（法67条4項）、18歳以上の少年に対する懲役または禁錮刑を課す際には、特に分界を設けた場所で執行しなければならないという制限はなくなりました。ただし、現実にどういった刑務所でどのように執行されるかは、今後の運用を見ていく必要があります。

②懲役または禁錮の言い渡しを受けた少年のうち、16歳未満の者については、16歳に達するまでの間、少年院において刑を執行することができます。義務教育対象少年に配慮した規定です。この場合、少年は、少年院内で、刑務作業ではなく「矯正教育」を受けます（法56条3項）。

③保護処分の継続中に懲役、禁固または拘留の刑が確定したとき、及びこれらの刑が確定してその執行前に保護処分がなされたときは、先に刑を執行することとされています（法57条）。

(2) 仮釈放（法58条、59条）

刑法上、懲役または禁錮に処せられた者が仮釈放を認められるためには、無期刑の場合は10年、有期刑の場合は刑期の3分の1を経過する必要があります（刑法28条）。

他方、特定少年を除く、すなわち18歳未満の少年が懲役または禁錮の言

渡しを受けたときは、次の期間を経過すれば仮釈放が可能となることとし、期間を短縮しています（法58条1項）。もっとも、不定期刑を言い渡された少年について、長期を基準とした仮釈放実務が固まってきていると言われており、運用の在り方の再検討が求められます。

判決時に18歳以上であった特定少年や、死刑により処断すべき場合に少年法51条1項に基づいて無期刑に緩和された者については、本条の適用はありませんので（法67条5項、法58条2項）、原則通り刑法28条が適用されます。

①無期刑……7年
②少年法51条2項の規定により言い渡した有期刑……刑期の3分の1
③少年法52条1項又は同条1項及び2項の規定により言い渡した刑……
　刑の短期の3分の1

なお、成人の場合、仮釈放期間は刑の執行終了時（満期）まで継続しますが（無期刑の場合は一生継続します）、前記①～③に該当する者であって仮釈放とされたものについては、仮釈放期間（刑期）を短縮する特例が認められています（法59条）。

第 9 章

抗告

1 抗告とは

　保護処分の決定に対しては、2週間以内に高等裁判所に対して抗告を申し立てることができます（法32条1項）。

(1) 抗告の対象

　抗告は、「保護処分の決定」に対して行うことが可能です。したがって、保護観察や少年院送致決定に対し抗告することができます。実務上、少年院送致決定を不服とする抗告が多いと思われます。

　他方、非行事実の存在を認定しつつ、要保護性がないとして審判不開始もしくは不処分の決定がなされた場合、非行事実が存在しないことを理由に抗告することはできないとするのが判例（最決昭和60年5月14日刑集39巻4号205頁）です。また、逆送決定（法20条）については、保護処分に関する終局的な判断を行うものでなく、刑事手続において55条移送を求めることで争うことが可能であることなどを理由に、抗告の対象にならないと考えられており、逆送決定に対する抗告を不適法とした裁判例（東京高決昭和45年8月4日家月57巻8号103頁）もあります。また、知事・児童相談所長送致決定についても抗告できないとする裁判例（仙台高決昭和40年3月23日家月17巻7号152頁）があります。

(2) 抗告権者

　抗告をすることができるのは、少年、法定代理人、付添人です（法32条）。原審の付添人も抗告申立はできるため、申立時に新たに付添人選任届を提出する必要はなく、抗告審についての付添人選任届は、申立後に提出することも可能です。

　少年が遠方の少年院に送致されてしまい、付添人選任届を本人から取得する時間的余裕がない場合などは、保護者から付添人選任届を取得することも考えられます。ただし、保護者から選任された付添人は、保護者の明示の意思に反して抗告することはできない（同条但書）ため、保護者の協力を得ることが困難である場合や、保護者が選任後に翻意しそうな場合な

どは、原則に立ち戻って少年本人から付添人選任届を取得することを検討すべきであると思われます。

　なお、少年法の立案担当者の見解では、少年は思慮分別が十分でないため、付添人は、少年の明示の意思に反しても抗告できるとされています。それでも、少年との信頼関係形成の観点からは、事前によく話し合い、可能な限り少年の納得を得た上で手続を進めるべきでしょう。

(3)　抗告審の現実

　統計上、2016年（平成28年）の少年事件の抗告人員は672人ですが、抗告に理由があるとして原決定が取り消されたのはわずかに17件であり、認容率は約2.5％です。したがって、少年には、抗告審で結論が変わる可能性は決して高くないことについて、十分に説明をしておくべきでしょう。

　もっとも、原審における審判の進行に納得がいかない少年や、少年院送致の決定を受け入れられないでいる少年にとっては、抗告審付添人が抗告審においても少年のために熱心に活動することによって、少年院でのその後の処遇に対して前向きになる、ということもあり得ます。したがって、仮に結果が抗告棄却であったとしても、抗告審付添人が活動することの意義は決して少ないものではないといえます。

　一方で、特段の処遇意見がない場合には少年院での処遇期間は１年間しかなく、また、抗告申立に執行停止の効力はないため、抗告をした場合、１～２か月間は中途半端な気持ちで少年院でのプログラムに向き合うことになりかねないという影響も与えます。本人がどこまで決定に不満を持っているのか、抗告審係属中に少年院での処遇とどう向き合うつもりなのかなどをきちんと確認しておくことも重要です。

2　少年の抗告意思の確認

　成人の刑事事件で実刑判決が言い渡された場合、判決後に裁判所庁舎内で接見した上で、控訴審の手続や控訴した場合の見込みなどについて説明するということは一般的によく行われています。しかし、少年事件の場合、

審判直後に少年の抗告に関する意思を確認しようとしても、鑑別所への押送の都合や少年が審判直後で動揺していることなどを理由として断られることがあります。

　他方で、保護処分の決定に対する抗告を行った場合でも、抗告には執行停止の効力が無いため（法34条）、少年院送致決定が出た場合、送致先の少年院が決まれば、審判後まもなく少年院に送致されてしまうという事態が起こっています。遠方の少年院送致となった場合、抗告意思を確認するための面会が1日仕事になることもあり得ます。

　付添人として、少年の抗告意思をどのタイミングで確認するのが好ましいかは難しい問題であるといえます。確かに、審判直後であれば、少年院送致を言い渡されて動揺する少年もおり、その場合に正常な判断ができないのではないかという考え方もあり得るところです。しかしながら、18歳や19歳の少年で、少年院送致となる可能性が高いことをあらかじめ予想しており、自己の立場を十分に理解できている少年であれば、審判直後に抗告意思を確認するというのも十分な合理性を有するでしょう。

　結局のところ、事案の性質や、少年の年齢・性格・心理状態等を考慮して、最も少年の真意をくみ取りやすい時期を付添人が判断することが相当であると思われます。

　少年院送致の決定が見込まれる事案においては、審判翌日のスケジュールに余裕を持たせておくことが好ましいといえます。

3　抗告審における注意点

　成人の刑事事件の控訴審の場合、控訴趣意書の提出期限が指定され、期限までに控訴趣意書を提出し、第1回の公判期日が開かれます。その後、控訴人の請求する事実の取調べが採用された場合には事実取調べが行われ、事実の取調べが特に必要ない、あるいは却下された場合は結審となり、判決言渡期日が指定されるというのが通常の流れです。

　これに対し、少年事件の抗告審の場合は、2週間以内に提出する抗告申立書において、抗告理由を具体的に特定すること（審判規則43条2項）が

必要です。その後に提出する書面は抗告申立書を補充する程度の意味合いしかありません。したがって、抗告審裁判所は、原審記録について、抗告申立書に記載された抗告理由が認められるか否かを検討するのにとどまるものとされています。

このため、抗告を申し立ててから、抗告審の決定が出るまでの期間はさほど長くない場合が多く、また期日指定などもなされないため、抗告申立書を提出したことで安心していると、気がついたら抗告棄却決定が出ていた、ということになりかねません。

付添人としては、抗告申立書を提出後速やかに、高裁に記録が送られる時期を原審裁判所に確認し、記録が高裁に引き継がれた時点で、高裁の係属部と連絡をとり、進行に関する意見を述べる必要があります。

4　受任手続

抗告審においては、検察官が抗告受理申立をした場合（法32条の5第1項）、もしくは抗告審で検察官関与がなされている場合（法32条の5第2項）には、必要的国選事件となります。それ以外の場合では、国選付添人の選任は裁判所の裁量により行われ、実際に国選付添人が選任されることはまれです。それでも、援助制度を用いて抗告審の付添人を務める場合には、援助決定を得るための要件としてあらかじめ裁判所に国選付添人の選任を上申しておく必要があるため、忘れずに上申書を提出する必要があります。

5　抗告審の付添人活動

(1)　抗告申立書（提出先、時期等）

抗告の申立は、原決定が告知された日の翌日から2週間以内に抗告申立書を原裁判所に提出することによって行います（法32条、審判規則43条1項）。特に、少年自身が申立をしている場合には、2週間以内で準備をする必要があるため、注意が必要です。

すでに述べたとおり、抗告申立書には、抗告の趣意を簡潔に明示する必要があり、抗告理由を具体的に記載しなければならない（規則43条2項）ものとされています。ここにいう抗告の趣意を明示するとは、抗告理由の「うちのいずれを抗告の理由として主張する趣旨であるかを看取し得るか又は少なくともこれを容易に推知し得る程度の具体的な事実の主張や意見の開陳を意味するものと解す」べきであるとされています（札幌高決昭和33年2月11日家月10巻3号54頁）。

　少年自身が抗告申立をしている場合には、抗告申立書に記載された抗告理由が不明確だったり、不十分だったりすることがありますが、その場合には2週間以内に抗告理由を整理する書面を追加提出するべきです。

　原決定に対する抗告理由を効果的に構成するためには、決定書（審判書）を入手した上で、結論を導くに至った判断過程を検討することが必要です。しかし、審判の時点では決定書が作成されていないことが通常であり、決定書が付添人の手元に渡るまでには時間がかかることが多いのが現状です。このため、抗告を予定している場合には、審判後速やかに裁判所に連絡を取り、抗告予定であるので決定書の作成を急ぐよう求めることが重要です。

(2)　抗告理由の追加

　決定書の入手が遅れるなどの理由により、抗告申立書を提出する時点では、抗告理由が十分に検討できていないという場合もありえます。抗告期間内であれば、申立として追加ができるとしても、それが過ぎてしまった場合、「抗告理由補充書」などという形で提出することは可能です。この場合、抗告理由書に記載した主張の範囲内であれば、これを補充し、あるいはさらに詳細を主張した書面を「抗告理由補充書」などという形で提出することは可能です。もっとも、補充前に決定がなされてしまわないように、裁判所には補充書を提出予定である旨事前に通知しておくことが必要です（抗告申立書に、「この点については追って補充書を提出予定である」などと記載しておく方法が考えられます）。

　また、抗告審においては、抗告の趣意に含まれている事項のみが審理の

対象となります（法32条の2第1項）。もっとも、抗告の趣意に含まれていない事項であっても、裁判所が職権で調査することは可能です（法32条の2第2項）。少年本人が抗告していた場合には、抗告申立書に十分な抗告理由が記載されていないことがむしろ通常であり、2週間以内の追加が間に合わなかった場合には、裁判所に職権調査を求めていく必要があります。

6　抗告理由

(1)　総説

　少年法が抗告理由として定めるのは、①決定に影響を及ぼす法令の違反、②重大な事実の誤認、③処分の著しい不当であるとされています。

(2)　法令違反

　法令違反には、審判手続の法令違反、法令適用の誤りなどがこれに該当します。問題は、「決定に影響を及ぼす」の意義であり、これについては、当該法令違反がなかったならば原決定は異なる主文となっていたであろうという関係、すなわち法令違反と主文との間の因果関係を要求するものと理解されています（反対説もあります）。

　もっとも、形式的には主文への影響がない場合であっても、適正手続保障違反や手続参加権保障の阻害など、適正手続の原則に反する重大な違法があった場合には、決定自体の効力に影響を来すものであると考えて、「決定に影響を及ぼす」との要件を充足するという考え方が有力です。

(3)　事実誤認

　「事実の誤認」とは、取調べられた証拠により認定されるべき事実と原決定において現に認定された事実が食い違うことを言います。

　「重大な」の意義に関しては、法令違反と同様に、主文に影響を及ぼす場合に限られるとする見解と、理由中の判断に影響を及ぼす場合も含むとする見解が対立していますが、前者が通説です。

　このため、実務上、複数の非行事実の一部に事実誤認が存在するにとど

まる場合には、その余の非行事実のみで原決定の選択した保護処分を維持できるか否かによって、「重大な事実の誤認」に該当するか否かが判断されています。

なお、「事実」の範囲として、非行事実以外に要保護性を基礎づける事実も含まれるか、という問題があります。この点に関しては積極に解する見解もありますが、処分の著しい不当を検討する中で考慮すれば足りるとする見解が多数です。実際上も、検察官による抗告受理申立制度が採用されている現行法の下では、要保護性を基礎づける事実まで事実誤認の検討対象となると解してしまうと、検察官が実質的に要保護性について不服を申し立てることを認める結果となるため、多数説の立場が妥当であると考えられます。

(4) 処分不当

処分の著しい不当の中には、①要保護性の認定自体に誤りがある場合と、②認定した要保護性の程度に比較して保護処分が不相当である、すなわち保護処分の選択・判断の過程に誤りがある場合とが存在します。すでに述べたとおり、要保護性を基礎づける事実に誤認がある場合は、事実誤認ではなく処分不当の問題として検討されます。

また、②には、さらに、保護処分の必要がないのに保護処分に付した場合、保護処分の種類の選択を誤った場合、少年院送致について少年院の種類の選択を誤った場合に分けられます。

付添人としては、原審が選択・決定した保護処分の不当性が具体的事案に照らして顕著であり、積極的に他の保護処分や不処分の相当性が認められること、もしくは当該保護処分の可能性を全く否定できないとしても、他の保護処分または不処分の可能性の方が著しく勝っていることを主張・立証していく必要があります。

(5) 短期処遇勧告の不当

少年院送致決定が行われる場合、裁判所が短期処遇勧告を付することがあります。これは、決定主文に記載されるものではありませんが、法務省

の通達により執行機関を事実上拘束するものとされています。このため、本来、短期処遇勧告が付されるべきであるにもかかわらず、これが付されなかった場合に、処分の著しい不当があるとして抗告理由となるか否かが問題となります。

　この点に関しては、処遇勧告の有無は主文に影響するものではなく、また法律上の制度と言うよりは実務運用上の工夫として行われているに過ぎないことを理由に、消極に解する見解が多数です。もっとも、多くの裁判例は、短期処遇勧告の有無に関する不服を述べている場合であっても、実質的には少年院送致決定自体に不服があるものと理解した上で抗告自体は適法と扱っています。

　また、原審において短期処遇勧告がなされていなかった場合に、抗告審が短期処遇勧告を相当とする場合には、抗告自体は棄却しつつ、理由中で短期処遇相当または短期間の収容で足りる旨を表明し、処遇勧告書もしくは通知書を執行機関に送付する取扱としていることが多数です。

■量刑不当？■■■

　少年院送致が避けられないと思われる少年に、そのような見通しを告げると、「先生、少年院になりそうだというのはわかりました。だけど、できれば半年で出たいので、なんとかしてもらえませんか」といわれることは稀ではない。また、抗告審で受任した少年と話すと「正直、すぐにここ（少年院）から出られないのは仕方ないと思ってます。だけど、せめて期間が短くならないですかね？」といわれたこともある。「短期処遇勧告」という言葉や、その法的根拠などについて詳しく知っているわけではないのだろうが、少年たちは、自分や周りの人の経験などから、短期で出られる制度があるらしいということは、なんとなしに知っているようなのである。

　とはいえ、少年の短期処遇と、成人の量刑とは、理論的には全く別次元の問題である。このため、意見書や抗告申立書で、短期処遇が相当であることを説得的に主張することは必ずしも容易ではないし、なんとか鉛筆を舐めながら意見を書

き上げても、裁判所には採用してもらえないだろうなあ、とアンニュイな気持ち
になることのほうが多かったりする。

　だが、少年の立場に立ってみれば、少年院にいる期間が１年近くなのか、半年
くらいになるのかは、重大な関心事である。自分が10代の頃を思い返しても、10
代の貴重な時間を社会から隔絶して過ごさなくてはならないことのつらさは、成
人の懲役１年と６月の比ではないだろうと思う。そのことが痛いほど分かるだけ
に、これをうまく書面に落とし込めない歯がゆさもまた人一倍である。

　少年本人による抗告の事例をみても、短期処遇勧告を付さなかった点のみに不
服を述べているものが相当数あるようであり、実務上は、そうした場合でも、少
年院送致決定自体に不服を述べているものと取り扱い、抗告自体は適法とした上
で、実質的な判断を行っているようである。しかしながら、収容期間に関する少
年の関心の度合いを見る限り、処遇勧告に対する不服のみを述べているとしても、
正面から抗告理由として取り上げるべきであるとする有力説（武内・385頁）の
立場が妥当であると思わずにはいられないし、処遇期間の定め方については、要
件をもう少し明確化するなどの立法上の手当が必要であろう。

7　検察官による抗告受理申立

(1)　総説

　2000年（平成12年）改正により、検察官による抗告受理申立の制度が創
設されました。しかし、その後に生じた事例（最決平成17年３月30日刑集59
巻２号79頁、最決平成20年７月11日刑集62巻７号1927頁）などをみても、不必
要に手続が長期化しているとの批判があります。

(2)　手続

　検察官が抗告受理申立を行う場合、家庭裁判所の決定がなされてから２
週間以内に、抗告受理申立の理由を記載した申立書を原裁判所に提出しま
す（法32条の４第１項、審判規則46条の３第１項）。申立を受けた原裁判所は、
申立書と記録を高等裁判所に送付します（審判規則46条の３第２項）。

(3)　受理の要件

　申立書と記録を受けた高等裁判所は、「抗告審として事件を受理するのを相当と認めるとき」に、事件を受理するものとされています（法32条の4第3項）。裁判例を見ると、強姦保護事件について非行事実なしとして不処分、その余の事実について少年院送致とした原決定に対し、検察官が抗告受理を申し立てた事案において、事実誤認があるとしつつ、強姦の事実が認められるとしても少年院送致が妥当であるため、原決定を取り消す必要性はないとして抗告を棄却した事例として、大阪高決平成16年12月8日家月57巻8号104頁があります。

　抗告受理申立に対して、これを受理するかどうかの決定は、高等裁判所が原裁判所から申立書の送付を受けた日から2週間以内に行われます（法32条の4第5項）。抗告受理申立てを高等裁判所が受理する決定を行った場合、必要的付添事件となります（法32条の5第1項）。

(4)　抗告理由

　検察官による抗告受理申立てについては、処分不当を理由とする不服申立ては認められておらず、法令違反・事実誤認のみが対象となります。もともと検察官関与の制度自体が、非行事実の認定に限定されたものであるため、不服の申立ても非行事実に関するもののみに限定されるのです。

　これらの要件のうち、「決定に影響を及ぼす」法令違反と「重大な」事実誤認とは、抗告理由と同じ文言ですが、これを抗告理由と同様に解釈すべきか否かについては争いがあります。特に、重大な事実誤認に関しては、「犯行の動機、態様及び結果その他の当該犯罪に密接に関連する重要な事実」（法17条4項但書）までが含まれるのか否かについて問題となり、純粋な構成要件該当事実に限定されるという見解も有力です。

(5)　付添人活動

　検察官から抗告受理の申立がなされた場合、少年及び保護者にはその旨通知され（審判規則46条の3第3項）、検察官が提出した抗告受理申立書の謄本も送付されることが通常です。他方、原審付添人には当然には通知が

されないため、検察官による抗告受理申立が見込まれる事案の場合、事前に少年及び保護者に通知が来た場合には連絡するよう伝えておき、原審の書記官に問い合わせるなどして抗告受理申立てがなされているかどうかを確認する必要があります。

検察官による抗告受理申立後、受理決定がなされるまでの間は、原審の付添人の資格で、抗告受理申立を受理すべきでない旨の意見書を提出したり、裁判官と面談をしたりすることが可能です。

裁判所が抗告受理申立てを受理した場合には、抗告審の付添人として活動することになるため、原審の付添人であっても、改めて付添人選任届を提出する必要があります。また原審で国選付添人として活動し、抗告審でも引き続き付添人として活動しようとする場合には、抗告審においても国選付添人に選任するよう裁判所に働きかける必要があります。

抗告審付添人として行うべきは、もちろん、検察官の主張する抗告受理申立ての理由に対する反論ですが、特に注意を要するのは、抗告裁判所が職権で事実取調べを行う場合です。この場合、少年に全く反対尋問権等の保障がない中で、不意打ち的な職権による証拠調べが行われてしまう可能性があります。このような訴訟指揮がなされようとしている場合には、付添人は異議を述べると共に、証人尋問の申出を行うべきでしょう。

8　執行停止

保護処分に対する抗告申立には、執行停止の効力はないため（法34条）、保護処分の執行は停止されません。このため、少年院送致決定に対して抗告したとしても、少年は少年院に移されてしまいます。

少年法は、原裁判所又は抗告裁判所の職権で、執行停止をすることができると定められています（法34条但書）が、執行停止が実際に認められることはほとんどありません。

付添人としては、少年院送致の処分が不当であると考えられる場合には、積極的に執行停止の申立を行うことを考慮しても良いのではないかと思われます。

9 抗告審における事実取り調べ

　抗告審は、原則として書面審理がされ、「決定をするについて必要があるとき」に限って、事実の取調べができるとされています（法32条の３）。同条の文言は、特にその範囲や方法について明文による制約はなく、抗告裁判所の裁量に委ねられていると解されています（この裁量の限界については、最決平成17年３月30日刑集59巻２号79頁が参考になります）。

　原審段階で取調べられなかった証拠であっても、少年に有利なものである場合など、事実の取調べが必要だと感じられる事案においては、抗告申立書と合わせて事実取調べを求める書面を提出したり、記録が高裁に引き継がれた後すみやかに、高裁の係属部と連絡をとって担当裁判官との面談を求めたりするなどの方法によって、事実の取調べをするように働きかける必要があります。

10 原審後の事情の取扱い

　抗告審の性質を事後審と捉えた場合、理論的には、原決定後に生じた事情を考慮することはできないことになりそうです。しかし、成長発達の過程にあり可塑性に富む少年の要保護性は時々刻々と変化するものであるといえます。このため、保護処分もそうした少年の変化に対応するものであるべきとの考えから、原決定後に生じた事情であっても考慮の対象となり得ると解されています。裁判例を見ても、東京高決平成20年９月26日家月60巻12号81頁は、結論としては抗告を棄却したものの、原決定後に生じた反省の情や心境の変化等を理由とする抗告について実質的な判断を行っています（もっとも、少年本人による抗告の事例です）。

　付添人としては、特に少年院送致の場合に、原決定後の内省の深まりを具体的に証拠化することは容易ではありません。成人ほど重要な意味を有するわけではないとしても、抗告審係属中に被害者と示談や被害弁償が成立した場合には、有利な事情として指摘することなどが考えられます。

　他にも、抗告理由に書き切れなかった要保護性に関する事情について、

裁判官面談において必要な補充をする、といった活動もありうるところです。このように、事案によっては、高裁の裁判官との面談を検討することもあり得ます。

11　抗告審の裁判

(1)　裁判の種類

　抗告裁判所は、抗告の手続がその規定に違反した場合または抗告に理由がないと判断した場合には抗告を棄却します（法33条1項）。他方、抗告に理由があると判断した場合、抗告裁判所は自判できず、取消差戻しもしくは取消移送のみが可能であるとされています（同2項）。これは家庭裁判所の合理的裁量を尊重する趣旨に出たものと理解されています。

(2)　不利益変更禁止の原則

　成人の刑事事件の場合、被告人のみが上訴した場合には、原判決の刑より重い刑を言い渡すことはできないとされており（刑訴法402条）、いわゆる不利益変更禁止の原則が明文で規定されています。これに対し、少年法には、そうした不利益変更禁止の原則について明文の規定はなく、かつ、家庭裁判所が言い渡す処分相互の軽重も定められていないことから、成人同様の不利益変更禁止の原則が少年保護手続にも妥当するか否かが問題となります。

　この点に関して、最判平成9年9月18日刑集51巻8号571頁は、「刑事処分は、少年にとって、保護処分その他同法の枠内における処遇よりも一般的、類型的に不利益」であるとした上で、「少年側が抗告し、抗告審に置いて、現保護処分決定が取り消された場合には、差戻しを受けた家庭裁判所において、少年に対し保護処分よりも不利益な処分をすることは許されない」と判示しました。

12 再抗告（法35条）

　高等裁判所の行った抗告審の決定に対しては、2週間以内に最高裁判所への再抗告が可能です。再抗告をなし得るのは少年、法定代理人、付添人のみであり、検察官による再抗告は認められていません（法35条1項）。

　再抗告の理由は、刑訴法405条と同様に、①憲法違反・憲法の解釈の誤りもしくは②判例違反に限られています。もっとも、刑訴法411条同様の職権による取消しも可能であると解されています（最決昭和58年9月5日刑集37巻7号901頁）。

　再抗告審の手続には、抗告審の手続の多くが準用されています（法35条2項）。

第10章

否認事件

1　手続全体を通じて注意すること

(1)　少年の特徴

　これまでも繰り返し述べてきましたが、少年は、まだまだ未熟な存在です。安易に捜査機関の見立てに沿った供述をしてしまいがちです。また、自分の話した内容になっていない供述調書の訂正を求めていたとしても、署名・押印してしまうこともあります。また、様々な理由で嘘をついてしまうこともあります。

　したがって、捜査段階では、とにかく接見を繰り返し、少年との信頼関係を築き、黙秘権等の権利告知や自白調書のもつ意味を、分かりやすい言葉で丁寧に説明する必要があります。

　捜査段階から審判段階の手続全体を通じて、客観的証拠との整合性を踏まえながら、注意深く少年の話を聴くようにしましょう。

(2)　伝聞法則の適用がないこと

　少年審判では、成人事件と異なり、伝聞法則の適用がありません。裁判官は、捜査機関から送致されてきたすべての記録に目を通すことができます。したがって、裁判官は、必ずしも予断が排除された心証で審判に臨むとは限りません。

　付添人としては、家裁送致後速やかに記録を閲覧・謄写し、否認の具体的内容や共犯者供述の内容等を検討した上で、証人尋問等の必要な証拠調べについて、裁判官に伝えなければなりません。それにより、誰の供述を問題視したり重要視したりしているかが裁判所に伝わりますし、今後の審判のスケジュールを決めるためにも必要です。伝聞法則の適用がないということは、付添人側からも様々な証拠の提出ができるという意味でもあります。たとえば、付添人が少年や関係者の立会いのもと行った実験映像等の証拠も、提出することが可能です。積極的に検討しましょう。

　また、伝聞法則の適用がないので、捜査段階で署名・押印を拒否した供述調書も記録として家裁に送致され、裁判官の目に触れることになります（黙秘せずに署名押印だけ拒否した調書の場合、「調書の内容については間違い

ない旨確認した上で署名押印を拒否した」などと書かれています）。したがって、捜査段階での取り調べ対応としては、黙秘をする、ということが基本になります。少年の資質等も踏まえながら、少年の供述を調書として残しておかなければならない場合には供述するということも考えられますが、正確に調書が作成されるかどうかはわかりません。付添人で調書を作成するという方法も検討しましょう。

(3) 審判に向けてのスケジューリング

　観護措置の期間は、通常、1回更新され、4週間程度となります（法17条1項、3項、4項本文）。非行事実を争っている場合、この4週間の期間内に審理を終えて処分を決めなければなりません。証人尋問が多数回実施される場合などは、審判期日が連日開かれるため、スケジュールの調整が困難な場合も多いです。

　また、観護措置決定後すぐに、進行についての打合せが行われることが通常です。そのため、付添人としては、観護措置決定後、ただちに記録を閲覧・謄写し、付添人としての活動方針を決定しましょう。早期に活動方針を具体的に立て、非行事実のどの部分を争うのか、付添人の求める証人尋問がなぜ必要なのか等について意見書を提出しましょう。

　死刑、懲役または禁錮に当たる罪の事件で、非行事実（犯行の動機、態様及び結果その他の当該犯罪に密接に関連する重要な事実を含む）の認定に関し、証人尋問、鑑定若しくは検証を行うことを決定したもの等で、鑑別所に収容する相当の理由がある場合には、さらに2回更新でき、最大で8週間の観護措置が可能です（法17条4項但書）。

　以上のように、観護措置の期間は法定されているため、準備に相当の時間を要する否認事件の場合、観護措置の取消を求めることも検討すべきです。

(4) 検察官関与について（法22条の2）
㋐ 検察官関与の要件

　否認事件の場合、通常の審判では出席しない検察官が関与する場合があ

ります。

　2014年（平成26年）の少年法改正により、2000年（平成12年）の検察官関与制度導入時よりも、対象事件の範囲が拡大されています。検察官関与の要件は、以下のとおりです（法22条の2第1項）。

　①犯罪少年による、死刑又は無期若しくは長期3年を超える懲役若しくは禁錮に当たる罪の事件であること
　②非行事実を認定するための審判の手続に検察官が関与する必要性があると認めるとき

　上記要件を満たす場合に、裁判所は、職権もしくは検察官からの申出により、決定で検察官を関与させることができます（法22条の2第1項）。
　なお、検察官関与決定そのものに対して不服申立てをすることはできません。

(イ)　検察官関与の問題点

　裁判所としては、判断者である裁判所が否認事件を審理することで、少年と対立的になりかねないため、検察官が関与する形で審判が進む方が、非行事実の認定に資すると考える場合があります。しかしながら、付添人としては検察官が関与することが問題であると考える場合もあります。
　特に、審理の形式は成人事件と同様となる可能性が高いため、審判は、「懇切を旨として和やかに行う」（法22条1項）とされている通常の審判の雰囲気とは全く異なるものになりかねません。そうすると、審判の雰囲気や検察官からの糾問的な発言により少年が萎縮してしまい、うまく発言できないこともあります。
　したがって、検察官関与決定をする際に付添人の意見を聞くことは求められていませんが、裁判所から検察官関与の予定である旨の連絡が来た場合には、安易に検察官関与決定がなされないように積極的に意見を述べるべきでしょう。被疑者段階から弁護人として活動している場合で、検察官関与決定が予想される場合は、家裁送致後すぐに、検察官関与決定がなされないように意見書を提出するなど工夫することが必要です。仮に検察官

関与決定がなされた場合も、少年審判が「懇切を旨として和やかに行」われるように、注意しましょう。

(ウ) **検察官が関与できる範囲**

検察官は、「非行事実を認定するための手続」にのみ関与できます。したがって、要保護性の審理には関与できません。

事前の打合せで審理のスケジュールが決められる際には、要保護性の審理の日・時間帯には検察官が関与することのないように注意しましょう。

また、非行事実の審理の最中に、審理が要保護性の審理にまで及んだ場合は、検察官の退席を求めましょう。

例えば、すでに非行事実の審理・審判を経て、要保護性の審理と終局処分の決定の審判期日が開かれる場合、要保護性の審理には検察官は出席せず、処分の決定の際に出席することになります。

(イ)で述べた問題点があることから、非行事実の一部のみの否認である場合や、客観的事実に争いがない場合（法的評価のみが争いの場合）には、そもそも検察官関与の必要性はないため、そのような事案で関与の申出があった場合は、検察官関与が不必要かつ不相当である旨の意見書を提出しましょう。

2 捜査段階での活動

(1) 接見時の対応

(ア) **少年との接見回数・方法**

否認事件で充実した付添人活動をするためには、少年との信頼関係の構築が欠かせません。どのような方針を立てるにしても、少年の意見を聞かずに活動を進めることはあり得ませんので、できる限り接見を重ね、信頼関係を構築していきましょう。

また、少年の言い分について、まずは耳を傾けましょう。付添人の視点から不合理だと考え、少年の言い分を直ちに否定してしまうと、話をしても無駄な相手だと思われ、重要な事実を聞けなくなる可能性もあります。少年事件や否認事件に限られる話ではありませんが、まずは、少年の話を

よく聞き、言いなりになるという意味ではなく、できる限り少年の話を受け止めましょう。

（イ）　被疑者ノートの差し入れ

　否認事件における被疑者ノートの差し入れは基本的な弁護（付添人）活動です。

　特に、否認事件の場合、取調べ状況を具体的に知ることで、捜査機関がどのような供述を引き出したいのか、どのような客観的証拠が不足しているのかが分かる場合もあります。

　被疑者ノートの活用については、第3章（**3**(2)(イ)）を参照してください。

（2）　違法・不当な取調べに対する対応

　違法・不当な取調べが行われた場合の詳しい抗議の方法等については、第3章「被疑者段階の活動」を参照してください。

（3）　証拠の収集

　通常、家裁送致後は短期間で審理が進められます。

　したがって、被疑者段階から、少年との接見のみならず、事件の内容を知る家族や友人などから話を聴きましょう。事件前後の少年の話を友人や家族から聞けることもあれば、LINE 等に記録が残っていることもあります。現場に訪れる際に、事情を知る友人も同行することで、事件のイメージをつかみやすくなることもあります。家裁送致後に記録につづられている場合が多いと思われますが、取調べへの対応や身体拘束からの解放、審判後の尋問準備のためにも、捜査段階から早期にアクセスできる証拠は確保しておきましょう。

3　家裁送致後の活動

（1）　ケースセオリーの構築

　捜査段階から、常にケースセオリーは意識しなければなりません。ケースセオリーとは、説得の論拠などと訳されますが、要は、付添人・弁護人

が考える結論について、判断する者を説得する説明・道筋のことです。例えば、窃盗の非行事実について非行事実なしと主張するとします。単に非行事実なし、といっても裁判官は納得しません。なぜ非行事実なしなのか、例えば、「事件のときは別の場所にいたのでアリバイがあります」「会計に行く途中であったので盗むつもりはありませんでした」などの説明が必要です。

　弁護活動・付添人活動は、このケースセオリーに基づいてなされます。誰の尋問が必要なのか、どのような尋問が必要なのか、どのような証拠が必要なのか等、無目的であってはならず、ケースセオリーに基づいて一貫した活動が求められます。

　家裁送致後は、記録の閲覧・謄写が可能となりますので、記録を検討した上で、再度少年の言い分を見直し、ケースセオリーを構築しなおすことも考えられます。特に、客観的証拠から明らかに非行事実が認められるだろう、という場合には、難しい判断になります。

　被疑者段階では、「〜にいたので犯人ではない」とか「被害女性が自分にうらみがあるから事件をでっちあげた」などと考えていたとします。ところが、家裁送致後に記録を見てみると、防犯カメラの映像や指紋・DNA等の証拠の存在が明らかになるような場合もあります。明らかに非行事実が認められると考えられる際にあまりに否認することに固執すると、調査官から、少年が目の前の事柄に向き合えていない等と評価され、要保護性の判断に影響を与える場合もあります。他方で、少年の言い分を細かく聞くことで、(2)で述べるような未送付証拠の存在が明らかになる場合もあるでしょう。

　ケースセオリーの構築にあたっては、少年の言い分を聞き、どのような目標設定にするか考えましょう。否認を貫く場合には、デメリットも少年に伝えた上で活動していきます。途中で否認していたことを撤回し、認める場合には、なぜそのような言い分をしてしまったのかを丁寧に聴き取り、少年の課題として受けとめるようにしましょう（少年院に行きたくなかったという理由なのであれば、なぜ少年院に行くと思ったのか、なぜ少年院に行きたくないのか等）。そして、要保護性の解消につなげましょう。

(2)　記録の送付漏れ

　捜査機関は、事件を家裁に送致する際に、書類、証拠物その他参考となる資料を送付しなければなりません（審判規則8条2項）。

　もっとも、実際には、行われたはずの実況見分調書が送付されていないなど、すべての記録が送付されているとは限りません。

　付添人が記録を閲覧する中で気が付くこともあれば、証拠の内容について少年と打ち合わせをする中で、少年が「現場で○○をしたけど、それは証拠にないの？」といった話が出ることで送付漏れに気が付くこともあります。

　したがって、記録を閲覧する際には、必ずしもすべての記録が送付されていない可能性も念頭に、送付漏れが疑われた際には、必ず追送するよう要請しましょう。なお、記録の追送があった場合、家庭裁判所は速やかに付添人に通知する義務があります（審判規則29条の5）。

(3)　調査官調査への対応

　通常の事件であれば、家裁送致後すぐに調査官が少年に面会をして、調査を開始します（調査については第4章参照）。非行事実に争いがなければ、当然非行事実の存在を前提に調査がなされます。

　しかし、否認事件であれば、非行事実に争いがあるので、非行事実（の一部）の存在を前提とした調査をすることは許されないはずです。また、調査官調査は、あくまでも要保護性に関する調査ですが、調査報告書の中には、非行事実を認定するかの如く少年の言い分の不合理性を指摘する表現もあり、非行事実の認定に影響を及ぼしかねない調査も存在します。

　したがって、否認事件であれば、原則、調査官調査は行われるべきではありません。打合せ期日の際に調査官が同席することが多いと思われますので、その際にも調査が行われないように意見を述べましょう。

　もっとも、非行事実の審理が長期化することが予想され、非行事実認定後の調査では時間が限られることから、成育歴のみの調査など、非行事実の認定とはあまり関係しないと思われる部分の調査が行われることはあり得ます。

また、非行事実の一部のみの否認である場合にも、否認している部分に影響のない範囲での調査を容認することもあり得ます。もっとも、どのように少年に対する調査が行われ、どのような報告書が作成されるか不透明であり、否認している非行事実の認定への影響が全くないとも言えない場合もあります。やはり調査をしないように申し入れるべきでしょう。

　付添人としては、調査を受け入れる場合は、少年にその旨丁寧に伝え、決して非行事実についての調査が及ぶことのないように注意しましょう。

　被害者がいる事件で、被害者対応のために複数の調査官が調査に当たる場合があります。被害者の心情等が非行事実の認定に影響を及ぼさないとも限らないため、被害者の調査についても調査が行われるべきではないと思われます（被害者対応の調査をしている時点で非行事実の存在を前提にしています）。

⑷　逆送が見込まれる事件での注意

　逆送が見込まれる事件の場合、審判において、どの程度詳しく主張立証をするのかは大変難しい問題です。

　審判段階で、詳細な主張立証をしてしまうと、非行事実が認められ逆送された場合、検察官は、逆送段階で付添人の主張及び立証の方針を知ることになるので、それらに対する補充捜査や補充立証の機会を与えてしまいます。

　審判での尋問の内容や付添人の主張については、当然調書にも残っていますし（裁判官面前調書〔刑訴法321条１項１号〕）、付添人からの証拠や書面も検察官の手に渡ることになります。

　したがって、逆送が見込まれる場合には、どの程度の主張立証をするのかを考えなければいけません。

　要保護性の解消にとらわれるのではなく、刑事裁判となった場合の争点を念頭におきつつ、事案ごとに考える必要があります。

　争点（犯人性、共謀の有無、法的評価等）、証拠（送致されている記録、新たに開示された証拠、手元にある証拠等）、証拠構造（客観的証拠の有無、供述証拠中心なのか等）、必要となる尋問、証人の性格等、様々な事情を考慮

しつつ、活動の方針を決めます。

　なお、逆送後に、裁判員裁判対象事件であれば、公判前整理手続に付されます。そこで、新たな証拠開示を受けることもあり得ます（第8章4(4)参照）。その際は、主張・立証方針を検討しなおします。

(5)　証拠調べ

㋐　付添人からの証拠調べの申出

　少年審判が職権主義を採用していることから、付添人は、証拠調べの申出をすることができるにとどまります（規則29条の3）。付添人として、必要と考える証人尋問や書証は積極的に証拠調べを申し出ましょう。

　他方で、裁判官は、すべての供述調書に目を通すことができます。したがって、供述調書が証拠として存在する中で、原供述者の尋問をする必要性を説得的に説明する必要があります。早期に、最初の打合せ期日までには意見書を提出しましょう。

　証拠の採用の仕方については、職権主義の下であっても、「非行事実の認定に関する証拠調べの範囲、限度、方法の決定は、家庭裁判所の完全な自由裁量に属するものではなく、少年法及び少年審判規則は、これを家庭裁判所の合理的裁量に委ねた趣旨」と解されています（流山事件決定、最決昭和58年10月26日刑集37巻8号1260頁）。仮に、証人尋問が実施されないまま非行事実が認定されるようなことがあれば、決定に影響を及ぼす法令違反（法32条本文）を理由に抗告することを考えます（具体的な抗告理由や手続については第9章参照）。

　最近の事例でも、証人尋問の実施を求めていたにも関わらず、証人尋問を実施せずに非行事実を認定した事例で、「必要な審理を尽くしておらず、その合理的裁量を逸脱するものであって、少年法14条、1条に違反し、決定に影響を及ぼす法令違反がある」とされているものもあります（東京高決平成27年7月8日家庭の法と裁判6号106頁、東京高決平成29年7月28日家庭の法と裁判14号80頁）。

　抗告審も見据え、付添人としては、非行事実のどこが争いになるのか、供述のどの部分の信用性を争っているのか、その他の客観的証拠の存否な

どから、なぜ証人尋問が必要なのかを説得的に説明し、意見書を提出しましょう。

(イ)　**審判での尋問の順序等**

i　少年本人質問の先行

　裁判官は、記録に目を通した上で審判に臨んでいることから、すでに蓋然的な心証を形成している場合が多いです（第1章2参照）。そこで、まず少年本人の質問を実施する場合が多いと言われています。

　すでに記録に目を通しているので、少年の弁解を聴き、その上で証人尋問の必要性を検討しようという意味があります。

　しかし、このような運用は、少年に非行事実の不存在を立証させようとするのに等しく、妥当な運用ではありません。少年審判においても、合理的疑いを容れない程度に立証しなければならないという原則があるので、証人尋問を先行させ、非行事実が上記の程度で立証できるのかを検証していく流れにすべきです。

　付添人としては、打合せ期日において、安易に裁判官からの少年の質問を先行させるのでなく、証人尋問を先行させるよう意見書を提出しましょう。

ii　裁判官からの質問の先行

　また、少年審判が職権主義的構造であることから、成人事件と異なり、証人に対する質問を裁判官からすることも多くあります。

　しかし、このような運用は、すでに蓋然的心証を形成し、自らの心証を確認するかのような尋問となり、非行事実認定の在り方として妥当とはいえません。また、証人尋問に慣れていない裁判官が行うので、極端な誘導になりがちで、それこそ自分の心証を押し付けるような質問になりかねません。

　打合せ期日では、付添人から質問を実施する方法を説得的に提示しましょう。また、審判期日の際には、異議を述べて裁判官からの質問をさせないような工夫もしましょう。

⑹　補充捜査への対応

⑺　補充捜査の可否

　例えば、送付された証拠では有罪認定をするのに十分ではない場合や、捜査段階で認めていた少年が家裁送致後に否認し、新たなアリバイの主張をするような場合に、家庭裁判所が補充捜査を必要と考える場合があります。

　事件が家庭裁判所に送致された後に、裁判所は、少年法16条に基づき、捜査機関に対し、補充捜査を求めることができるとされています（最決平成2年10月24日刑集44巻7号639頁）。

⑺　付添人としての具体的な対応

　もっとも、そもそも家庭裁判所への事件送致は、「捜査を遂げた結果」なされるものです（法41、42条）。

　安易に補充捜査によって解決するのではなく、尋問を実施することで十分ではないかどうか検討するなど、注意しておきましょう。

⑺　要保護性解消のための活動

　否認事件であっても、非行事実が認められた場合も想定し、少年自身への働きかけを実施することはあり得ます。例えば、強制性交で、少年は合意があった、と否認している場合では、そもそもそこに至る経緯に問題があったり、性的に歪みのある考えを持ってしまっている場合もあります。少年自身を非難するのではなく、非行事実としては争いながら、このようなことになってしまったことについて少年に考えてもらうことは、大切なことと思われます。

　また、少年事件では、虞犯という概念があります。

　したがって、仮に非行事実が認められなかったとしても、虞犯事由が認められれば、要保護性が解消されていない限り、保護処分に付される可能性があります。

　付添人としては、虞犯事由が認められる可能性があると判断した場合、安易な認定替えがされないように裁判官に申し入れるとともに、要保護性の解消についても意識した活動をしなければなりません。

⑻ 意見書

　観護措置が執られている否認事件の場合、4週間、長くても8週間の間に、非行事実の認定から要保護性の審理が行われます。

　通常、まずは非行事実の認定のための審理が重ねられ、非行事実について判断がなされます。その後、要保護性についての審理がなされます。

　非行事実の審理については、短期集中的に証人尋問期日が重ねられるため、尋問の準備、手続や非行事実の有無に関する意見書の提出が短期間のうちに必要となります。

㋐　手続に関する意見書

　特に、否認事件に関しては手続に関する意見書を提出することが重要となります。

　具体的には、①家裁送致後の審理スケジュールに関する意見、②必要な証人尋問についての意見、③検察官関与への意見、④尋問の順序についての意見、⑤調査官調査のタイミングについての意見などが考えられます（もちろんこれらに限られるものではありません）。

　意見書として提出することで、仮に抗告する際、付添人がどのような証拠調べを求めていたかを可視化し、法令違反の主張を説得的に行うことにも資することになります。

㋑　非行事実に関する意見書

　非行事実に関する意見書については、①尋問後の供述の信用性についての意見、②非行事実についての意見、③要保護性についての意見、などの提出が考えられます。

　前述のとおり、短期間のうちに審理が実施されますので、尋問調書が完成していない場合もあります。意見書を作成できるよう、尋問をしながら適宜メモをとるように心がけましょう。

4　補償手続

　非行事実がないなどの理由で、全部又は一部の審判事由の存在が認められないことにより、当該全部又は一部の審判事由について保護処分に付さ

ない決定が確定した事件などにおいて、身体拘束をされていた場合、少年の保護事件に係る補償に関する法律3条の規定に該当しない限り、国は、身体拘束についての補償をしなければなりません（少年補償法2条）。

　補償の要否及び補償の内容は、保護処分に付さない決定等をした家庭裁判所が決定をもって行います（少年補償法5条1項）。補償に関する決定は、保護処分に付さない決定等が確定してから30日以内にするように努めなければなりません（同条2項）。

　刑事訴訟法による無罪判決の場合は、国に対して補償を請求することができるとなっているのと異なり（刑事補償法1条）、少年補償法の場合、請求がなくても、家裁は補償をしなければなりません。

(1) 補償をしないことができる場合（少年補償法3条）

　2条の要件に該当する場合でも、①調査や審判を誤らせる目的で虚偽の自白をするなどした場合（1号）、②数個の審判事由のうちの一部のみの存在が認められない場合で、身体拘束が他の審判事由をも理由とする場合や、他の審判事由を理由として身体拘束をする必要があったと認められる場合（2号）、③補償を辞退しているときや必要性を失わせる特別の事情がある場合、には補償の全部又は一部をしないことができます。

　実務上は、3条各号に該当した場合、補償の必要性を検討すべき特別の事情がない限り補償をしないという運用となっています。

(2) 補償の内容

　補償の内容は、その拘束の日数に応じて、刑事補償法4条1項に定める1日当たりの割合の範囲内で、相当と認められる額の補償金を交付します（少年補償法4条1項）。

　日数に応じて、1日1000円以上1万2500円以下の割合による額になります（刑事補償法4条1項）。

　補償金の額は、拘束の種類及びその期間の長短、本人が受けた財産上の損失、得るはずであった利益の喪失、精神上の苦痛及び身体上の損傷並びに警察、検察及び裁判の各機関の故意過失の有無その他一切の事情を考慮

しなければならない（同条2項）という規定が参考になるでしょう。

(3) 変更の申出

　補償の決定に対して上級審への不服申立てを認めることは現行少年法の構造に適さないことから、再度の考案の制度が設けられています。

　補償に関する決定の告知をした日から14日以内に本人からその変更をすべき旨の申出があった場合において、相当と認められるときは、決定をもってこれを変更することができます。

(4) 審判不開始ないし不処分決定の場合

　非行事実なしとして、審判不開始ないし不処分決定を受けて補償を受けても、審判不開始ないし不処分決定については一事不再理の効力がありません。

　そのため、新たな証拠等が発見され、補償を受けた事実と同一の事実について保護処分に付される場合がありえます。

　その場合でも、少年が受領した補償について、返還の制度はなく、不当利得にもならないと解されています。

第11章

障害や精神疾患を抱えた少年

少年事件において出会う少年が、知的障害（精神遅滞）、発達障害、精神疾患を抱えている場合があります。

　例えば、令和3年版犯罪白書によれば、少年院入院者のうち、「知的障害又はその疑いのある者及びこれに準じた者で処遇上の配慮を要するもの」が5.6％、「情緒障害若しくは発達障害又はこれらの疑いのある者及びこれに準じた者で処遇上の配慮を要するもの」が6.2％、「身体疾患、身体障害、精神疾患又は精神障害を有する者」が2.5％とされています。

　あくまでも、少年院入院者における統計ではありますが、相当の割合の少年に何らかの障害や精神疾患が疑われ、非行少年の中には、配慮が必要な者がいることがわかります。

1　障害や精神疾患を抱えた少年の特徴

　それぞれの障害や精神疾患によって、特徴は異なります。ここでは、少年事件において特に注目する必要がある障害や精神疾患をいくつかあげておきます。

(1)　知的障害（精神遅滞）について

　知的障害者を支援するための法律である「知的障害者福祉法」には知的障害者の定義規定はありませんが、先天性あるいは出生後早期の原因によって知能発達が障害され、知能が低い状態にとどまっているものを言います。

　知能検査によって、IQ20以下を最重度精神遅滞、IQ20〜34を重度精神遅滞、IQ35〜49を中度精神遅滞、IQ50〜69を軽度精神遅滞、IQ70〜84境界知能と呼ぶこともあります。

　具体的には、年齢相応の学習技能を身につけるのが困難で支援を要したり、同世代に比べて対人相互反応や社会的判断が未熟であったり、同年代と比べて日常生活上の課題について支援を要する等、知能の発達がゆっくりであるため、困難を抱えています。

　論理的思考や抽象的思考が難しい、問題解決をする能力、計画を立てる

能力、判断力が未熟である、コミュニケーション能力、言語能力が未熟である、年齢に応じた方法で情動や行動を制御することが困難であるといった特徴があります。また、こうした特徴から他人に操作され、だまされたり、流されたりしやすいとも言われます。鑑別所に入所した少年は、知能検査が実施されるため、鑑別結果で知能検査結果を確認することができます。

(2) 発達障害について

(ア) 自閉症スペクトラム

　発達障害支援法では、自閉症、アスペルガー症候群その他の広汎性発達障害と分類されていますが、近年では、これらを区別することなく、障害を最重度から正常範囲の偏りまでの連続した帯（スペクトラム）ととらえて、自閉症スペクトラムと呼ぶようになりました。そのため、ここでは自閉症スペクトラムという呼称を使用することにします。

　自閉症スペクトラムは、①対人的相互作用の障害（社会性の障害）、②言語をはじめとした社会的コミュニケーションの障害、③興味の限局、同一性保持の強迫的欲求（こだわり）の３つが主な特徴と言われています。

　①としては、他人の気持ちが理解できない、他人への配慮ができない、場の空気が読めない、比喩や冗談や皮肉が通じない、言葉を字面どおりに理解し文脈が理解できない、仲間関係を築けないなどの特徴があります。②としては、会話のキャッチボールが難しく会話が続きにくい、表情などによる非言語的コミュニケーションが苦手で言外のニュアンスをくみ取ることができないなどの特徴があります。③としては、想像力の障害とも言われ、日常習慣の変更に強く抵抗する、新しいことや状況の変化に対応できない、予想外の事態が起こると混乱する、自分なりの手順を守ろうとする、融通が利かないなどの特徴があります。

(イ) 注意欠陥・多動性障害（ADHD）

　不注意、多動性、衝動性があり、生活面で困難をきたしている障害です。

　忘れっぽく、計画や時間管理ができない、落ち着きがない、相手が話し終える前に話し始めたり、他人の話に口をはさんだりしてしまうなどの特徴があります。

(3)　精神疾患について

(ア)　統合失調症

　青年期に知覚、思考、感情、意欲など多くの精神機能領域の障害として現れ、幻覚、妄想、自我障害（自分の考えや行動が自分のものであるという意識が障害されること）などの陽性症状と、感覚の鈍麻、誇大妄想、自発性の減退などの陰性症状からなる症候群です。

　遺伝的要因、環境的要因、脳構造の異常など様々な要因が考えられていますが、はっきりとした原因は解明されていません。薬物療法と心理社会的療法による治療効果があると言われています。

(イ)　うつ病・双極性障害（躁うつ病）

　うつ病は、抑うつ的な気分（気分が落ち込む、憂うつ）と、何に関しても興味・関心や楽しさが感じられなくなってしまう状態になる精神疾患です。不眠、自責感や自殺念慮、思考力の減退があらわれることが多くあります。

　双極性障害は、うつ状態に加えて、気分が高揚する、開放的になる、怒りっぽくなるなどの躁状態があらわれ、これを繰り返す精神疾患です。誇大的思考、多弁、注意の散漫などの症状があらわれることが多くあります。

(ウ)　パーソナリティ障害

　大多数の人とは違う反応や行動をすることで本人や周りが困難を抱えている場合に診断される精神疾患です。認知、感情、対人関係、衝動の制御といった広い領域での偏りが見られます。遺伝的要因、生物学的要因の他、生育環境の要因も関与していると言われており、人格や性格の問題ではなく、緩徐ではあるものの、治療により多くが回復すると考えられています。

(エ)　依存症

　アルコールや薬物などの特定の物質あるいはその使用に依存する物質依存、ギャンブル、窃盗、性的な行動、ゲームなどの特定のプロセスに依存するプロセス依存（または習慣及び衝動の障害）があります。

　物質や行動がコントロールできないのは、本人の意志が弱いからではなく、ドーパミンという脳内にある快楽物質が重要な役割を担っているといわれてます。

2　障害や精神疾患を抱えた少年に対する気付き

　面会時に少年と接していてコミュニケーションがとりづらい、理解に時間がかかる、聞かれたことだけ答えて話が広がらない、話が一方的で多弁である、意見を曲げない頑固さ（こだわり）がある、非行の内容において少年の動機や思考と結果に飛躍がある、事件の内容や供述内容に不可解な点がある、事件の記憶が一部または全部抜け落ちているなど、各障害や精神疾患（以下「障害等」と言います）の特徴に照らして、気になる点があった場合には、障害等を疑う必要があると考えられます。その場合には、次に述べるような情報収集を試みるなどして慎重な対応をしてください。

　そうはいっても、我々は心理学や精神医学の専門家ではありませんので、障害等と安易に決めつけることもその後の支援を誤らせることにつながります。時間の限られた少年事件手続の中だけで確定的に障害等の診断が得られるとは限りません。また、虐待を受けた少年の中には、発達障害と同様の症状を呈する場合もあると言われており、少年の特性が障害等によるのか否かの判断は専門家でも短期間で下せるものではありません（詳しくは第16章をご覧ください）。

　そして、精神疾患については、治療が有効なものもありますが、障害は、基本的には治療をするものではなく、対人関係や考え方などのトレーニングにより、本人の抱える困難を解消していくものです。こうしたことからも、付添人としては、障害等に当たるかどうかの判断が重要なのではなく、少年の特徴や問題点としてとらえて、今後の支援や再非行防止の方策を考えることが重要と言えます。

3　障害や精神疾患を抱えた少年の情報収集

　少年に障害等が疑われる場合には、通級、支援学級、特別支援学校で学んでいる履歴があるかどうか、療育手帳（知的障害が対象）や精神障害者保健福祉手帳（知的障害を除く精神障害が対象）を取得しているか、医療機関や公的な支援機関を利用したことがあるかなどを、家族に聞いたりして

確認してください。しかし、今まで周りが全く障害等に気が付かなかった
ケース、困難を抱えながらも保護者が否定して支援の機会を逃しているケース、家庭環境の問題で支援に結びつかないケースなど、福祉サービスや支援につながらないままのケースは多くあります。

　少年と面会をする中で気になった場合は、家族から詳しく成育歴を聴き取ったり、義務教育課程の少年の場合は学校の先生やスクールソーシャルワーカーやスクールカウンセラー等から聴き取ったりして、これまで少年が家庭や学校でどのような様子であったかを詳しく聞いてみてください。また、付添人自身が面会で気が付いた点について、調査官や鑑別技官に率直に伝えて、意見交換をすることも重要です。観護措置を取られている少年の場合は、鑑別所において知能指数（IQ）を図る知能検査の他、各種心理検査が行われますので参考になります。

　観護措置等をとられておらず、在宅の場合は、医療機関、児童相談所、発達障害者支援センター、鑑別所（地域援助業務）の活用などを検討し、専門家の意見を仰ぐことも考えられます。

4　障害や精神疾患を抱えた少年との関わり方

　少年に、障害や精神疾患があることが判明した場合、あるいはその疑いがある場合は、その特徴を理解し、接していくことが大切です。

　例えば、知的障害がある少年には、言葉での理解が難しいため、話す速度はゆっくりと、平易な言葉を使ったり、紙に書いて説明をしたり、絵を描いて説明をしたりする、自閉症スペクトラムの少年に対しては、次回の面会に向けて課題を与えたり、面会日時をあらかじめ伝えて見通しを伝える、一般的には理解しにくいことを言われても否定せずに傾聴する、抽象的な質問はせずに具体的に質問をするなど、少年の特性に応じた関わり方をして下さい。いずれにせよ、信頼関係を築き、少年の言い分や事実関係を正確に把握するためには、面会に多くの回数や時間が必要になります。

5　障害や精神疾患の存在に疑いを持った場合の対応の注意点

　知的障害や発達障害そのものが直接非行を引き起こすわけではありません。

　多くの場合は、少年が過ごしてきた環境や本人の特性や資質を理解しない周りの対応に原因があることが多いと考えられます。これと、少年の特性、例えば自分の行為が他人に及ぼす影響が認識しづらい、人の気持ちや表情や周りの状況について適切に理解できない、他の人に利用されやすいなどが複合的に絡み合って、非行につながってしまうことがあると考えられます。いわば、二次障害として非行が現れるとも言えます。

　そのため、障害等が原因で非行に至ったと安易に考えず、非行に至るまでの経緯や成育歴を丁寧に聴き取る必要があります。

　その結果、障害等が、非行に至るまでどのように影響したのか、例えば、障害等に対する周りの無理解からくる不適切な対応、障害等による育てにくさからくる被虐待体験、社会性が障害されていることによる居場所の喪失や学校のシステムからの排除などが明らかになることがあります。このように、少年が周りからどのように扱われてきたのか、どのような環境で過ごしてきたのかなど、非行に至る背景を知ることが重要です。そして、そのような周りの対応や環境が今後の立ち直りにどう影響するのかを考え、周りに理解を求めるにはどうしたらいいか、居場所を作るためにはどうしたらいいか、どのようなトレーニングが必要かなど、見立てることが大切です。

　そのような見立てができれば、どういった環境調整や社会資源の開拓が必要か、関係機関にどのような対応を求めるべきかが見えてくると思われます。

　ただ、心理や精神医学の専門家ではない付添人にとっては、大変難しい課題ですので、後に述べるような専門職の助力を得るなどして進めていってください。

6　捜査機関への対応

　少年には、障害等の有無にかかわらず、もともと誘導に乗りやすいなどの特徴があります。それに加えて、障害等のある少年の場合、コミュニケーションの困難さから、状況を説明することが難しかったり、質問の意図が理解できず、あいまいな答えをしたことが否定しなかったと捉えられたりして、本人の認識とは異なる調書が作成されてしまうことがあります。そのため、捜査機関には、少年である上に、障害等を有している、あるいはその疑いがあること、少年の特性などを伝えて、質問の仕方を工夫してもらうこと、一問一答式の調書にしてもらうこと、録画録音を要請することなどが考えられます。

7　家庭裁判所への対応

　調査官には、早期に面談をし、少年が障害等を有しているか、あるいはその疑いがあること、少年の特性などを伝えて、そのような観点から情報収集や調査をしてほしいこと、少年との面談時には配慮をして欲しいことなどを伝えてください。非行の動機が表面的にみれば不可解であったり、被害者の立場や心情を想像できない、自分の心情を表現したり反省の気持ちを表現するのが難しいという場合もあります。そのような場合でも、少年の特性から見たらどのように説明できるのかを丁寧に説明し、表面的に捉えて悪質だとか反省がない等と評価されることのないように付添人の意見を述べておくことも重要です。

　また、行動科学の専門家である調査官自身はどのように感じているか、少年に対してどのような資質を有していると考えているかなど積極的に意見交換をして下さい。また、裁判官にも、同様に、面談を求めて意見交換をし、審判時の質問の仕方の工夫を求めたりすることも考えられます。

　仮に少年院送致が見込まれる場合でも、発達障害などに対応し、特別な処遇プログラムを重点的に実施している少年院もあります。しかし、少年院に審判の決定書や少年調査票は送られますが付添人の意見書は必ずしも

送られません。そのため、決定書や少年調査票の中に、どれだけ、少年の特性に言及したことを書いてもらえるかが重要です。処遇勧告書の中に少年の特性に応じた処遇を受けられるような記載をしてもらうように働きかけることも考えられます。そのため、調査官や裁判官には少年の特性をできるだけ詳しく伝えて、これに配慮した処遇が必要になることを理解してもらう必要があります。

■少年のトナリで■■■

「A君、ここから質問しようか？話しにくいだろうし、隣に行こうか？」
「Bさん、隣に来てくださいよ！」
　隣の席を手でたたきながら、いつも私に見せる屈託のない笑顔で返事をしてくれました。

　付添人からの質問。普段であれば、調査官の横から質問しますが、私はこの子の未成年後見人でもありました。彼の隣には誰もいません。
　とある暴力事件で被害者に大きなケガを負わせました。もともと、未成年後見人として定期的に会っていましたが、なかなか感情をコントロールできませんでした。自分の思い通りにならないときに、物にあたったり、暴力をふるったりします。事件当時は精神科病院に入院していました。
　退院後の帰る場所がなく、少年院送致を見越した家裁送致でした。
　付添人活動としてできることは限られていたと思います。過去にお世話になった養護施設にも声をかけたり、児童相談所と相談したりしながら進めたものの、帰る場所が見つからず、少年院送致となりました。
　少年院からは手紙もきますし、成績表もきます。頑張っていることがわかります。問題行動もありました。これから長く彼と一緒に歩いていかなければなりません。
　付添人活動は自由だと言われることがあります。付添人が座る場所も自由でいいのでは？もちろん、少年にとって、自分のトナリにいてくれるような存在であ

ることが前提ですけれども。

8 障害や精神疾患と手続・処分の関係性

障害や精神疾患がある場合、後述のように、訴訟能力や責任能力が問題
となることがあります。

審判手続時に心神喪失状態にある等、訴訟能力を欠くと思われる場合に
は、審判不開始（法19条1項）となるべきであると考えます。

他方で、少年事件における非行時における責任能力については、不要説
に立つ裁判例もありますが（盛岡家決昭34年5月19日家月11巻7号86頁、大
阪家決平7年2月10日家月47巻7号206頁、横浜家決平30年2月23日家判17号
138頁）、実務上は必要説が有力です（金沢家決平12年10月18日家月53巻3号
100頁、大阪家決平10年12月14日家月52巻10号102頁他）。また、実務上、検察
官は、非行があると思料する場合には、その精神状態を問わずに、全件を
家裁に送致してその判断に委ねているという指摘もあります。そのため、
責任能力に疑いがある場合にも家庭裁判所に送致される可能性が高いため、
責任能力については、争いながらも、家裁送致後の処遇を見据えた活動が
必要になります。

そして、最終的に、責任能力必要説の立場で、責任能力がないとして不
処分等になった場合でも、既に少年が精神病院に入院中であったり、措置
入院や医療保護入院が予定されることも多いと言われています（なお、重
大な他害行為を行った場合に心神喪失又は心神耗弱とされた場合でも、少年に
対して医療観察法が適用されるのは、家庭裁判所から検察官に送致されて起訴
され、無罪判決等が確定した場合のみであり、それ以外は、少年に対しては適
用されないというのが、一般的な理解とされています）。責任能力に疑いがあ
る少年の場合でも、保護や再発防止のためには、医療的措置等も検討しな
ければならないケースがあることは念頭に置いてください。

9 福祉専門職との連携

　少年に障害等がある場合、付添人の働きかけや保護者などの家族の支えだけでは更生が困難であることが多く、今後の支援や処遇の計画や環境調整のために、福祉専門職との連携が大切です。場合によっては、保護者など家族に対する支援（カウンセリング、ペアレントトレーニング等）も必要となります。

(1) 情報収集

　従来から関わっている医療機関や公的機関がある場合には、そのような機関から情報収集をし、当該機関に福祉専門職との連携をお願いし支援の協力を求めることが考えられます。そのような機関がない場合には、児童相談所、発達障害者支援センター、学校、医療機関などに問い合わせて協力してもらえる機関や福祉専門職はいないか、情報収集をすることが有用です。

(2) 福祉専門職の助力を得る

　従来から関わっている医療機関や公的機関などがある場合には、そのような機関やそこで支援に関わっている福祉専門職と連携をし、社会復帰後の支援計画を立てることが考えられます。そのような機関の利用がない場合には、児童相談所、発達障害者支援センター、学校、医療機関などに相談して、受け入れをお願いすることが考えられます。また、発達障害、少年非行、性犯罪、依存症等、課題に応じて組織された民間団体や当事者団体もあります。団体によっては、福祉専門職が面会をして支援計画などを策定してくれることもあります。

　なお、福岡県弁護士会では、身体障害者手帳、精神障害者保健福祉手帳又は療育手帳を交付されていることの他、一定の要件を満たした場合には「触法障がい試行スキーム」の利用が可能であり、社会福祉士等福祉専門職の面会と更生支援計画の策定、社会復帰後の支援へのつなぎ等の支援が受けられることもあります。各弁護士会において触法障害者について様々

な取り組みがなされているので、利用できるかどうか確認することをおすすめいたします。

10　医療機関、調査官から児童相談所の記録の確認

　少年が、もともと医療機関を受診している場合や、児童相談所の係属歴がある場合には、裁判所からの照会により、医療機関の記録や児童相談所のケース記録、照会に対する回答書などが社会記録に含まれていることがあります。これらの記録を閲覧して、関係機関がどのように少年を捉えていたのか、これまでどのような治療や支援をうけてきていたのかを確認してください。

11　精神鑑定

　少年に、障害等があり、かつ訴訟能力や責任能力に疑問がある場合には精神鑑定の実施を検討します。さらに、少年の場合は、非行事実の有無だけではなく、要保護性も審判対象となっており、要保護性の有無や程度が処遇の決定において重要な要素を占めています。特に、少年に障害等が疑われる場合には、それが非行にどのように影響を与えているのか等を分析することが要保護性を判断するためには必要であり、その判断には精神医学的・心理学的学識が欠かせません。そのため、要保護性を検討し、処遇を決定するために、少年の素質、経歴、家庭その他の環境、非行前後の心理状態等を総合的に把握するための、いわゆる情状鑑定が重要です。したがって、精神鑑定の一つとして、情状鑑定という利用の仕方も検討に値します。

　精神鑑定には、大きく分けて捜査段階の鑑定（法40条、刑訴法223条1項）と家裁送致後の鑑定（法14条）に分けられます。さらに、捜査段階の鑑定には、簡易鑑定（精神衛生診断）と本鑑定があります。

　障害等の疑いがある場合には、スクリーニングのためにも通常、捜査段階における簡易鑑定は行われます。これは、医師による1回か2回の面接

と検査による鑑定であり、被疑者の承諾があれば裁判所の許可なく実施できます。他方で、本鑑定が実施される場合は、裁判官の許可が必要であり（刑訴法225条）、病院その他相当な場所に移されて（鑑定留置・刑訴法24条１項、167条１項）、数カ月の期間をかけて精神鑑定が行われます。検察官が本鑑定の実施に消極的な場合には、鑑定の処分の請求をすることになります（刑訴法179条１項）。

　少年に訴訟能力が欠けていることが強く疑われる場合や精神疾患が重篤で早期に医療機関による治療が必要な場合等は簡易鑑定も有用ですが、少年の場合、原則、全件家裁送致されることを踏まえると、その後の審判を見据えて十分な情報が得られるとは限りません。

　そのため、一定期間をかけることが適切でない場合を除き、本鑑定を実施するように検察官に働きかけてください。特に、検察官送致が見込まれるような重大事件で、少年に障害等の疑いがあり、これが非行に影響を与えていることが疑われる場合などは、積極的に本鑑定を求めるべきであると思われます。

　ここで重要なのは、鑑定事項です。少年の知能、性格、資質、成育環境、本件非行に至った心理的経過、犯行時の心理状態、その他処遇上の参考事項といった、少年の障害等やそれが非行に与えた影響を明らかにし、今後の処遇上の参考になるような事項を求めることが重要です。

　また、捜査段階で本鑑定が行われなかった場合で必要があると考える場合は家裁送致後に早急に本鑑定を請求する必要があります。付添人が私的鑑定を依頼することも考えられますが、現実的には、特に、身体拘束されている少年の場合、面会時間の制限や観護措置期間が限られていることから、十分な時間をかけての私的鑑定は困難です。そのため、例えば、協力してくれる医師等がいる場合には、面会をお願いして、意見書の作成などを依頼することも考えられます。

12　審判後の対応（少年院との調整）

　要保護性の解消には周りの理解や支援が必要であることは言うまでもあ

りません。保護者など家族には審判までの過程で明らかになった少年の問題点や特性を理解してもらい、保護観察等の在宅処分になった場合でも、保護観察所、医療機関、児童相談所、発達障害者支援センター等に相談し、連携を図るように働きかけることが考えられます。

　検察官送致をされた場合の対応については、第7章を参照して下さい。刑事裁判の中でも、責任能力を争ったり、法55条に基づく家庭裁判所への移送を求めたりなどの活動が期待されます。

　少年院送致など収容処分となった場合については、7でも述べたとおり、審判までに、裁判官に少年の特性を理解してもらい、審判書や少年調査票、処遇勧告書に少年の特性に配慮した記載を求めるような働きかけが必要となります。障害等のある少年の場合、医療少年院が適切である場合もありますし、その他にも障害等に対応した特別のプログラムである特殊教育課程（H1、H2）など実施している少年院もあります。そのような少年院に入所できるように、裁判所にあらかじめ意見を述べておく必要があります。

第12章

被害者保護制度に対する
付添人活動の留意点

1 少年司法における被害者保護制度の概要

　従前、少年事件も含めた刑事事件において、被害者は手続における当事者ではなく、被害者保護の観点から問題があると指摘されていました。特に、少年事件は、非公開の手続であり、被害者は、少年に対していかなる手続きが行われているか把握できず、審判の傍聴すらできなかったことから、被害者の保護が図られていないとの意見がありました。これに対し、被害者による審判傍聴や被害者の意見聴取は、少年が萎縮して十分な発言ができなくなることや、少年の成育歴や家族関係の問題などプライバシーに深く関わる事項について取り上げることが憚られる、被害者の存在を意識するあまり審判のケースワーク的（教育的）機能が後退する、などの問題点が指摘され、少年の更生に資さないとの意見が日弁連から述べられました。

　上記のような意見を踏まえ、2000年（平成12年）以降の少年法改正で、被害者保護の手続きが定められました。

　現在の少年法上の被害者保護のための制度は、①法律記録の閲覧・謄写（法5条の2）、②被害者の意見の聴取（法9条の2）、③被害者の審判傍聴（法22条の4および5）、④審判状況の説明（法22条の6）、⑤審判結果等の通知（法31条の2）です。

　また、少年審判後の被害者保護のための制度として、仮退院に際しての意見聴取（更生保護法38条1項）や保護観察中の被害者心情伝達（更生保護法65条1項）があります。

　被害者保護を図ることは被害者の権利擁護の観点から重要ですが、他方で、上述のとおり、少年の健全育成の観点から被害者保護制度の利用が不適切な事案もあります。そこで、付添人としては、少年事件における被害者保護の制度を十分に理解して、被害者の心情に配慮しながら、少年の権利利益を擁護し、少年法の理念に基づき、適切な対応を行う必要があります。

　本章では、少年審判までの被害者保護制度と被害者がこれらの制度を利用した場合に注意すべき付添人活動について説明をします。

図　被害者保護制度一覧

被害者保護制度	根拠条文
法律記録の閲覧・謄写	法5条の2
被害者の意見の聴取	法9条の2
被害者の審判傍聴	法22条の4および5
審判状況の説明	法22条の6
審判結果等の通知	法31条の2

2　法律記録の閲覧・謄写（法5条の2）

　被害者等（被害者又はその法定代理人若しくは被害者が死亡した場合若しくはその心身に重大な故障がある場合におけるその配偶者、直系の親族若しくは兄弟姉妹をいいます）は、原則として、法律記録の閲覧や謄写ができます。ただし、例外として、閲覧や謄写を求める理由が正当ではない場合や少年の健全育成等から閲覧や謄写を認めることが相当ではない場合には、被害者等による記録の閲覧や謄写は認められません。

　そして、社会記録については閲覧や謄写の対象外となっていますが、法律記録に関しては、非行事実にかかる部分のみならず、少年の身上に関する供述調書や審判調書、付添人が提出した資料や意見書も閲覧や謄写の対象に含まれます。

　しかし、被害者等から記録の閲覧や謄写の申出があった場合、裁判所は、付添人の意見を聴く必要がなく、閲覧や謄写の許否や範囲を判断することができます。

　そのため、付添人としては、被害感情が強かったり、すでに被害者側が弁護士代理人に依頼したりしている場合など、被害者等からの法律記録の閲覧や謄写の申出が見込まれるケースでは、事前に裁判所に対して、閲覧や謄写の許否やその範囲について、意見を申し入れておくことを検討すべきです。また、付添人が提出する資料や意見書に関しては、被害者等から閲覧や謄写がなされることを念頭において作成や提出をする必要があります。仮に、被害者等に知られたくない情報がある場合には、あえて意見書等には記載せず、調査官や裁判官との面談において口頭で説明することも

考えられます。

3　被害者等の意見聴取（法9条の2）

(1)　被害者等の意見聴取の制度

　被害者等の意見聴取制度とは、被害者等から裁判所に対して、被害に関する心情その他の事件に関する意見の陳述の申出があった場合に、裁判所又は調査官が被害者等から意見を聴取するという制度です。

　被害者等から申し出があった場合、事件の性質、調査又は審判の状況その他の事情を考慮して、相当でないと認めるとき以外は、裁判所は何らかの方法で被害者等から意見聴取をしなければなりません。

(2)　聴取の時期、方法、場所について

　少年法や少年審判規則では、被害者等の意見聴取について、特に聴取の時期や方法、場所については定められていません。

　実際に行われている意見聴取の時期や方法は様々であり、審判期日よりも前の時期に裁判官又は調査官が聴取することもあります。また、審判期日当日に聴取することもありますが、その場合でも、審判の前に聴取することもありますし、審判の中で聴取することもあります。意見聴取の場所については、裁判所内で行われる場合が多いですが、裁判所に限られるわけでもありません。

　意見聴取の方法としては、申出人やその代理人が、事前に作成した意見書を読み上げたり、要旨を述べたりすることが多いですが、書面の作成が義務付けられているわけではありません。書面の提出のみで意見聴取する方法は、条文に規定がなく、被害者が入院しているなどの理由により、裁判所に赴くことができない等の例外的な事情がある場合に許されるとされています。

　付添人としては、特に審判期日での被害者等の意見聴取に気をつけるべきです。というのも、被害者等が少年の面前で意見聴取をされることで少年の情操に悪影響を及ぼす可能性があります。例えば、被害者等の意見聴

取において、「一生許さない。」などと峻烈な被害感情をぶつける例などが報告されています。そういった事態を避けるためにも、付添人としては、審判前に聴取したり、いったん審判を中断して少年が在席しない形での聴取をしたり、審判外での意見聴取となるように裁判官に求めるなど少年に悪影響を及ぼさないように注意すべきです。

　審判期日で被害者等の意見聴取が行われた場合、その要旨は審判調書に記載されます（規則33条2項4号の2）。

　審判期日外で裁判官が意見聴取を行った場合、裁判所書記官が意見の要旨を記載した書面を作成し（規則13条の6第1項）、調査官が意見聴取を行なった場合、調査官が意見の要旨を記載した書面を作成します（規則13条の6第2項）。審判期日外で意見聴取が行われた場合、裁判所は、付添人に対し、速やかに通知しなければならず（規則13条の5）、付添人は、意見の要旨を記載した書面の閲覧・謄写を行い、被害者等の意見の内容を把握し、付添人活動に活かすようにしましょう。

(3)　意見聴取の中身

　意見聴取の内容は、「被害に関する心情その他の事件に関する意見」であり、たとえば、被害感情や少年の処分に対する意見です。そして、意見聴取の内容は、非行事実の認定に用いることはできません。審判期日よりも前の意見聴取において、本来許される範囲の意見が述べられたことが判明した場合には、その旨を指摘し、非行事実の認定に用いることが許されないことを意見書等で述べておくべきです。審判期日でそのような意見が述べられた場合には、その場ですぐに裁判所に問題を指摘し、適切な対応をとるように裁判所に求めるようにしましょう。

　なお、審判期日での被害者等の意見聴取の場合、裁判所は、被害者等の陳述の趣旨を明確にするために質問をすることができるとされており、付添人も裁判官の許可を得て被害者等に質問することができます。

(4)　調査官による被害者調査

　被害者等の意見陳述とは異なる制度として、家庭裁判所調査官による被

害者調査があります。被害者調査は、被害者等の意見陳述の制度が始まる前から行われてきました。被害者調査とは、家庭裁判所調査官による社会調査（法8条2項）の一環として、被害者に対し書面や電話で照会が行われるものです。

4　被害者の審判傍聴（法22条の4第1項）

(1)　被害者傍聴の要件

　少年審判は、原則として、非公開で行われます。ただし、被害者等からの申出により、一定の場合に被害者等の少年審判の傍聴が認められる場合があります。

　被害者等の審判の傍聴が認められる要件は、①犯罪少年や12歳以上の触法少年にかかる事件であること（ただし、12歳以上の触法少年の事件についての傍聴の許否の判断にあたり、触法少年が一般に精神的に特に未熟であることを十分に考慮しなければならないとされています〔法22条の4第2項〕）、②被害者等からの申出があること（法22条の4第1項、審判規則30条の11）、③以下に掲げる罪または刑罰法令に触れるもの（(1)故意の犯罪行為により被害者を死傷させた罪、(2)業務上過失致死傷等の罪（刑法211条）、(3)自動車の運転により人を死傷させる行為等の処罰に関する法律4条、5条、6条3項・4項の罪）、④少年の年齢および心身の状態、事件の性質、審判の状況その他の事情を考慮して、少年の健全な育成を妨げるおそれがなく傍聴の相当性が認められることと定められており、全ての要件を満たす場合に傍聴が認められます。

(2)　裁判所が傍聴の許否の判断をする場合の弁護士付添人に対する意見聴取

　被害者等から、裁判所に対し、審判傍聴の申し出があった場合、裁判所は、傍聴の許否の判断にあたり、あらかじめ弁護士付添人の意見を聞くことになります（法22条の5第1項）。このとき、少年に弁護士付添人がついていない場合、裁判所は、少年に国選付添人を付すことになります（法22条の5第2項）。

付添人は、裁判所から意見を聞かれた場合、上記4つの要件を踏まえつつ、少年の意思や少年の状況、事件の内容、被害者側の状況、審判の状況を踏まえ、傍聴の許否に対する意見を出すことになります。具体的には、被害者等が少年審判への傍聴を行うと、少年が萎縮して審判でうまく話せないことや被害者等が少年に対し過度に非難するなどの問題が生じることがあり、そういった問題が生じるおそれがある場合、付添人は、傍聴の相当性が認められないとして被害者等の傍聴について消極的な意見を述べることになります。

　いずれにせよ、付添人としては、被害者の審判傍聴の許否については、少年の健全・育成という少年法の理念を踏まえて、慎重に意見を述べるべきです。

(3) 被害者等の傍聴が許可された場合の付添人の対応

　裁判所が被害者等の審判の傍聴を許可した場合、裁判所は、付添人に対し、その旨、速やかに通知することになります（規則30条の12）。そのため、付添人は、通知を受けた場合、被害者等の審判傍聴に対する対応について検討しなければいけません。

　被害者等が少年の審判傍聴を行なった場合、少年が萎縮して審判でうまく話せないなどの問題があります。

　そのため、付添人は、裁判所が傍聴を許可した場合でも、審判の一部についての被害者等の退廷（例えば、少年のプライバシーに配慮すべき場合）や被害者等の傍聴を行なう人数、被害者等の審判廷での位置についても、少年の健全・育成の観点から検討し、意見を述べ、裁判所と協議を行なうべきです。

　また、付添人は、審判期日において、被害者等の傍聴がなされているときの少年の様子を確認し、裁判官に適切に審判運営をさせるように努めるべきです。例えば、被害者等の少年に対する態度が威圧的であり不規則発言を繰り返すなどした場合に付添人は対応を行う必要があります。こういった場合、付添人は、裁判所に対し、被害者等の審判廷からの退席を求めることになります（裁判所法71条、規則31条1項参照）。

5 審判状況の説明（法22条の6）

　審判状況の説明の制度とは、被害者等から申出があった場合、裁判所が、「少年の健全な育成を妨げるおそれがなく相当と認めるとき」に、「審判期日における審判の状況」を説明する制度です（法22条の6、審判規則30条の13）。「審判期日における審判の状況」とは、審判の日時・場所・出席者、非行事実の認定手続等の審判での審理経過、少年や保護者の陳述の要旨、処分結果等であり、審判調書の記載に基づいて説明されることになります。付添人としては、被害者等に伝えたくない情報があれば、事前に意見を述べておく必要があります（例えば、少年が通学する学校の教員が審判に出席していた場合、審判の出席者を被害者等に説明することにより、少年の生活圏が発覚してしまい、少年の更生にマイナスになることなどが考えられます）。

　審判状況の説明は、調査官または書記官にさせることができるとされ（審判規則30条の14）、審判調書を作成する書記官が説明することが多いようです。通常は口頭で説明がなされますが、被害者等の希望によっては書面での説明が行われる場合があるようです。

6 審判結果等の通知（法31条の2）

　被害者等の申出により、裁判所は、「少年及びその法定代理人の氏名及び住居」「決定の年月日、主文及び理由の要旨」を通知することになります（法31条の2第1項本文）。ただし、「通知をすることが少年の健全育成を妨げるおそれがあり相当でないと認められる」場合は許可されません（法31条の2第1項ただし書）。付添人としては、そういった事情、例えば、審判前に被害者がSNSで少年のことを過度に非難し、審判結果等の通知を受けると少年のプライバシー情報や審判結果などを明らかにする可能性がある場合、裁判所にあらかじめ意見を述べておく必要があります。

　この申出については、裁判所は、申出がなされたこと自体を付添人に報告する義務がないため、付添人としては上記のような事情が判明した場合には、その段階で裁判所に意見書や上申書を提出しておくなど、注意喚起

しておくべきでしょう。

第13章
類型別少年事件

1 はじめに——少年事件（非行）の傾向について

本章では、これまでみてきた一般的な少年付添活動を踏まえ、事件類型別に押さえるべきポイントや特徴などについて概説します。

この概説に先立って、ここ数年の少年事件（非行）の傾向について、簡単に触れたいと思います。

全体として、ここ数年の少年事件（非行）の数自体は減少傾向にあり、警察庁や家庭裁判所等での統計資料でも、同じような傾向が窺えます。

他方、類型別にみてみると、ひと昔前とは異なった傾向が窺えるようです。まず、刑法犯について男女別にみてみると、男子少年では、事件（非行）総数は減少傾向にあるものの、類型別にみると、粗暴犯（暴行罪、脅迫罪など）・窃盗犯（万引きなど）・凶悪犯（殺人罪など）は減少傾向にある一方で、知能犯（詐欺罪、特に特殊詐欺—いわゆる「オレオレ詐欺（振り込め詐欺）」など、後に触れます）が増加傾向にあり、風俗犯（強制わいせつなどの性犯罪など）についても、総じて増加傾向にあるようです。同様の傾向は、女子少年でも当てはまりますが、女子少年特有の傾向としては、知能犯・風俗犯が減少傾向にあったものの、再度増加しつつあることです。

次に、特別法犯についてみてみると、軽犯罪法・出会い系サイト規制法・青少年保護育成条例・銃刀法違反は減少傾向にある一方で、迷惑行為防止条例・児童買春及び児童ポルノ作成等禁止法が増加傾向にあるようです。

最後に、薬物事犯についてみてみると、各年によって多少増減はあるものの、ここ10年ほどで覚醒剤取締法違反は半減しシンナー等については数十分の一に縮小しているのに対し、大麻取締法違反は倍増しているようです。

このような傾向に関して、裁判所や弁護士からは「分かりやすい少年が減った」ということをよく耳にします。ひと昔前では、「友人や他校生と喧嘩してムシャクシャして殴った」とか「モノが欲しくて、それを万引きした」とかいったものが、最近では、「友人・知人に簡単な仕事だからと誘われてお金を下ろす役割を担当したら、『振り込め詐欺』の受け子だった」とか、「女性との付き合い方が分からず、同世代ではなく、自分より

弱い者（例えば年少者）を対象に、痴漢行為に及んだ」とかいった具合です。これらは、手段・方法が複雑かつ不明瞭といったことだけでなく、その非行行為に及んだ動機・目的が一見理解しにくかったり、後に触れるとおり、発達障害やいわゆる「認知の歪み」といった特殊な要因が絡んでいたりすることが背景にあると思われます。もっとも、これらの要因等は、今般急に見られるようになったというよりは、より分析的に少年非行の要因等を検証するに至ったという一つの成果でもありうることに注意が必要です。

　したがって、私たちが少年付添人として活動するにあたって、次節以降で取り上げるような事件類型別のポイントや特徴を押さえることは重要ですが、それとともに、付添人自身のまなざしで目の前の少年の問題性や特性に向き合い、柔軟な対応で要保護性の解消に努めるのが重要であるといえます。

2　特殊詐欺

　「特殊詐欺」につき、法律上の定義はありません。警視庁 HP では、「特殊詐欺とは、不特定の方に対して、対面することなく、電話、はがき、FAX、メール等を使って行う詐欺」と説明され、いわゆるオレオレ詐欺などの「振り込め詐欺」と異性との交際あっせんなどの「振り込め類似詐欺」に分類されています。

　この特殊詐欺は、後述のとおり詐欺グループを背景に少年が役割分担をして犯罪（非行）を実現するという構造にあり、重大な犯罪と評価されがちであり、保護処分も重い傾向にあります。そのようなことから、特に、成人事件でいうところの「犯情」が重要となります。以下では、少年が特殊詐欺に関与するきっかけや特徴を踏まえ、付添人活動のポイントを押さえておきます。

⑴　「特殊詐欺」と少年
　昨今のニュース、新聞などの報道でも大きく取り上げられている特殊詐

欺ですが、大半が、職場の上司・学校時代の先輩などの知り合いから「簡単に稼げる仕事がある」と紹介されたことがきっかけで、特殊詐欺グループと関わり、詐欺行為に加担してしまうというケースです。

　少年が振込送金された現金を出金する「出し子」として、あるいは、荷物として届いた現金を受け取る「受け子」として、詐欺罪の実現に加担するケースが多いようですが、中には、被害者に電話を掛ける「掛け子」として詐欺行為の実行者として関与するケースもあるようです。

　「人をだましてお金を取る」という典型的なものではなく、騙取までのプロセスに関与し、その関わり方が「電話を掛けるだけ」「お金を下ろすだけ」「荷物を受け取るだけ」というように、その末端としての役割を引き受けてしまうところに特徴があります。そのような特徴から、少年自身が「犯罪に関与している」という実感に乏しいケースが散見され、実際に、最高裁まで詐欺罪の故意が争われたケースもあります（「何らかの犯罪行為に加わっている認識はあったが、荷物が送られた経緯や中身は知らない」との無罪主張に対し、「詐欺に当たる可能性を認識していた」との判断がされたケースにつき、最判平30年12月14日刑集第72巻6号737頁）。また、一見単純な役割を担っただけにすぎないものの、実現した犯罪は全体としてみれば計画的・組織的であり、被害者の無知・心配事に漬け込んで騙取を実現するという悪質なものですので、被害の程度にもよりますが、重大な犯罪と評価されがちです。そうすると、非行傾向が進んだ少年が重大犯罪に関与するという構図ではなく、非行傾向とは無関係に（いわば一足飛びに）重大犯罪に巻き込まれてしまうといった特徴もあるといえます。

　また、特殊詐欺は、いわば分業をし、一見問題のないような役割を任せて犯罪を実現するという構造にあることから、知識や社会経験を持たない少年がターゲットとなり、利用されやすいという特徴も指摘できます。中には、「何か悪いことに関わっているかもしれない」と思いながらも「大丈夫、大丈夫、犯罪行為じゃないよ」などの口車に乗せられて関わり続けた少年や、逆に、抜け出そうとしても「犯罪に関与してるんだから、もう逃げられないよ」などと脅されて、その役割を担い続けた少年もいるとの報告もあります。

⑵ 「特殊詐欺」と付添活動

　以上のようなきっかけや特徴からすると、付添人活動においては、次のような点がポイントになります。

⑺　犯情（非行態様）や少年の認識を掘り下げる

　「特殊詐欺」というと、それ自体で重大犯罪と評価されがちですが、その関わり方や特殊詐欺に関する認識は、事件毎に大きく異なります。そしてそれは、少年の要保護性にも直結します。

　誰から誘われたのか、どのように誘われたのか（どのような説明を受けたのか）、誘われた時点で犯罪（非行）になると思っていたのか、具体的にどのような行為をしたのか、行為時・行為後に犯罪（非行）になると思っていたのか、その後も繰り返したとすると何故繰り返したのか、というように、非行態様や少年の認識をまずは細かく掘り下げて検討します。その上で、少年の要保護性を個別具体的に検討・主張していくことが重要です。

⑷　内省を深める──担当した役割が与えた影響を認識・自覚させる

　仮に少年の関与部分が小さく、また特殊詐欺であることの認識が薄かったとしても、少年が重大犯罪に関わり、被害者に重大な影響を与えたことに変わりはありません。そこで、少年に対し、その与えた影響に対する認識を深めさせる必要があります。少年自身が軽く考えていたのであれば、被害者側の物的・精神的被害や、これが生活に及ぼす不安など様々な角度から考えさせるなどして、内省を深めることが肝要です。

⑼　関係解消──詐欺グループ・不良交友を解消させる

　特殊詐欺が組織的である性質上、少年を取り巻く環境を調整することが重要であることは言うまでもありません。もっとも、先輩や知人など、一見、少年自身からは断り（遮断し）にくい関係もありますので、関係解消においては、少年自身の意識付けも大切ですが、それ以上に、保護者や雇用主などの協力も不可欠です。再非行防止という観点では、より一層の監視監督の強化と、これによる関係解消が重要となります。

⑽　将来へ目を向けさせる

　可能な限り被害弁償に努めるといったことや、就労支援をする（経済的に困窮していた場合）といった基本的な活動もありますが、再非行防止と

いう観点では、少年に対し、「簡単に／楽して稼げる仕事より、自分のやりたい／人のためになることのために汗水流して稼ぐお金に価値がある」ことを、私達自身の経験に基づいて話してあげることで、少年を刺激し、将来に目を向けてもらうというアプローチも有効であると思われます。

(オ)　移送等対応・連携

　特殊詐欺では非行行為地や被害者の住所地が広範囲であることが往々にしてあります。したがって、捜査が他県（遠方に）跨っていることも多いようです。そのような場合、少年の逮捕が当該他県（遠方）となることがあります。他方、少年事件が家裁送致される場合には、保護者の住所地が基準とされますので、少年の身柄移動（移送）がありえます。被疑者段階から少年事件に関与する場合は、移送された場合の対応・連携なども念頭において活動する必要がありますので注意が必要です。

3　薬物

(1)　大麻

(ア)　「大麻」と少年

　少年の大麻事犯は、先に述べたとおり増加傾向にあります。これは、大麻が他の薬物に比べて容易に入手できることが理由と考えられます。すなわち、大麻は、他の薬物に比べ安く購入でき、購入できる場所も多くあるからです。また、大麻は、インターネット上などで「たばこより害が少ない」とか、「依存性がない」とか誤ったイメージが拡がっています。最近ではSNSなどを通じて（よくわからないうちに）売人と関わり、興味本位で入手して使用する、あるいは知り合い・友人などに売却するといった事件も大きく報道されるようになりました。そのような特徴もあり、要保護性が重視される少年事件においては、初犯であれば成人事件だと執行猶予が見込まれるようなものであっても、少年院送致となる場合が多く、総じて処分が重い傾向にあります。一方で、上記の誤ったイメージから少年の規範意識が低く、また、「身体に悪い」ということは漠然と知っていても、薬物取引で得た収益が反社会的勢力の資金源となって更なる犯罪を助長す

ることにつながる等といったことは知らないことが多く、なぜ法律によっ
て厳しく規制されているかについて、正しい理解をしていない少年が多く
います。また、薬物事犯に関与する背景には、家庭・学校・職場その他の
外的要因に問題があることも多く、適切な環境調整がなされなければ、薬
物の依存性も相まって再非行に走ることも懸念されます。

(イ) 「大麻」と付添活動

　そのため、上記のような特徴を念頭において、付添活動を行う必要があ
ります。少年が上記のような大麻に関する誤った、あるいは安易なイメー
ジを持っていた場合、そういったイメージを払しょくする必要があります。
そのためには、付添人自身が大麻に関する知識を深め、大麻の危険性につ
いて、根気強く少年に認識させる必要があります。また、連絡先を削除さ
せるなど、入手先その他薬物関係者との関係断絶に努めるとともに、非行
に至った背景を子細に検討し、家庭・学校・職場などへの働きかけを行い、
就学・就労復帰などの環境調整も重要となります。そもそも、大麻の使用
による依存性も懸念されることから、病院への通院や自助グループへの参
加も検討する余地があります。

■18歳の大麻■■■

　大麻所持で逮捕された18歳の少年を担当しました。少年は大麻の匂いが苦手で、
使うと頭がくらくらするとのことだったのですが、彼氏が好んで大麻を使ってい
たので同棲中の部屋に置いてあったとのことでした。付添人との接見当初から、
彼氏とはケンカばかりで別れたいと話していたので、家族に連絡を取って、同棲
中の部屋の荷物を引き取ってもらい、審判後は実家で生活してもらうこととなり
ました。そうはいっても、彼氏から連絡がないことを気にするなど、少年は彼氏
との生活に未練があるようでした。しかし、それも母親や祖母との面会を繰り返
し、家族に色々と世話をしてもらっているうちに、自分が家族から大切にされて
いることに気付き、最後にはすっかりと吹っ切れていた様子でした。
　この件は、18歳にも周囲の支援が大切だと感じさせられる事件でした。

⑵ 覚醒剤

㋐ 「覚醒剤」と少年

　覚醒剤は、非常に依存性が高い薬物であり、少年が使用していた場合、やめることが非常に難しく、一生覚醒剤を使用し、これを絶って生活することが困難となる場合もあります。また、少年が覚醒剤に手を出す背景には、大麻と同様、外的要因に問題を抱えていることも多く、反社会的勢力との関わりがあったり、いわゆる援助交際で相手から使用され、以降依存性から抜け出せなくなったりするなど、少年ひとりでは抱えきれない問題がある場合も多くあります。そのような特徴から、大麻以上に処分が重い傾向にありますので、これを踏まえた付添活動が必要です。

㋑ 「覚醒剤」と付添活動

　何より、覚醒剤は、他の薬物と同様あるいはそれ以上に依存性が高いため、治療の必要性が特に高いものといえます。病院への入通院だけでなく、自助グループへの参加を積極的に検討する必要があります。その際、少年ひとりでなく、保護者などの理解を得、協力を取り付けることも不可欠です。また、覚醒剤は、反社会的勢力が売人となっている場合が多いため、少年がその反社会的勢力とつながっている場合もあります。また、特に女子少年の場合、交際相手の影響下で覚醒剤を使っている場合もあります。よって、これらの場合に、それらとの関係を断絶させるなど環境調整を積極的に行う必要があります。このとき、少年が交際相手に依存しており、その関係を断つことを拒絶する場合もあります。非常に悩ましいものといえますが、当該少年と向き合い、粘り強く説得することも時には必要です。

⑶ シンナー

㋐ 「シンナー」と少年

　シンナーとは、「塗料の粘度を減少させるために使用する有機溶剤」（毒物及び劇物取締法施行令32条の2）をいいます。シンナーは、ビニール袋に入れて5分から10分吸引することで軽い意識障害を生じさせます。シンナーを使用したことがある人によれば、シンナーを使用すると、「ぼーっとした」「酔っぱらった」「眠くなった」等の酩酊状態となり、劣等感や暗い

気持ちを吹き飛ばすのには好都合であるようです。また、シンナーは、他の違法薬物に比べて、非常に入手しやすいため、以前は、少年によるシンナーの乱用が社会問題となっていました。現在、シンナーに手を出す少年の数は減少傾向にあるものの、以前としてその危険性は変わらず、前述の大麻・覚醒剤と並んで、慎重な活動が求められることはいうまでもありません。また、シンナーに手を出してしまった少年が、より刺激を求めて、大麻に手を出し、さらには覚醒剤に手を出すという事案も散見されます。そうならないためにも、早期に根本的解決を図らなくてはならないという意味でも、付添活動が非常に重要です。少年がシンナーを使用するきっかけは多岐にわたりますが、吸引のきっかけは、他人に誘われたり、人が吸うのを見て試しに吸ってみるというものが多いようです。シンナーを乱用する少年の大部分が、不安定さや不満感を抱えており、家庭環境の悪化により「居場所がない」ということが多くあるようです。

(イ) 「シンナー」と付添活動

　現在、少年事件におけるシンナーに関する事件は、大麻や覚醒剤事件に比べ、非常に減少しています。ただし、シンナーを使用した少年は、他の薬物事犯と同様、大きな問題を抱えている場合が多く、シンナーの依存性も相まって、問題に対するアプローチをしなければ、非行傾向が進み、ひいては大麻や覚醒剤などより強い薬物に手を出してしまうことにもなりかねません。付添活動のポイントは、他の薬物事犯の内容と重なりますが、上述の特徴を踏まえて、再非行防止に努めることが必要です。

4　性非行

(1)　「性非行」と少年

　「性非行」と一口にいっても、その内容は、強制性交（強姦）、強制わいせつといったものから、痴漢、盗撮、のぞき、公然わいせつなど多岐にわたります。また、広義では、わいせつ目的での住居侵入といったものも含まれます。

　少年の性非行の問題の難しさは、その背景に、少年特有（特に内面性）

の問題だけでなく、家庭の問題など様々な要因が複雑に絡み合うところにあります。そして、少年特有の問題という点では、最近の研究などによると、「思春期の性的欲求が発散した」という単純な話ではなく、自己統制力の欠如、認知の歪み、自己否定感、対人関係や親密性の問題、共感性の欠如などの特徴が複数絡んでいるといったことが往々にしてあるとのことで、さらには、これが家庭環境により醸成されたという報告も見過ごせません。また、発達障害を有している場合もあり、要保護性の把握は容易ではないということを念頭に置く必要があります。

(2) 「性非行」と付添活動

　以上の特徴等を踏まえると、付添人としてできることは、医療・福祉に繋ぐといった仲介的役割しか担えないかのように思われます。しかしながら、短い期間であっても、少年の更生に主体的に関わることは可能です。汎用性のあるアプローチとは異なりますが、以下では、少年との関わりにおいて、奏功した例をいくつか紹介します。付添人として、幅広い知識を有することも重要であることはいうまでもありませんが、地道に、かつ、全力で少年と向き合う覚悟が必要である場面であり、付添人活動としてもっともやりがいを実感できる一場面ともいえます。

(ア)　内省を深め、自己肯定感を高める

　自己否定感が強い少年に対し、内省を深める課題（自分の悪い点だけでなく、良い点を振り返らせる手紙を「自筆」で書かせる）を与えるだけでなく、これを付添人と細かく振り返り、良い点は褒め・伸ばし、悪い点をフォローするアドバイスを具体的行動として紹介するなどして、自己肯定感を得る「きっかけ」を与えることが考えられます。また、試験観察なども活用し、家裁調査官の助力を得るなどして、社会奉仕活動やレクレーションに参加してもらい、成功体験を積み重ねるといったアプローチも考えられるところです。

(イ)　認知の歪み等に対する働きかけ

　認知の歪みや共感性の欠如などが見られる少年に対し、（別の被害者の）被害体験に関する書籍を差し入れ、付添人と振り返り、自身の行為を俯瞰

して捉えさせ、また、被害者（やその家族）の置かれた状況にもまなざし
を持てるよう働きかけるといったことも重要です。

(ウ)　発達障害等に対する対応

　自己統制力の欠如や発達障害（特に注意欠陥・多動性障害〔ADHD〕）が
見受けられる少年に対し、病気というレッテルを貼った対応ではなく「あ
りふれた自己の特質や性状」として捉えなおさせることを前提（基本的な
スタンス）として、例えば、一日のスケジュールを紙に書きださせてお守
りとして携行させた上で事あるごとに見返すという「仕組み」をつくるこ
とや、感情のブレーキが利かない状況に当たったらその場から逃げる、と
いう実践可能な対処法を「習慣化」させる、少年の保護者に発達障害の特
徴やアプローチを紹介した書籍を読んでもらい、少年との向き合い方・関
わり方について働きかけるといった対応も考えられます。

5　暴走行為

(1)　「暴走行為」と少年

　ここでいう「暴走行為」とは、共同危険行為のことをいい、道路交通法
68条において、「2人以上の自動車又は原動機付自転車の運転者は、道路
において2台以上の自動車又は原動機付自転車を連ねて通行させ、又は並
進させる場合において、共同して、著しく道路における交通の危険を生じ
させ、又は著しく他人に迷惑を及ぼす行為」と規定されています。以前は、
暴走族として大人数で徒党を組み集団暴走を行うことが多くありましたが、
最近は、暴走族自体が減少しています。最近の傾向としては、SNSなど
で初めて会う少年同士が共同でバイクに乗って暴走することがあり、少数
で暴走することが多くなっているようです。

　共同危険行為の特徴は、①共犯関係にあることが多いこと、②事件から
時間が経過してから逮捕される場合も多いこと、③余罪がある場合が多い
こと、④他の少年事件に比べると再犯率が高いことが挙げられます。なお、
①の特徴から、捜査機関が、少年らの口裏合わせを防止するために容易に
身柄拘束を行おうとする傾向にあります。そのような場合、付添人として

は、不必要な身体拘束を解くよう準抗告の申立てをすることも速やかに検討する必要があります。

(2) 「暴走行為」と付添活動

まず何より、道路交通法規を含めたルールの重要性を自覚させる（規範意識の醸成）が重要となります。特に、少年は、道路交通法規があることは（何となく）知ってはいますが、何のためにあるのかといったことや、自己の暴走行為がどのような結果（交通事故による傷害ひいては死亡の結果だけでなく、騒音被害などの近隣住民の生活への不安の惹起など）を招くのかといったことの想像力に乏しいものです。また、自己の運転技術を過信していることも往々にしてあります（もとより、無免許の少年もいるはずです）。上述の特徴から、「自分は他の共犯少年より安全に運転して、交通事故も起こしてないから問題ない。」「前回より安全運転に努めたし、前回よりひどい暴走行為ではない。」など、少年が、自己の暴走行為を棚に上げて弁解することもあります。付添人としては、この点を諫め、自己の暴走行為の危険性に正しく向き合わせるよう、自己の暴走行為が招く結果につき、具体的にイメージさせることをはじめとして、交通法規を遵守させるための粘り強い働きかけが重要です。

また、暴走行為を始めるようなった原因・きっかけに目を向けた活動も重要となります。前述のとおり、SNSを通じてさして親しくもない少年らが集合するといったケースも散見されます。その場合、これら不良交友を絶たせること（SNSの利用制限など）が重要ですが、更に、保護者の監視監督の強化も重要です。また、少年が、自己の劣等感を埋める手段として、（特に集団での）暴走行為にのめり込むといった場合もあります。そのような場合においては、少年の興味・関心を引き出し、暴走行為以外に自己のエネルギーを投入できるよう、就労支援や進学への動機づけを行なうことも重要になります。もちろん、バイクを処分することや仮に残すとしてもその利用を制限する（例えば、保護者が鍵を管理するなど）といった直接的なアプローチも不可欠です。

第14章

虞犯事件

1　虞犯少年とは

　虞犯少年とは、法3条1項3号のイからニに掲げる事由（虞犯事由）があって、その性格又は環境に照らして、将来、罪を犯し、又は刑罰法令に触れる行為をするおそれ（虞犯性）がある少年をいいます（法3条1項3号）。

　なお、特定少年については虞犯規定の適用が除外されており、18歳19歳の少年が虞犯事件で立件されることはありません（法65条1項）。

　少年法は、この虞犯少年の他に、審判に付すべき少年として、犯罪少年と触法少年を定めていますが（同項1号、2号）、虞犯少年が未だ犯罪行為を行っていない点でそれらの少年とは異なります。

　「虞犯事由」としては、(イ)保護者の正当な監督に服しない性癖のあること、(ロ)正当な理由なく家庭に寄り附かないこと、(ハ)犯罪性のある人若しくは不道徳な人と交際し、又はいかがわしい場所に出入りすること、(ニ)自己又は他人の徳性を害する行為をする性癖のあること、が定められています。

　これらの列挙事由は、後述の「虞犯性」を客観化するために要求されたものですので、例示列挙ではなく限定列挙と解されています。

　「虞犯性」とは、その性格又は環境に照らして、将来、罪を犯し、又は刑罰法令に触れる行為をするおそれがあることをいいます。

　これについては、少年の性格や環境に照らし、抽象的、一般的にみて将来少年が特定の犯罪を犯す可能性があると予測できるという程度では十分ではなく、将来少年が特定の犯罪を犯す蓋然性が高いと認められることが必要であると解されています（松山家西条支決平成14年5月14日家月54巻10号72頁、東京家決平成12年10月3日家月53巻3号106頁）。

　犯罪や触法行為の特定について、裁判例においては、例えば「窃盗等の罪を犯すおそれがある」といった認定がされています。

2　虞犯事件の例

　虞犯事件といっても様々な例があります。例えば、長期間の家出や、暴力団関係者との交際、暴力団事務所への出入りといった事情のほか、援助

交際（売春にまで至らないものも含む）、売春行為、暴力的言動などを繰り返していて、将来罪を犯すおそれがある場合には虞犯事件として立件される可能性があります。

　他にも、犯罪行為をしているものの証拠が不足しているために虞犯少年として立件されるケースがあります。例えば、少年に大麻の使用反応はあるが、大麻自体は所持していないといった事案において、大麻には自己使用罪がなく、所持罪の立証も難しいため、虞犯事件で立件するといったものです。

　また、児童養護施設等の社会的養護の下で生活していたが、それに馴染めずに虞犯状態になり立件されるというケースもあります。

3　虞犯事件の特徴と注意点

　虞犯少年については、犯罪少年や触法少年のように犯罪構成要件という形で明確に対象行為が規定されておらず、将来における犯罪又は触法行為の危険性を審判対象としている点が特徴です。そのため、虞犯事件の場合は、審判対象が曖昧になるおそれがあるので、虞犯事由や虞犯性に該当するか否かを厳格に検証しながら安易に虞犯が認定されないように付添人活動をする必要があります。

　家庭裁判所へ送致される虞犯事件は、少年の要保護性が非常に高いことが多く、施設収容処分となる可能性が高いことが特徴です。他方で、少年の認識としては、犯罪を行ったわけではないので重い処分になると考えていないことが多く、少年が受ける可能性のある処分と少年の認識との間にギャップが大きいことも特徴といえます。そのギャップが大きいままで少年が施設収容処分を受けた場合、その後の少年の立ち直りにも悪影響を及ぼすことがあるので、その点に留意して付添人活動をする必要があります。

4 虞犯事件の特徴を踏まえた付添人活動

(1) 家庭裁判所送致前

　虞犯は犯罪ではないため、警察は刑事訴訟法上の「捜査」はできず、逮捕・勾留もできませんが、虞犯調査という任意の調査をすることができます（少年警察活動規則27条〜34条）。虞犯調査では、警察は少年に対して呼出し及び質問をすることができますが（同31条）、触法少年に対する触法調査の場合のような付添人選任権の規定（法6条の3）はなく、法テラスの少年保護事件付添援助制度の対象にもなっていません。

　虞犯調査の結果、警察は、少年の年齢に応じて、児童相談所に通告するか、家庭裁判所に送致します（少年警察活動規則33条）。警察から通告を受けた児童相談所長は、少年に対して福祉的措置をとるか、家庭裁判所に送致します（児童福祉法32条1項・27条1項）。

　これらの手続に、弁護士が関わることはあまりないと思われますが、保護者等から相談を受けた場合には、少年又は保護者から委任を受けた上で、警察に対しては、虞犯調査に黙秘権告知の規定がないことに鑑み、違法不当な調査が行われないように立会いを求めたり、児童相談所に対しては、家庭裁判所への送致の必要がない旨働きかけたりする等の活動をすることが考えられます。

　ただし、虞犯少年の場合、保護者の養育が極めて不適切であったり、虐待されていたりする場合も少なくありませんので、そのまま保護者の下に戻すよう活動することが必ずしも適切でない場合もあります。保護者からの相談を受けるにあたっては、そのような背景事情も把握するように努めましょう。

(2) 家庭裁判所送致後

　家庭裁判所に送致された虞犯少年は、観護措置をとられることが多く、弁護士が虞犯事件に関わることになるのも、当番付添人として少年鑑別所に出動してからということが多いでしょう。ただし、虞犯事件は、国選付添人制度の対象になっていませんので（法22条の3第2項参照）、私選の付

添人として活動することになります。その場合、法テラスの少年保護付添援助制度を利用することもできます。

　家裁送致後の付添人の活動内容は、犯罪少年及び触法少年と同じといえますが、特に注意すべき点が2点あります。

　まず、虞犯事件の場合は、犯罪構成要件という形で審判対象が規定されていないので、審判対象が曖昧になる危険性があります。そのため、当該事案における、「虞犯事由」及び「虞犯性」の存否について、十分に確認することが必要です。

　次に、虞犯事件は特に要保護性の高い少年を捜査機関が立件しているため、虞犯事件で家裁送致される少年は要保護性が非常に高いといわれています。したがって、その要保護性の解消につながる環境調整も極めて重要となります。

　以下では、虞犯事件において注意すべき、①虞犯事由及び虞犯性の確認、②環境調整についてみていきます。

(3)　虞犯事由及び虞犯性の確認について

　虞犯事件は、前述のとおり、虞犯事由及び虞犯性に該当するか否かを厳格に検証し、安易に虞犯が認定されないように活動をする必要があります。

　例えば、法3条1項3号イの条項をみると、保護者の「正当な」監督に服しないこととされており、ロの条項では、「正当の理由がなく」家庭によりつかないこととされていますが、少年の家出の原因が保護者の激しい体罰にあったりする場合には、家出することもやむを得ないとも考えられるので、少年からよく事情を聞くことが大切になります。そのような事情があるにもかかわらず、少年が少年院送致処分を受けたりすると、少年にとっては、「何も悪いことをしていないのに、なぜ自分が少年院に行かなければならないのか」という思いを強く持たせることになりかねず、その後の立ち直りにも悪影響を及ぼすことがあるからです。

　虞犯には、①どの範囲の行為を1個の虞犯事実とみるか（虞犯事実の同一性）、②犯罪として家裁送致された事件の審判において、虞犯事実を認定することができるのか（犯罪から虞犯への認定替え）、③虞犯として家裁

送致された事件の審判において、犯罪事実を認定することはできるのか（虞犯から犯罪への認定替え）、④虞犯事実と犯罪事実との間に同一性が認められない場合において、虞犯事実を犯罪事実に吸収できるか（虞犯の吸収）、といった理論的問題点があります。

　このような問題が生じる場合、少年や付添人が防御の対象と捉えた事実と審判で認定される事実とが異なる結果となり、少年にとって不意打ちになることが考えられるので、防御の機会の保障といった観点から安易に非行事実の認定がなされないように注意しつつ、理論的な問題点を踏まえた活動をする必要があります。

⑷　環境調整

　虞犯少年は、家庭崩壊、虐待、貧困等の劣悪な家庭環境におかれ、保護者の適切な監護が行われていなかったり、家出を繰り返す少年に保護者もお手上げ状態で、保護者が施設収容を希望していたりするケースも少なくありません。

　少年も、その劣悪な家庭環境や生育歴などから、情緒的な混乱や対人不信が強い場合があって、積極的に発言をしないことがあり得ます。

　そのため付添人としては、通常の少年事件以上に面会を重ねて、少年の思いを引き出していくとともに、現在の行動の問題点を気づかせるように働きかけていくことが重要です。場合によっては、医師等の他の職種と連携しながら対応することも考えられます。

　また、少年の話をよく聞いて虞犯に至った背景事情を明らかにするよう努めなければなりません。虞犯に至った背景事情が家庭にあるならば、家庭以外の委託先の確保などの社会資源の開発に力を注ぐ必要があります。特に、既に児童養護施設等の社会的養護の下で生活していたのに、それに馴染めずに虞犯立件された少年の場合、社会福祉では行き場がない場合もあるので、その他に幅広く少年の生活場所を探す必要があります。

　少年を家庭に戻すよう活動するにしても、家庭以外の委託先を探すにしても、保護者との間で、これまでの少年との接し方や生活環境について、今後どのように改善していくのかについて話し合いをしなければなりませ

ん。

　このように虞犯事件の環境調整は通常の事件以上に大変となりますが、それに成功すれば、少年が劇的に変化していく過程に接することが可能であり、付添人としてやりがいのある事件といえるでしょう。

第15章

触法事件

1　触法少年とは

　触法少年とは、14歳未満で刑罰法令に触れる行為をした少年をいいます（法3条1項2号）。刑法で刑事責任能力が14歳と定められているため、14歳未満の少年は刑罰法令に触れる行為を行っても犯罪とはならず、「触法」少年と呼ばれます。年齢は審判時ではなく、触法行為時が基準とされます。

　14歳未満ということ以外は「犯罪」少年と同じですが、実際に刑罰法令に触れる行為をしている点で「虞犯」少年とは異なります。

2　触法事件の特徴（児童福祉と少年司法の重なり）

　刑事責任能力がない14歳未満の低年齢の子どもが刑罰法令に触れる行為を行うということは、一般の少年事件に比しても、その背景に、例えば家庭内における虐待や不適切な養育環境、学校等でのいじめ、教師の不適切な指導といった生活環境上の問題があったり、子ども自身に精神疾患や発達上の障害などがあったり（第11章参照）、さらにはこれらが複雑に絡み合ったりすることが多いと思われます。また、以上のような背景を持つことに加え、低年齢ゆえの発達や表現能力の未熟性から少年と意思疎通を図ることも困難なことが多いと思われます。

　触法事件に弁護士として関わる場合は、以上の特徴を踏まえ、福祉的・教育的、さらに児童精神医学的な知識も踏まえて少年に関わる必要があります。

　児童福祉法は、満18歳に満たない者を「児童」と定め、全て児童は「福祉を等しく保障される権利を有する」としています。したがって、満18歳に満たない少年が行った犯罪ないし触法行為に関しては少年司法と児童福祉が重なり合うことになりますが、後述するように「触法」少年の調査や処遇は福祉的な対応を優先させ、司法機関より児童福祉機関（児童相談所）が先に判断するという仕組みがとられています（児童福祉機関先議主義）。

　このように児童相談所が福祉的な対応を行う場面においては弁護士が付

くことが制度として保障されていません。しかし、少年の保護者から相談を受けて保護者の代理人として児童相談所に要望を伝えたり、事実関係を尋ねたり、場合によっては児童相談所の処置に対して不服申立てを行うなどの活動が考えられます。それゆえ、ここでは単に少年法の知識だけではなく、児童福祉法の知識も合わせて持っておく必要があります。

3 触法事件の手続の流れ（概要）

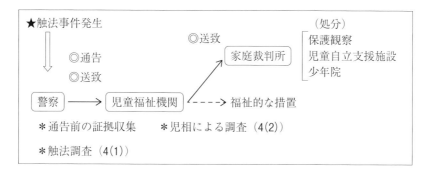

前述のとおり14歳未満の少年の行為は「犯罪」になりません（刑法41条）。そのため、少年が刑罰法令に触れる行為をしても刑事訴訟法上の「捜査」は行われません。また、触法少年が逮捕・勾留されることはなく、刑罰を科されることもありません。

触法少年について警察の証拠の保全や収集は、原則として、児童相談所などの児童福祉機関に通告（児童福祉法25条）するための準備行為としての意味を持つにすぎません。また、通告はあくまで職権行使を促す通知行為ですので、通告を受けた児童福祉機関は、いわゆる「全件送致主義」と異なり、必ずしも事件を家庭裁判所に送致しなければならないわけではなく、児童福祉機関において調査、適切な措置を行うことが予定されています。

そして、その措置の中で、児童福祉機関が家庭裁判所に送致するとの判断を行った場合に初めて触法事件が家庭裁判所に係属することになります。

どんな場合に触法事件が家庭裁判所送致になるかは児童福祉機関の判断によりますが、殺人や放火、強制性交などいわゆる重大事件などは家庭裁

判所送致になる可能性は高いと考えられます。こうした重大事件を起こす14歳未満の少年は、要保護性が非常に高いと考えられます。

　なお、少年が事件を否認する場合に、児童相談所として事実認定は困難であるとして事実認定を行わず家庭裁判所送致にしようとした事例がありました。この点については、**4**(2)で検討します。

4　各手続段階における弁護士の関わり

(1)　警察官の触法調査と弁護士付添人

　警察が触法事件について「捜査」を行うことはできませんが、警察官は「触法少年であると疑うに足りる相当の理由のある者を発見した場合」、必要があるときは、「調査」を行うことができます（法6条の2第1項）。

　この場合、警察官は触法少年を呼び出して質問することができます（法6条の4第1項）。ただし、同質問は強制にわたることがあってはならないとされ（同2項）、逮捕・勾留といった身体拘束を伴う措置を取ることはできません。その一方で、調査に当たって黙秘権告知の明文がありません。

　また、警察官は、必要がある場合には強制処分としての押収、捜索、検証、鑑定嘱託を行うことができます（法6条の5）。

　以上の警察官の「調査」権限は2007年の改正法で認められたものですが、同時に、少年及び保護者は、触法調査に関し、いつでも、弁護士である付添人を選任することができるようになりました（法6条の3）。ただし、家裁送致後の付添人とは異なるため、いわゆる国選付添人制度（「捜査」ではないので被疑者国選制度もない）はなく、したがって、少年ないしその保護者が自ら選任する必要があります。

　ここでの付添人の役割は、少年に対する法的なアドバイスを行うと共に、警察の調査が適正に行われるよう監視し、少年の権利擁護のために活動することです。そして、少年事件の一般的な特徴で述べたような、少年の未熟さや言葉の理解力、表現力に乏しく、コミュニケーション能力も十分ではなく、誘導に乗り易く大人に対する迎合性が強いという特徴は、触法少年の場合、より一層当てはまります。このため、通常の少年事件以上に時

間をかけて少年の言い分に耳を傾け、事実を確認していく作業が必要となります。特に理詰め、決めつけの質問に対しては、少年は自分の考え方が間違っていると思いがちであり簡単に誘導に乗ってしまいます。これは付添人が行う事実の聴き取りにおいても起こり得ることだと肝に命じて話を聞くことが大切です。

　以上のような点に留意して丁寧な聴き取りを行った上で、警察官から虚偽の供述調書が作成されないよう働きかけを行うことは当然ですが、警察の事情聴取後に少年から話を聞いた結果、警察の認識と少年の認識が異なる場合は、少年から聴き取った内容を書面にして警察に提出し、警察の誤った認識を正すというやり方もあります（もっとも、付添人が書面化する場合は、それ自体が誤った内容にならないよう最大限の注意が必要です）。

　こうした付添人活動をより充実させるためには、一歩進んで、弁護士付添人が警察の取調べに立ち会うことが望ましいと考えられます。しかし、警察の取調べに対する弁護士の立会権は権利としては認められておらず、警察の触法調査にあたって「少年の保護者その他の当該少年の保護又は監護の観点から適切と認められる者の立会いについて配慮する」とし、「適切と認められる者」については、「弁護士である付添人等が対象となり得る」とされているに止まります（少年警察活動推進上の留意事項について（依命通達）・第6触法調査）。ただし、立会いが認められた事例もあるようであり、必要な場合には警察に触法調査への立会いを申し入れることも重要です。

　警察官は、触法調査の結果、当該少年が要保護児童（＝保護者のない児童又は保護者に監護させることが不適当であると認められる児童）であると認めた場合は、児童相談所に少年を通告することになります（児童福祉法25条）。

　また、いわゆる重大事件（①故意の犯罪行為により被害者を死亡させた罪、②死刑又は無期若しくは短期2年以上の懲役若しくは禁錮に当たる罪）の場合、その他、家庭裁判所の審判に付することが適当であると思料する場合は、児童相談所長に事件を送致しないといけないとされています（法6条の6第1項）。前述の通告は、児童相談所の職権行使を促す通知行為に過ぎな

いものであるのに対し、送致は、事件が児童相談所に係属し職権行使を委ねる行為です。

(2) 児童相談所の調査及び福祉的な措置

　児童相談所は、警察から通告あるいは送致を受けた触法事件について、担当となった児相職員（児童福祉司や児童心理司など）が、触法事件の背景として、少年の生活歴、生育歴、性格、家庭環境、家族の状況、居住環境や学校等での状況などについて、医学（特に精神医学及び小児医学）、心理学、教育学、社会学、社会福祉学等の専門的知識・技術を効果的に活用し、客観的に行い、心理所見としてまとめます。また、14歳未満の少年が突発的に重大事件を起こした場合などその動機や背景が十分理解できないケースにあっては、児童精神科医による診察などが行われ、嘱託医師の意見として所見が示されることもあります。

　児童相談所長は、最終的に福祉的措置をとるのか、家庭裁判所に送致するかを決定します。前者の福祉的措置には、児童又は保護者への訓戒、誓約書の提出、児童福祉司等の指導、児童福祉施設（児童養護施設、児童自立支援施設等）入所措置、里親委託があります（児童福祉法27条1項1号〜3号）。

　以上のとおり触法少年に対する処遇の第一次的な決定権限は児童相談所長にあるので、家裁送致前に依頼を受けた弁護士としては、少年ないし保護者の代理人として（※警察官の触法調査が終了し、かつ、家裁送致前の時点では、弁護士が付添人として活動することは少年法上保障されていない点に注意が必要です）、担当の児童福祉司や児童心理司と意見交換を行い、少年らの意向を十分確認したうえ、児童相談所宛てに少年にとって適切だと考える処遇について意見を述べるなどの活動を行うべきです。特に児童福祉施設に入所する措置は、福祉的な措置であるとしても身体拘束を伴うものであるから十分な意見交換が必要となります。

　なお、要保護性解消のための活動については、**5**(5)でまとめて記述しています。

　3(1)で述べたとおり、少年が事実を否認する場合、児童相談所が事実の

存否について判断せず、その認定を家庭裁判所に委ねようとすることがあります。

　実際の例として、小学生で軽度の知的障害を持つ少年が事実を否認しているものの、警察の長時間にわたる追及に抗しきれず、警察が作成した自白調書に署名・指印させられた事例において、児童相談所が、事実に争いがあるとして自ら事実認定をせずに家庭裁判所に送致しようとしたことがありました。確かに、事例によっては、家庭裁判所の審判手続を経ることが少年の供述を公正に判断するための適切な手段と考えられることもありますが、この事例のように既に警察の自白調書がある場合、伝聞法則の適用がない少年審判では、勢い自白調書に対する弁解・説明を求める糾問的な審判になる可能性があり、14歳に満たない少年（このケースでは上述の事情もある）がそうした審判に耐えうるかという懸念もあります。この事例においては、弁護士が少年の言い分を十分に聴き取って書面にまとめ、その裏付けとなる証拠を添えて児童相談所に提出するとともに担当の職員と意見交換することによって、少年の供述に一定の合理性があると理解が得られたことから、家裁送致をせずに児童相談所において適切な措置を行うという形で処理されました。

　本来、児童相談所としても可能な限り調査を行い、その結果、触法事実が認められないと判断した場合には、家庭裁判所に送致しない扱いとすべきです。

(3)　一時保護と弁護士の活動

　児童相談所は、警察官から通告ないし送致を受けた触法事件について、児童相談所長が一定の措置をとるまでの間、触法少年の安全を迅速に確保し適切な保護を図るため、又は触法少年の心身の状況、その置かれている環境その他の状況を把握するため、一時保護所に入所させるなどの「一時保護」処分をとることができます（児童福祉法33条）。この場合、当該少年や保護者の同意は必要とされていません。

　この期間は2か月間を超えてはいけないとされており（児童福祉法33条3項）、「やむを得ない事情」があってさらにその期間を延長する必要があ

る時は、保護者の同意が得られない場合、家庭裁判所の承認を得なければならないとされています（児童福祉法33条5項）。

　弁護士としては、一時保護期間の延長が真に必要なのかは十分検討しておく必要があると考えられます。安易な延長に対しては、保護者の委任を受けて保護者の代理人として意見を述べたり、少年が一時保護に関する家庭裁判所の審判手続に利害関係参加をして、『子どもの手続代理人』として意見を述べたりすることが考えられます。

　ところで、この「一時保護」を利用して、警察の触法調査が行われる場合があります。前述のとおり、触法事件について「調査」が行われる場合でも、触法少年を逮捕・勾留することはできません。軽微な事件の場合は、在宅で触法調査を終えて、児童相談所への通告あるいは送致が行われるのですが、いわゆる重大な触法事件などの場合、警察官は事件の発生を認めた後、簡単な事実調査を行ったうえ直ちに児童相談所に通告し（児童福祉法25条）、通告を受けた児童相談所長が「一時保護」の措置をとって少年の身体を拘束するのを利用して触法調査を行うのです。

　この場合、原則的に児童相談所内で警察官の触法調査が行われることになりますが、少年にとっては、身体拘束されている事実は同じであることから、弁護士は、少年に対する精神的圧迫が軽減されるよう、付添人として（法6条の3）自ら警察の調査に立ち会ったり、児童相談所と相談して児相職員の立会いを求める等の対応をすべきです。

5　家庭裁判所による調査・審判

(1)　概要

　児童相談所での調査が終わり、児童相談所長が家庭裁判所に送致するのが相当であると判断した場合は、事件が家庭裁判所に送致されます。

　その後の手続は犯罪少年の場合と同じです。すなわち、家庭裁判所送致後は、審判期日までの間に家庭裁判所調査官による調査が行われ、審判を経て処分に関する決定が言い渡されます。

　家庭裁判所に事件が送致されれば、弁護士は付添人として活動を行いま

す。送致前に警察の触法調査において付添人として選任されていた場合も、家庭裁判所送致後はその選任の効力は失われますので、改めて少年ないし保護者から付添人の選任を受け、選任届を家庭裁判所に提出する必要があります。また、国選付添人の選任を受けることもあります。

(2) 観護措置

　家庭裁判所送致後に家庭裁判所が観護措置の必要があると判断した場合は、観護措置をとり少年は少年鑑別所に収容されます。ただし、触法少年の場合、観護措置の更新は1回に限られ、特別更新はありません（法17条4項）。

(3) 被害者等の審判傍聴制度

　触法事件の中で12歳以上の少年が犯した場合は、被害者等の審判傍聴の対象となります（法22条の4第1項）。

　この場合、家庭裁判所が傍聴を許可するか否かを判断するにあたって「同号（＝法3条第1項第2号）に掲げる少年が、一般に、精神的に特に未成熟であることを十分考慮しなければならない」（法22条の4第2項）とされているので、付添人が審判傍聴に対する意見を述べるにあたっては、その点を意識して意見を述べることが必要になります。

(4) 審判

　家庭裁判所調査官の調査官意見や観護措置がとられた場合には少年鑑別所の鑑別意見も踏まえ、家庭裁判所は触法少年に対して処分の決定を言い渡します。

　その内容は犯罪少年の場合と同様ですが、触法少年は刑事責任能力が無いので検察官送致の決定はありません。また、審判の結果、施設収容が相当であると判断した場合も、直ちに少年院送致ではなく児童自立支援施設など福祉的な措置がとられる場合が多いと考えられます。しかし、児童自立支援施設も家族から離れた施設への収容措置であり、強制的な措置がとられる場合もあることから、付添人として社会内での更生が可能と考えられ

る限りは、少年の家庭環境はもちろん、義務教育である小学校・中学校の受入態勢などを十分整えるなどの活動を行うことが重要です。

　ところで、保護処分決定時に14歳未満の少年に対しても、「特に必要と認める場合に限り」という条件の下で少年院送致ができます（法24条１項但書）。その年齢は概ね「12歳以上」（少年院法４条１項１号・３号）とされています。

　この規定は、2007年改正法によって、厳罰化の流れの中で導入されたものでもあり、本来、少年の健全育成を目指す少年法の理念と緊張関係に立つものです。したがって、付添人は、施設収容は止むを得ないという場合であっても、触法少年の特性から、家庭的な場所で育て直しが図られるような福祉施設としての児童自立支援施設などの送致を求めるべきです（少年の安全等の配慮から、強制的な身体拘束が必要な場合には、国立の武蔵野学園など強制措置がとれる施設も考慮しておくことが大切です）。

　いずれもしても、少年院送致が検討される事例は、重大事件である反面、少年に多くの問題、課題があるケースです。そして、福祉的な措置を求めるとなれば、審判後も児童相談所が関与することになりますので、担当の児童相談所の職員らとの連携を十分に取っておくことが大切です。

(5)　要保護性解消のための活動

(ア)　少年自身の問題点の解消

　(2)(3)で触れたとおり、触法事件は類型的にも要保護性が高いと考えられますが、それは、少年自身が抱えた問題（未熟性や障害・精神疾患など）が根深いことに由来します。

　障害や精神疾患を抱えた少年については、第11章で詳述したとおり、早い段階から専門的な知見や適切な機関を取り入れた活動が必要です。同章を参考にしてください。

　なお、突発的な重大事件などで家裁送致前に児相の調査において鑑定医師の所見が示されている場合は、当該医師と直接面談し、どういう治療が必要かなどの見解を受けて治療体制（場合によっては入院の相談）などを構築することが望まれます。

また、児童精神科（心療内科）クリニックや専門機関に通うことを条件に在宅で試験観察を行うことを求め、その間に治療計画などを構築して在宅処分につなげたケースもあります。

(イ)　家庭環境

　触法少年の家庭は、少年に対して適切な養育を行う力が不足しているケースが多く、家庭に対する働きかけだけで少年の要保護性を解消するには困難なケースが多いのが実情です。とはいえ、触法少年にとって、多くの場合、生活の本拠が家庭にある以上、まず同居する家族への働きかけを試みるべきです。

　家庭の問題点を正確に把握するためには自宅訪問は不可欠であり、家の中が片付けられているか、食事は誰が用意し、どんなものを食べているのか、少年の部屋はあるのか、置かれている写真立ての中の少年や家族の様子など家の中の状況をつぶさに観察することから要保護性解消に向けての活動が始まると言って過言ではありません。家庭が経済的に破綻しているケースにあっては、生活保護の申請を促し、その申請に同行することもあります。また、それを通じて行政機関が家庭内に介入することで、児相などの他の行政機関が介入し家庭を支えるきっかけとなることもありました。逆に、既に児相等が介入しているものの児相との関係が壊れていたり、学校との関係もこじれていて、親を含む家族が孤立しているケースも珍しくありません。親が極端に少年に対して庇護的な態度を取る場合、こうした孤立した状況にあることがよく見受けられます。このような場合、親が被害意識を強く持ち、周囲の方の適切な助言や支援を素直に受け入れることができない心境に陥っています。こうした時には、親が少年の課題に正面から向き合うよう粘り強く働きかけていくとともに、付添人が児相や学校等との橋渡しをしながら、両者の関係の修復を図り、家族への支援が行き届くよう調整していくことが大切です。

(ウ)　学校関係

　触法少年にとって、家庭以外に唯一と言える居場所が学校です。そのため、付添人は必ず学校を訪問し、担任、学年主任、教頭、校長等少年に直接かかわる教員（場合によっては、養護教員）に会って率直な話を聞いてみ

ることです。少年が学校外でのみ問題行動を起こしている場合もあります
が、学校の中で問題行動を起こし、他の生徒の学習を妨害したり、他の生
徒の学校生活や成長に悪い影響を及ぼしている存在であることも多く、教
員は少年の対応に大変に頭を悩ましているということも多くあります。そ
うした場合、教員の方々も少年の対応に疲労困憊し、義務教育でありなが
ら、学校では面倒見切れないと言われる教員もいます。付添人は、こうし
た教員の苦労を受け止め、どこまでも学校に寄り添いながらも、しかし、
教員に対し少年を学校に受け容れる気持ちを持ってもらうとともに、その
ための学校全体の体制を組んでもらうよう訴えていくことが重要です。

　試験観察中、元々怠学傾向にあった少年に対して、学校に行くことを課
題として設定し、付添人自身が学校と連携を取り、少年が学校に来ない日
は、学校から付添人に連絡をもらって、付添人が少年や親と連携を取って
学校に行かせるよう関わったケースや、反対に、他の生徒に悪影響を及ぼ
すから学校に来て欲しくないと話していた教員と協議し、学校が提示する
複数の条件を少年が守ることを約束させ、付添人が監督しながらそれを実
行させて学校に戻ることができたケースなど、付添人として、学校に居場
所を求める以上は、学校との信頼関係を構築し、学校と協力することが必
要となります。

第16章

子ども虐待

1 子ども虐待とは

　子ども虐待とは、子どもを監護する立場にある大人が、その子どもに対して暴力を加え、または必要とされる監護を行わないことをいいます。児童虐待の防止等に関する法律は、児童（18歳未満の者）に対して保護者が行う次の行為を「児童虐待」と定義しています（2条各号）。

身体的虐待（1号）：児童の身体に外傷が生じ、または生じるおそれのある暴行を加えること。（例）殴る、蹴る、水を浴びせる、アイロンを押し付けるなど。

性的虐待（2号）：児童にわいせつな行為をすること、または児童をしてわいせつな行為をさせること。（例）性交する、性器を触る、性交を見せる、裸にさせて写真に撮るなど。

ネグレクト（3号）：児童の心身の正常な発達を妨げるような著しい減食、または長時間の放置、保護者以外の同居人による前2号又は次号に掲げる行為と同様の行為の放置、その他の保護者としての監護を著しく怠ること。（例）食事を与えない、乳幼児を家に置いたまま外出する、医療を受けさせない、パートナーによる虐待を放置するなど。

心理的虐待（4号）：児童に対する著しい暴言、または著しく拒絶的な対応、児童が同居する家庭における配偶者に対する暴力（配偶者（婚姻の届出をしていないが、事実上婚姻関係と同様の事情にある者を含む。）の身体に対する不法な攻撃であって生命または身体に危害を及ぼすもの、およびこれに準ずる心身に有害な影響を及ぼす言動をいう。）その他の児童に著しい心理的外傷を与える言動を行うこと。（例）お前はバカだ、お前なんて生まれてこなければよかったなどと告げる、部屋に閉じ込めて勉強することを強いる（教育虐待）、

　　　　　子どもの面前で配偶者に対して暴力を行う（面前
　　　　　DV）など。

　虐待もネグレクトも、子どもの成長発達にマイナスの影響を与える点で
は共通していますが、行為態様や、加害者側の背景事情に違いが見られま
す。児童虐待防止法はまとめて「児童虐待」としていますが、最近では虐
待とネグレクトを区別した上で、両者を総称する概念として「不適切養育
（Maltreatment）」と呼ぶことも増えています。

　なお、児童虐待防止法の「児童虐待」は対象が18歳未満の人に限られま
すが、18歳以上の少年が児童虐待と同様の行為を受けていることもありま
す。そのため本章では、年齢を問わず広く問題を捉えるため、「子ども虐
待」という表現を用いています。

2　子ども虐待が子どもたちに与える影響

　子ども虐待が、子どもの心身の発達に多大な影響をもたらすことは言う
までもありません。本来は安全が確保されているはずの家庭で心身がおび
やかされる経験は、身体的、心理的、そして社会的に大きなダメージをも
たらします。

　とりわけ近年は、虐待が脳の発達を阻害することが脳科学の知見で明ら
かになっており、注目を集めています。たとえば、厳格な体罰を長期かつ
継続的に受けた人は、感情や思考のコントロールにかかわる右前頭前野内
側部の容積が小さくなり、問題行動を起こす確率も高くなるなどと指摘さ
れています。

　このように、虐待と非行は密接に関係しています。少年と面会する中で、
親にひどく殴られている、二度と家に帰ってくるなと言われているといっ
た話を聞くことは珍しくありません。少年矯正統計によれば、少年院の新
収容者（2020年）のうち、虐待を受けた経験のある少年は男子で32.2%、
女子で53.8%に上ります。

　もちろん、虐待を受けた子どもに必ず非行が見られるわけではありませ

ん。脳へのダメージも、子どもの脳には可塑性があるとされ、早いうちに手を打つことで回復は可能だと考えられています。付添人は、少年の立ち直りに向けた活動を通じて、虐待を受けた子どもが人生を取り戻す過程にかかわることになります。

3　虐待を受けた子どもの保護と支援

　児童虐待防止法は、虐待を受けたと思われる児童を発見した者に広く通告義務を定めています（6条1項）。通告を受けるのは市区町村と児童相談所です。

　児童相談所は、子どもを保護者から引き離す必要があると考えたときは、子どもを一時保護します（児童福祉法33条1項）。一時保護された子どもは、児童相談所に併設された一時保護所や、児童相談所から委託を受けた里親や施設、病院などで過ごします。一時保護の期間は2か月以内で（同条3項）、2か月を超えて一時保護を行うときは、家庭裁判所の承認を得なければなりません（同条5項）。

　一時保護をしている間、児童相談所は子どもの意向や家庭の状況を調査し、子どもがどこで生活していくのが適切かを検討します。その結果、引き続き親元から離れて生活したほうがいいと判断したときは、里親に委託したり、児童養護施設や児童自立支援施設などに入所させたりします（同法27条1項3号）。この入所措置は、原則として保護者の意に反して行うことはできません（同条4項）が、虐待がある場合など、その保護者に監護させることが著しく子どもの福祉を害するときは、家庭裁判所の承認を得ることにより、保護者の同意がなくても行うことが認められています（同法28条1項）。このように、里親家庭や施設など、家庭以外の場所で子どもを養育する仕組みは「社会的養護」と呼ばれます。

　虐待を受けた子どもがすべて一時保護を受けたり、社会的養護を受けたりするわけではありません。むしろ多くの子どもたちは、児童相談所や市町村の支援を受けながら、家庭で暮らしています。一時保護を受けた後に家庭に帰る子もいれば、児童養護施設に措置された後、非行があるという

ことで児童相談所から家庭裁判所に送致される子もいます（同法27条1項4号）。

　少年から、保護されたことがある、施設で暮らしていたことがあるといった話を聞いたときは、どの機関がいつ、どのようにかかわったのかをよく確認しましょう。

　子ども虐待に関する基本的な制度や法的な枠組みについては、日本弁護士連合会子どもの権利委員会編『子どもの虐待防止・法的実務マニュアル〔第7版〕』（明石書店、2021年）に詳しく掲載されています。

4　子ども虐待が関係する少年事件における付添人活動

(1)　子どもとのかかわり方

　虐待を受けた経験のある子どもの中には、大人に対して強い不信感を抱いていたり、落ち着いて話をすることが苦手だったりする子もいます。非行の原因を過去の被害に求め、現実に向き合えない子もいれば、知的障害や発達障害がある子にも出会います。しかし、このような傾向は、虐待を受けているかどうかにかかわらず、非行のある子どもに多かれ少なかれ見られるものです。子どもを一人の人間として扱うこと、否定せず受け止めること、自己決定を尊重することといった基本に立ち返りながら、子どもと向き合いましょう。

　子どもとのかかわり方に悩んだときは、バイステックの7原則が参考になります。相談援助職がクライアントと適切な援助関係を構築するために必要な原則をまとめたものです。詳しくは、F・P・バイステック著『ケースワークの原則〔新訳改訂版〕』（誠信書房、2006年）を参照してください。

(2)　児童相談所との連携

　虐待を受けた子どもの多くは、過去に、あるいは現に、児童相談所に一時保護されたり、里親家庭や施設で生活したりした経験を持っています。児童相談所は、かかわった子どもについて、家族の状況、本人の特性、心理検査の結果など有用な情報を児童記録にまとめているので、児童相談所

の関与があったことが分かったときは、速やかに児童相談所と連絡を取り、情報の把握に努めましょう。特に前歴がなく、要保護性に関する情報が乏しい子どもについては、児童相談所から得られる情報が付添人活動の方向性を大きく左右します。

　児童相談所が送致した事件（児童福祉法27条1項4号）については、児童相談所としては手を尽くしたと考えていることが多いので、特に在宅処遇に向けた付添人活動には積極的に協力してくれないこともありますが、子どもの最善の利益のために行動する立場にあることは付添人と変わりません。適切な距離を保ちながら、必要な協力を求めましょう。

(3)　社会資源の活用

　虐待を受けている子どもは、最も重要な社会資源であるはずの親の適切なかかわりが期待できません。虐待をしているにもかかわらず子どもを自宅に連れ戻そうとする親もいて、親からの分離が重要な課題となるケースもあります。したがって、自宅以外の生活場所を探すことが、付添人活動の中心を占めることも珍しくありません。

　自宅以外の生活場所としては、補導委託先や自立準備ホーム、住み込み就労など、非行のケースでよく利用するもののほか、次のようなものがあります。

　　児童養護施設・里親：虐待を受けた子どもの生活場所として広く利用されています。児童相談所の措置（児童福祉法27条1項3号）により利用します。非行のある子どもの受入れには消極的なところも多いですが、地域によっては、年長の子どもでも積極的に受け入れている施設や、発達障害の子どもを中心に受け入れている里親家庭もあります。児童相談所に相談してみましょう。
　　自立援助ホーム：児童福祉法に基づく児童自立生活援助事業を実施する施設です。児童養護施設や児童自立支援施設と異なり、

　　　　　　　児童相談所による措置ではなく、子どもとホームとの
　　　　　　　契約により入所します。大きめの一軒家で、6人前後
　　　　　　　の定員で運営しているところが多くなっています。子
　　　　　　　どもは毎月3万円くらいの利用料を支払い、日中は仕
　　　　　　　事や学校に行って過ごします。スタッフが常駐してお
　　　　　　　り、家庭的な雰囲気で生活できるのが魅力ですが、数
　　　　　　　が少なく、なかなか入所できないのが難点です。
子どもシェルター：児童相談所の一時保護所になじめなかったり、18歳
　　　　　　　になっていて児童福祉法に基づく一時保護を受けら
　　　　　　　れなかったりする子どもを緊急で保護するための民
　　　　　　　間施設です。多くは自立援助ホームの一類型として
　　　　　　　運営されています。入所した子どもに子ども担当弁
　　　　　　　護士（コタン）と呼ばれる専任の弁護士が就くのが
　　　　　　　特徴です。

　ここに挙げたもの以外にも、障害者向けのグループホーム、DVシェル
ターや婦人保護施設、生活困窮者自立支援法に基づくシェルターや自立支
援センターなど、さまざまな分野に利用できる可能性のある制度が存在し
ます。また、親族宅や知人宅などのインフォーマルな資源を活用する視点
も重要です。
　付添人がウェブで探して、片っ端から問い合わせることもできますが、
同じ施設でも地域によって運用が違ったり、同じ地域にあっても特徴が違
っていたりと、ウェブ検索では把握できない情報も多くあります。経験の
ある弁護士や相談機関の助けを得ながら、スケジュールを意識して活動し
ていきましょう。

■親心子心■■■

少年は中学2年生。昼夜逆転生活で学校には行かず、万引きと家出を繰り返し、

虞犯で送致された。両親は、物心つく前に離婚、母子家庭で育った。母親は、「施設に入れてほしい。」。調査官の意見も少年院送致だった。面会時の少年は、多弁で反省は見られない。しかし、審判当日、裁判官の質問に涙を流し、反省の言葉を語り始めた。休廷後、裁判官が言い渡したのは試験観察だった。試験観察開始後は、学校にも行けた。家庭訪問をしたある日、母親から教えてもらった、少年の名付け親は父親だということを伝えた。少年は、母親の前で泣きながら、ある時知った父親の連絡先に電話をしたこと、父親からまた電話するねと言われて待っていたが電話はなく、その後は電話がつながらなくなったこと、母親がいつも忙しくて構ってくれず寂しかったことを話した。ところが、母親は、「今は違うでしょ。」の一言。部屋に閉じこもった少年を抱きしめた。それ以後、少年は学校に行かなくなり、元の生活に戻ってしまった。結果は少年院送致。退院後、母親から預かったお土産を手に会いに来てくれた。親はなかなか変われない。でも親子互いの気持ちが少しはわかるようになっただろうか。

第17章

改正法について

1 はじめに

　2021年（令和3年）5月21日、少年法等の一部を改正する法律案が参議院で可決・成立しました。

　これまで18歳19歳の者は、少年法上「少年」として、18歳未満の少年と同じ扱いでした。改正後の少年法では、「特定少年」とされ、これまでとは異なる扱いとなります。

　この改正で変わった部分、変わらない部分について、主に付添人活動に関係する部分を中心に説明しておきます。

2 特定少年の少年法上の位置付け

　今回、最も大きい変更点は、それまでなかった「特定少年」という概念が生まれたことです。

　民法上成人となる18歳19歳の者も、少年法上は「少年」のままです（法2条1項）。他方で、18歳19歳の少年は、「特定少年」（法62条）として種々の特例が設けられました（法62条以下）。

3 変わらない点

　改正後も、罪を犯した少年の事件は、すべて家裁に送致されます（全件送致主義、法42条）。特定少年もすべて家裁に送致されるということです。

　家裁送致後の観護措置、調査官調査、科学主義の適用、試験観察も従前どおり適用されるので、逆送が見込まれるような事件でない限りは、手続的な変化はありません。

　民法上成人となる18歳19歳には親権者は存在しませんが、少年法上の「保護者」の定義は変わらないので、18歳19歳の少年に関しても保護者に対する措置があります（法25条の2）。

4 虞犯の適用除外

改正により、特定少年は虞犯として家裁に送致されることはなくなりました（法65条1項）。

注意点としては、審判時を年齢の基準とするため、17歳の虞犯少年が送致され、家裁送致までに18歳となれば、特定少年として、それ以上手続を進めることはできません。したがって、いわゆる年齢切迫事案と同様に、スケジューリングには注意しましょう。

なお、児童相談所が、要保護児童を虞犯少年として家裁に送致する場合も（児童福祉法27条1項4号）、上記の点に注意しましょう。

5 保護処分について

(1) 保護処分の内容

特定少年に対する保護処分については、保護観察と少年院送致に関して期間が明示されるようになるなど、以下のように変更されました。

(ア) 保護観察

特定少年に対して保護観察処分とする場合、裁判所は審判時に、6か月か2年のいずれの期間とするかを明示しなければならないことになりました（法64条1項本文）。なお、罰金以下の刑に当たる罪の事件については、6か月の期間しか選択できません（同項但書）。

また、特定少年の2年の保護観察については、遵守事項違反により少年院に収容する決定をする場合（法66条1項）、犯情の軽重を考慮して1年以下の範囲内で収容できる期間を定めます（法64条2項）。この趣旨は、対象者の問題性を解消するものではなく、社会内処遇により改善更生を図ることができる状態にすることです。期間について裁判所側は、将来的な判断であるため、基本的には1年が選択されると考えているようです。付添人としては、この期間は、犯情の軽重を考慮して決定されるものであるから、1年という期間が行為責任として許容される期間なのか、注意して活動しなければなりません。

２年と６か月の処分の選択ですが、裁判所側は、保護観察の処遇の実効性を期す観点から、行為責任上許容される場合には、基本的には２年の保護観察を選択することになると考えているようです。しかしながら、上記のとおり、２年の保護観察の場合、少年院収容もありうるため、付添人としては、行為責任として施設収容も許されるかどうかという点については、注意すべきでしょう。

(イ)　**少年院送致**

　特定少年に対して少年院送致処分とする場合、裁判所は、犯情の軽重を考慮して、３年以下の範囲内で収容期間を定めなければならないことになりました（法64条３項）。

　この収容期間は、犯情の軽重を考慮して、上限として決定されるものです。要保護性の程度などの事情は考慮されず、犯した責任の範囲で可能な限り長く設定されることが求められているようです。基本的には、年単位の定めになると考えられています。刑罰の量刑が参考になると思われます。

　もっとも、裁判所は、処遇の必要性に鑑みて、処遇勧告を行うことは否定されません（審判規則38条２項）。

　なお、１種から３種少年院への収容となることは変わりません。

(ウ)　**未決勾留日数の算入**

　特定少年に対して保護観察や少年院送致の処分をする場合、勾留や観護措置によって未決の状態で身体拘束された日数は、保護観察及び少年院の期間に算入することができます（64条４項）。

(2)　**保護処分の性質**

　特定少年に関しても少年法１条が適用されるため、特定少年に対する保護処分も健全育成を図るための教育的処分であることに変わりはありません。

(3)　**犯情の考慮**

　裁判所は、特定少年の保護処分に関しては、犯情の軽重を考慮して相当な限度を超えない範囲内において、処分を決めることが規定されました

（法64条１項）。

この趣旨は、犯した罪の責任に照らして選択できる保護処分の上限を画する趣旨であり、最終的な保護処分は、要保護性に応じて選択されるというものです。また、犯情を考慮するといっても、刑罰とは異なり、法１条の「健全育成」の理念が及ぶ点は変わりません。

(4)　要保護性の考慮

少年法64条は、あくまでも犯情の軽重を考慮して相当な限度を超えないという規定になっています。責任に照らして上限を超えない範囲であれば、要保護性に応じた処分をすることも可能です。特定少年に対しても保護処分の性質は刑罰ではなく、健全育成を図るための教育的処分であるため、犯した罪に見合うほどの重い処分をしなければならないというものではありません。

したがって、付添人としては、犯情が重い事件であっても、要保護性について考慮した処分がなされるように、これまで同様に要保護性解消に向けて活動をしていく必要があります。

もっとも、犯情が考慮されて少年院の収容期間が決定されることを考えれば、犯情の軽重について説得的に裁判官に伝えられるように注意しながら活動していく必要があります。

(5)　意見書について

保護処分の決定は、①犯情の軽重を考慮して選択可能な保護処分の上限を決定し、②その範囲内で、要保護性を踏まえて処遇を決定します。

そうすると、意見書としても、まず、ⅰ犯情を評価して、少年院の選択が許されるのかどうか、２年の保護観察の選択が許されるのかどうか、といった点を記載することになるでしょう。成人の刑事事件と同様と思われます。そして、ⅱその範囲内で、要保護性について記載し、特定少年にとって適切な処分を導きます。

これまで以上に、犯情の評価を説得的に記載することが重要です。その際には、成人の量刑も参考にしましょう。

(6) 処分についての注意点

成人であれば執行猶予相当の事案での少年院送致については、刑罰が類型的に保護処分より不利益であることや、種々の事情を考慮して執行猶予が判断されていることから、犯情を考慮し、相当な限度を超えるとして一律に少年院送致が否定されるということはないと考えられます。したがって、付添人としても、成人であれば執行猶予だから少年院送致はないだろう、といった安易な見通しを立てないようにしましょう。

6　検察官送致について

改正により、事件時に特定少年であった者（事件時に18歳19歳だった少年）については、いわゆる原則逆送事件の範囲が、短期1年以上の罪にまで拡大されました。

強制性交等罪や強盗罪も原則逆送事件の対象となりました。改正前に原則逆送とされていた被害者死亡事件と異なり、犯情としては様々なものが考えられます。

ただし、附帯決議において「犯情の軽重及び要保護性を十分に考慮する運用がなされるよう本法の趣旨の周知に努めること」とされたことから分かるように、逆送するか否かは、犯情の軽重だけでなく、要保護性についての事情を考慮した上で決められます。

したがって、付添人としても、少年法20条2項の原則逆送事件（故意の犯罪により被害者を死亡させた事件）と異なり、被害結果が一律ではなく、その他犯情にも様々な事情があることから、要保護性を踏まえ、安易な逆送がなされないように、活動していく必要があります。

また、少年法20条2項の原則逆送事件が導入された当時、「原則」逆送であることに捉われ、調査官調査の内容が薄いものになっているとの批判がありました。同様の事態を生まないためにも、非行名や犯情にとらわれず、要保護性についてのきめ細やかな調査がなされるように働きかける必要があります。

また、刑事処分相当として検察官送致する場合についても、従前は認められていなかった罰金以下のみに当たる罪についても、特定少年に関して

は検察官送致が可能となりました（法62条1項）。

7　刑事処分の特例について

　特定少年に関しても、それ以外の少年と同様にいわゆる55条移送は認められます。

　また、刑事裁判での審理において、少年や保護者等の行状、経歴、素質、環境等について、医学、心理学、教育学、社会学その他の専門的知識を活用しなければならないとの審理方針（法50条）も、特定少年の刑事裁判でも適用されます。

　以下は、改正により変化した部分です。

(1)　推知報道の制限解除（法68条）

　特定少年のときに（18歳19歳のときに）犯した罪により逆送され起訴された後は、推知報道の制限が解除されました。それにより、起訴され、推知報道がなされた場合、特定少年の更生に与える影響は計り知れません。

　推知報道の制限が解除されたからといって、必ずしも推知報道をしなければならないということではありません。

　警察や裁判所など、付添人の手が届く範囲では、可能な限り実名が公開されないような配慮を求めるなどしていく必要があります。

(2)　その他の適用除外

　そのほかにも、一般の少年には認められている逆送決定後における勾留の特則、不定期刑、仮釈放の特例、資格制限の特例等が特定少年では適用除外となっています。

　特に、特定少年に関しては不定期刑ではなく定められた刑期が言い渡されることについては注意が必要です。

(3)　経過措置

　年齢は、審判時を基準とするため、2022年4月1日の改正法施行後に、

18歳となれば、特定少年となります。もっとも、経過措置により、法62条及び法63条の規定は、改正法施行後の行為に適用されます。法68条の規定も、改正法施行後の公訴提起された場合に適用されます。その他の経過措置についても改正法附則を確認しましょう。

表　短期1年以上の懲役・禁錮に当たる罪

罪名	条文	法定刑	裁判員裁判
外患誘致	81条	死刑	○
外患援助	82条	死刑、無期、2年以上の懲役	○
現住建造物放火	108条	死刑、無期、5年以上の懲役	○
激発物破裂	117条1項前段	死刑、無期、5年以上の懲役	○
ガス等漏出致死	118条2項	3年以上の懲役	○
現住建造物等侵害	119条	死刑、無期3年以上の懲役	○
往来妨害致死	124条2項	3年以上の懲役	○
汽車転覆等	126条1項・2項	無期、3年以上の懲役	○
汽車転覆等致死	126条3項	死刑、無期	○
往来危険による汽車転覆等致死	127条	死刑、無期	○
往来危険による汽車転覆等	127条	無期、3年以上の懲役	○
浄水汚染等致死	145条	3年以上の懲役	○
水道毒物等混入致死	146条後段	死刑、無期、5年以上の懲役	○
通貨偽造及び行使等	148条	無期、3年以上の懲役	○
詔書偽造等	154条	無期、3年以上の懲役	○
虚偽詔書作成	156条	無期、3年以上の懲役	○
偽造詔書行使	158条1項	無期、3年以上の懲役	○
強制わいせつ等致死	181条1項	無期、3年以上の懲役	○
強制わいせつ等致傷	181条1項	無期、3年以上の懲役	○
強制性交等致傷	181条2項	無期、6年以上懲役	○
特別公務員職権乱用等致死	196条	3年以上の懲役	○
殺人	199条	死刑、無期5年以上の懲役	○
傷害致死	205条	3年以上の懲役	○
不同意堕胎致死	216条	3年以上の懲役	○
遺棄等致死	219条	3年以上の懲役	○
逮捕等致死	221条	3年以上の懲役	○
身の代金目的略取等	225条の2	無期、3年以上の懲役	○
強盗致死	240条後段	死刑、無期	○
強盗・強制性交等	241条1項	無期、7年以上の懲役	○
強盗・強制性交等致死	241条3項	死刑、無期	○
建造物等損壊致死	260条後段	3年以上の懲役	○
往来危険	125条	2年以上の懲役	×
強制性交等	177条	5年以上の懲役	×
建造物等以外放火	110条1項	1年以上10年以下の懲役	×
有印公文書偽造	115条1項	1年以上10年以下の懲役	×
強盗	236条	5年以上の懲役	×
事後強盗	238条	5年以上の懲役	×
昏睡強盗	239条	5年以上の懲役	×

第18章

書式集

書式集　　目　次

◎：本書収録のもの

下記全41の書式のデータは、下のウェブサイトからダウンロード可能。
https://www.nippyo.co.jp/shop/book/8822.html　　QRコード®

QR コードは株式会社デンソーウェーブの登録商標です

【書式1】 勾留請求しないように求める意見書

窃盗被疑事件
被疑者　○○○○

勾留請求しないように求める意見書

令和○年○月○日

福岡地方検察庁　○○検察官　殿

弁護人　福岡　九州男

意　見　の　趣　旨

上記被疑者に対する窃盗被疑事件について、勾留請求しないように求める。

意　見　の　理　由

第1　被疑事実の概要

　本件は、少年である被疑者が、令和元年○月○日午後5時18分頃、福岡市博多区内にある書店（以下、「本件書店」という。）において、共犯者とともにコミック19点を窃取したという窃盗被疑事件の事案である（以下、「本件被疑事実」という。）。

　本件においては、刑事訴訟法60条各号規定の勾留の理由はなく、かつ、勾留の必要性も存在しない。

　また、本件は、検察官が勾留請求をする「やむを得ない場合」（少年法43条3項）には該当せず、裁判官が少年に対して勾留状を発布すべき「やむを得ない場合」（少年法48条1項）にも該当しない。

　したがって、弁護人としては、検察官に対して勾留請求しないように求めるものである。

　以下詳細な理由を述べる。

第2　勾留の理由がないこと

1　刑事訴訟法60条1号事由に該当しないこと

　被疑者は、福岡市内において定まった住所を有しており、同法60条

１号に該当しないことは明らかである。
2　刑事訴訟法60条２号事由に該当しないこと
　(1)　罪証隠滅の対象
　　　　本件は、被疑者が、同日４時半ころ、本件書店においてコミック本を立ち読みしていた際に、共犯者より、コミック本を持ってついてくるように言われたため、本件書店の外に出たところで本件書店の警備員に声掛けされたという事案である。
　　　　したがって、罪体に関しては、本件書店の被害届、本件書店に設置された防犯カメラ映像、現場の実況見分調書、本件書店の警備員の供述、共犯者供述、被疑者の供述などが中心的な証拠になるものと考えられる。
　(2)　罪証隠滅の現実的可能性
　　　　本件では、既に被害届は提出されており、防犯カメラ映像、現場の実況見分調書などの客観的証拠については、すでに捜査機関において証拠保全が完了しているものと思われ、これらについて罪証隠滅することは現実的に困難である。
　　　　そのため、本件において、現実的に罪証隠滅の対象となりうる対象は、本件書店警備員の供述および共犯者の供述である。
　　　　しかし、被疑者は本件書店警備員との面識はなく、かつ、捜査機関によって本件書店警備員の本件被疑事実に関する供述は録取されているため、被疑者が本件書店警備員に働きかけを行い、供述を変遷させることは困難である。また、被疑者が、共犯者との間で口裏合わせを行う可能性はあるものの、被疑者と共犯者は、本件犯行後、警察から任意の取調べを受けた際に、本件犯行を認める旨の供述調書を作成しており、今後、被疑者が共犯者と供述を合わせて証拠隠滅を図ることも客観的に困難である。
　(3)　被疑者の誓約書及びの被疑者の母親の身元引受書
　　　　被疑者は、上記住所において、両親とともに生活をしているところ、被疑者の母親は、被疑者に対して罪証隠滅行為をさせない旨誓約している（添付資料１、２、３）。
　　　　また、被疑者も証拠隠滅行為に及ばない旨誓約している（添付資

料4）。

(4) 結論

　　以上、本件に関する罪証隠滅の現実的可能性は存在せず、かつ、主観的可能性もないことから、本件には刑事訴訟法60条2号事由が存在しない。

3　刑事訴訟法60条3号事由に該当しないこと

(1)　被疑者は、両親や妹・弟ともに同居して生活しており、安定した生活を送っているところ、学校生活においても、中学校に欠かさず通学しており、その学習態度は真面目で良好であり、部活動にも精力的に活動していた（添付資料1）。

(2)　また、被疑者は、本件犯行後に、現行犯逮捕されることなく帰宅しているところ、その後に行われた警察における取調べにも応じており、逃亡の素振りはない。

(3)　さらに、被疑者の母親が被疑者の身元を引き受けて、警察の取調べ等に出頭させ、被疑者に逃亡したり、逃亡すると疑われるような行為は一切させない旨を誓約しており、被疑者自身もこれらの行為に及ばない旨を誓約している（添付資料1、2、3）。

(4)　したがって、被疑者が、これらの安定した生活を顧みずに逃走に及ぶことなどおよそ考え難い。

　　よって、本件は刑訴法60条3号事由に該当しない。

4　小括

　以上、本件において勾留の理由がないことは明らかである。

第3　勾留の必要性のないこと

1　仮に、本件被疑事実について勾留の理由が認められたとしても、本件では以下の通り、勾留の必要性を欠くため、被疑者に対する勾留は認められない。

2　逃亡のおそれ及び罪証隠滅のおそれが低いこと

　本件において、刑訴法60条各号の事由がないことは既に述べた通りであるが、仮にこれが認められたとしても、逃亡のおそれについても罪証隠滅のおそれについても、その可能性は極めて低いものである。

3　被疑者が高校受験を控えていること

被疑者は、中学校を卒業後、高校に進学を予定しているところ、令和○年2月○日、学校法人○○○○高等学校を受験する予定である（添付資料1、5）。

　そのため、被疑者が本件に関して勾留された場合、被疑者は高校受験の機会を失うことになる。確かに、被疑者を勾留したうえで、受験日のみ勾留の執行停止を行うことも考えられるが、それまでに被疑者は受験勉強等の準備も必要である。

　したがって、本件に関して被疑者を勾留することは、被疑者の将来に対して著しい悪影響を及ぼすこととなる。

　以上のことからすれば、罪証隠滅や逃亡のおそれの現実的な可能性を踏まえたとしても、本件において被疑者を勾留することによって受ける不利益は著しく大きいといえる。

　したがって、本件において被疑者を勾留する必要性はない。

第4　「やむを得ない理由」（少年法43条3項）

　被疑者は、本件当時15歳であり、成人同様の留置施設に勾留することは、心身に著しい悪影響を与えるうえ、勾留によらなければ捜査の遂行上、重大な支障があるとも言えない。

　そのため、本件では、被疑者を勾留するやむを得ない理由があるとはいえない。

第5　結論

1　以上、本件では、罪を犯したことを疑うに足りる相当な理由がなく、また勾留の理由、必要性ともに認められないし、被疑者に対して勾留状を発布すべきやむを得ない場合にもあたらない。

　よって、検察官におかれては、被疑者について勾留請求することなく、速やかに被疑者を釈放の上在宅での捜査に切り替えるよう求めるものである。

2　仮に、身体拘束がなされる場合でも、勾留ではなく勾留に代わる観護措置が選択されるべき筋合いである。また、仮に勾留がなされる場合であっても、勾留場所は警察署ではなく少年鑑別所とすべきものである。

以　上

添付資料

資料1　陳述書（被疑者の母）

資料2　身元引受書（被疑者の母）

資料3　自動車免許証（被疑者の母）

資料4　誓約書（被疑者）

資料5　受験票

傷害被疑事件

被疑者　○○　○○

勾留請求却下を求める意見書

令和○年○月○日

福岡地方（簡易）裁判所　担当裁判官　殿

弁護人　福岡　九州男

意　見　の　趣　旨

　上記被疑者に対する傷害被疑事件について、検察官の勾留請求を却下するように求める。

意　見　の　理　由

第1　被疑事実の概要

　　本件被疑事実は、被疑者が公園において、被害者（当時16歳）に対して、その顔面を手拳で数回殴打し、数回足蹴りするなどの暴行を加え、2週間の安静加療を要する腰椎捻挫の傷害を負わせた被疑事実によって逮捕されたという事案である。

　　本件においては、刑事訴訟法60条各号の勾留の理由はなく、かつ勾留の必要性もない。そして本件において、被疑者は少年であるが、検察官が勾留請求をする「やむを得ない場合」（少年法43条3項）には該当しないし、裁判官が少年に対して勾留状を発布すべき「やむを得ない場合」（少年法48条1項）にも該当しない。

　　そこで、弁護人としては、裁判官に対し、検察官の勾留請求を速やかに却下するように求めるものである。

　　以下、詳細な理由を述べる。

第2　勾留の理由がないこと

1　刑訴法60条１号に該当しないこと

　　被疑者は、福岡市内に定まった住所を有していることから、刑訴法60条１号に該当しないことは明らかである。

2　刑訴法60条２号に該当しないこと

(1)　罪証隠滅の対象

　　ア　本件は、被疑者が、友人であった被害者とケンカとなった際に傷害を負わせた事案である。

　　イ　被害者は、被疑者に無断で、原動機付バイクを使用したうえ、チェーンカバーを破損させていたことにもかかわらず、これを黙っていた。

　　　　被疑者は、共通の友人から、被害者がチェーンカバーを破損させたことを知らされたため、怒りを抑えきれず、被害者を公園に呼び出したうえで、上記暴行を加えるに至った。

　　ウ　上記暴行の様子は、周囲の友人が携帯で録画し、SNS上に拡散されており、本件は、SNS上での動画の拡散を知った被害者が、警察署に被害届を提出し、被疑者は逮捕・勾留されるに至っている。

　　エ　以上のような経緯からすれば、罪体に関しては、被害届、実況見分調書、携帯電話の通話記録、LINE等SNSの記録、友人らが撮影した被疑者の暴行を映した録画映像、付近の防犯カメラ映像、現場にいた友人の供述、被疑者の供述などが中心的な証拠になるものと考えられる。

(2)　罪証隠滅の現実的可能性がないこと

　　本件では、被害届、現場の実況見分調書、被疑者の携帯電話の通話記録、LINE等のSNSの記録、友人らが撮影した録画映像、付近の防犯カメラ映像などの客観的証拠については、すでに捜査機関において証拠保全が完了しているものと思われ、これらについて罪証隠滅することは不可能である。

　　そこで、本件被疑事実における罪証隠滅の態様としては、被疑者が被害者や現場にいた友人らに働きかけることによって供述を変遷させることが考えられるのみである。

しかし、被疑者が被害者を暴行する様子は周囲の友人によって録画されており、かつ、捜査機関によって、当該動画は証拠として保全されていると考えられる以上、罪証隠滅行為としては現実的可能性がない。

(3) 被疑者に罪証隠滅の意思のないこと

被疑者は、本件被疑事実を認めており、取調べにも応じている。

また、被疑者の母親が、被疑者に対して逃亡や罪証隠滅行為に及ばないように監督することを誓約しており（添付資料1・2）、被疑者も、罪証隠滅行為をしない旨、誓約している（添付資料3）。

したがって、本件において、被疑者には罪証隠滅の意思がない。

(4) 小括

以上、本件においては罪証隠滅行為の現実的可能性がなく、被疑者にその意思もない。

よって、本件に刑訴法60条2号事由が存在しないことは明らかである。

3 刑訴法60条3号事由に該当しないこと

(1) 被疑者は、両親・弟とともに同居している。

そして、被疑者は、雇用先の会社において働きながら、通信制高校に通学するなどして安定した生活を送っている。

(2) また、被疑者の母親が、被疑者を逃亡させないように監督することを誓約し、被疑者自身もこれらの行為に及ばない旨を誓約している。

(3) したがって、被疑者が、家族を顧みずに、これらの安定した生活を捨ててまで逃走に及ぶことなどおよそ考え難い。

よって、本件では刑訴法60条3号事由は存在しない。

4 小括

以上、本件には勾留の理由が無いことは明らかである。

第3 勾留の必要性

1 本件において、刑訴法60条各号の事由がないことは既に述べた通りであるが、仮にこれが認められたとしても、被疑者が、現に逃亡し、または、罪証隠滅に及ぶ可能性は極めて低い。

2 また、被疑者と被害者は、同一の町内で生活するいわば幼馴染であり、

これまでトラブル等を起こしたこともなかった（添付資料4）。

　それにもかかわらず、被疑者が逮捕されるに至った理由は、本件被疑事実に関する上記動画が、被疑者・被害者の知らないところで、広くSNS上において拡散されてしまったことを、被害者の母親が警察に相談に行ったことにある。

　被害者の母親は、警察の勧めに従って、被害届を提出したものの、被疑者が逮捕されることまで望んでいなかった。

　そのため、被害者及び被害者の母親は、被疑者との示談に応じる予定であり、すでに、被疑者の母親および被疑者の雇用先の社長とともに、被害者宅を訪れて謝罪を行っている（添付資料4・5・6）。

3　さらに、被疑者は、通信制高校に通っているところ、月に1、2回、スクリーニングのために通学する必要があり、被疑者が通学できないとなれば、高校を留年・退学等をせざるを得ない可能性がある。

4　また、被疑者の雇用主も、雇用を継続させることを誓約しているものの、被疑者が長期間勾留されるとなると、雇用にも影響を与えかねない。

5　小括

　以上、本件において、被疑者の身体を拘束することによって、被疑者が受ける不利益が著しく大きいといえ、勾留の必要性が認められない。

第4　「やむを得ない場合」（少年法43条3項）

　被疑者は、本件当時16歳であり、成人同様の留置施設に勾留することにより心身に与える悪影響が大であるうえ、本件において、勾留によらなければ捜査遂行上、重大な支障があるともいえない。

　したがって、本件には「やむを得ない場合」にあたらない。

第5　結語

　以上を総合するに、本件には、勾留の理由、必要性ともに認められず、かつ、少年に対して勾留状を発布すべきやむを得ない場合にもあたらないから、裁判官におかれては、検察官の勾留請求を速やかに却下するよう求める。

　仮に、身体拘束がなされる場合でも、勾留ではなく勾留に代わる観護措置が選択されるべき筋合いである。また、仮に勾留がなされる場合で

あっても、勾留場所は警察署ではなく少年鑑別所とすべきものである。

以　　上

＊電話もしくは面談による勾留担当裁判官との面談を希望する

添付資料

資料1　身元引受書（被疑者の母親）

資料2　自動車運転免許証（被疑者の母親）

資料3　誓約書（被疑者）

資料4　陳述書（被疑者の母親）

資料5　陳述書（雇用主）

資料6　自動車運転免許証（雇用主）

道路交通法違反被疑事件

被疑者　○○○○○

勾留決定に対する準抗告申立書

令和○年○月○日

福岡地方裁判所　御中

弁護人　　福岡　九州男

TEL　　○－○－○

緊急時　○－○－○

申　立　の　趣　旨

1　上記被疑者に対して令和○年○月○日に福岡地方裁判所裁判官（○）

がなした勾留決定を取消す

2　検察官の勾留請求を却下する

との決定を求める。

申　立　の　理　由

第1　被疑事実の概要

本件被疑事実は、被疑者が、酒気を帯びた状態でバイクを運転したという道交法違反（酒気帯び運転）及びバイクの運転動作を誤り歩行者を負傷させたという過失運転致傷の事案である。

本件においては、刑事訴訟法60条各号の勾留の理由はなく、かつ勾留の必要性もない。そして本件において、被疑者は少年であるが、検察官が勾留請求をする「やむを得ない場合」（少年法43条3項）には該当しないし、裁判官が少年に対して勾留状を発布すべき「やむを得ない場合」（少年法48条1項）にも該当しない。

にもかかわらず、これらの要件を充足しているとして被疑者を勾留した原決定は違法であるから、速やかに取り消されるべきものである。

第2　勾留の理由
1　法律解釈
　　被疑者が「罪証を隠滅すると疑うに足りる相当な理由」については、単に抽象的な可能性を検討するのではなく、事件の証拠構造を踏まえ想定される証拠の性質ごとに、現に隠滅が可能かどうか、仮に可能であるとして被疑者が隠滅に及ぶ動機や蓋然性が認められるか、どれほどの実効性があるかを個別具体的に検討し、その上でなお、被疑者が罪証隠滅行為に及ぶと疑うべき抽象的な蓋然性が認められるかを検討する必要がある。
　　しばしば、保釈の場合は「具体的おそれ」が必要であり、勾留の場合は「抽象的おそれ」で足りるとの言葉が独り歩きするが、注意を要するのは、机上の論理として抽象的に可能性があるかを論じれば足りるというものではないことである。そのような解釈を取ることが許されると言うことになれば、現実的な可能性がないような罪証隠滅行為まで全て、抽象的には可能性があるという帰結になりかねない。
　　したがって、個々の事案に即して、抽象的ではあるものの、罪証隠滅行為に及ぶと疑うに足りる蓋然性、現実的見込みが認められるかを慎重に検討しなければならない。言うまでもなく、抽象的に想定される罪証隠滅行為が、実効性に乏しいとか、行為動機に乏しいとなれば、その場合、抽象的蓋然性や現実的見込みには欠け、勾留は認められないのである。
　　勾留裁判及びこれに先立つ勾留請求、また勾留決定に対する準抗告審においては、このように個々の事案を丁寧に検討し、2号事由、3号事由が現実的な問題として疑われるのかを吟味する姿勢が不可欠であり、これなくしては、過剰な人身の自由への侵害が横行することになる。
　　客観的な捜査が進展していれば、そもそも重大事案でない本件において被疑者を勾留してまで取り調べる必要性は乏しいはずであり、取

調べ目的以外に理由が認められない勾留請求に対しては、裁判所は厳格な態度で臨むべきものである。

近時の最高裁決定（最決平成26.11.17裁判集刑 315号183頁、最決平成27.10.22裁判集刑 318号11頁）も、勾留要件の判断については慎重な姿勢を見せているところであり、本件においても各決定に照らして勾留の理由及び必要性はいずれも否定されるべきものである。

2　証拠構造

本件は、酒気帯び運転及び過失運転致傷の事案であり、被疑者が歩行者と事故を起こしたことによって発覚し、そのまま現行犯逮捕されたものである。被疑者は、自宅で飲酒した後、○○○付近で友人と合流し、その後バイクを運転して帰宅する途中、本件に至ったものである。

従って、罪体に関しては、酒気の測定キット及び判定カード、被疑者運転車両の登録事項証明書、110番受電に関する捜査報告書、現場の実況見分調書、車両の写真撮影報告書、現場付近の防犯カメラ映像、診断書、歩行者の供述、友人の供述、被疑者の供述などが中心的な証拠になるものと考えられる。

3　罪証隠滅の現実的可能性

本件では、酒気の測定キット及び判定カード、被疑者運転車両の登録事項証明書、110番受電に関する捜査報告書、現場の実況見分調書、車両の写真撮影報告書、現場付近の防犯カメラ映像、診断書などの客観的証拠については、すでに捜査機関において証拠保全が完了しているものと思われ、これらについて罪証隠滅することは現実的に困難である。また、直前まで飲酒していた友人などに働きかけたところで、酒気の検査キットという客観証拠がある限り、罪体に関して証拠隠滅を行うということは考えがたいし、飲酒の状況や運転に至る経緯は、情状に関する事実ではあるものの、その重要性は高くない。本件のような酒気帯び運転については、事故を起こしたか否か、運転していた距離、呼気中のアルコール濃度といった客観的事実を基礎として、検察官の終局処分や裁判における量刑が決められるという傾向があるからである。

よって、被疑者に罪証隠滅の可能性はない。

4　勤務先社長の身元引受書、父親の協力約束及び被疑者の誓約書

⑴　被疑者は、後記の通り、土木作業員として稼働しているものであるが、勤務先の社長は、被疑者に対して罪証隠滅行為をさせない旨誓約している。

⑵　被疑者は、自宅において両親と同居しているものであるが、被疑者の両親も、同様に逃亡や罪証隠滅行為を防止するよう協力する旨誓約している。

⑶　そしてまた、被疑者自身もまたこれらの行為に及ばない旨誓約している。

5　結論

以上から、本件では2号事由は存在しない。

第3　3号事由

1　被疑者は、上記の通り、本件当時、土木作業員として稼働していた。被疑者の勤務態度は真面目で良好であり、勤務先の社長によれば、引き続き被疑者を雇用する意向を有している。

2　被疑者の両親及び勤務先の社長は、被疑者について逃亡し、または逃亡すると疑われるような行為はさせない旨、及び取り調べへの出頭確保に協力する旨誓約している。

何より、被疑者自身もこれらの行為に及ばない旨を誓約している。

3　被疑者が、これらの安定した勤務先や家族などを顧みずに逃走に及ぶことなどおよそ考え難い。

以上から、3号事由は存在しない。

第4　小括

よって、法60条各号所定の事由がいずれも認められないため、本件は勾留の理由を欠くものである。

第5　勾留の必要性

1　総説

仮に、百歩譲って勾留の理由が認められたとしても、本件では以下の通り、勾留の必要性を欠くから、被疑者には勾留は認められない。

2　勾留の必要性に関する法解釈

勾留の必要性について刑訴法は明文の規定を置いていないものの、

勾留の理由とは別途に勾留の必要性が要件として存在し、勾留の理由があっても勾留の必要性がない場合には勾留請求を却下すべきとの見解は裁判例においても確立しており、前掲最決平成26.11.17及び最決平成27.10.22もこのことを当然の前提としている。

　勾留の必要性を判断するに当たっては、被疑者勾留による公益的利益と、これによって被疑者が被る不利益とを比較衡量し、被疑者勾留が相当か否かを判断することが求められる。具体的には、勾留理由の認められる程度、事案の軽重、逮捕時間内での事件処理の可能性、前科前歴の有無、被害者との示談の状況、勾留による不利益の程度、身柄引受人の存在等が挙げられる（安藤範樹『勾留請求に対する判断の在り方について』刑事法ジャーナル40号11頁以下参照）。

3　本件における検討

(1)　本件において、刑訴法60条各号の事由がないことは既に述べた通りであるが、仮にこれが認められたとしても（1号については認める余地はない）、逃亡のおそれについても罪証隠滅のおそれについても極めて少ないものである。

(2)　本件は道交法違反（酒気帯び運転）及び過失運転致傷であり、その法定刑は前者が3年以下の懲役又は50万円以下の罰金、後者が7年以下の懲役若しくは禁錮又は100万円以下の罰金（軽微な障害の場合は任意的免除）であるから、軽微な犯罪である。従って、非行による保護処分歴のない被疑者については、予想される処分がそこまで重いものになるとは思われない。

(3)　本件の証拠構造はすでに述べたように単純なものであり、類型的に証拠隠滅の対象となり得る証拠に乏しい事案である。

(4)　被疑者は上記の通り、土木作業員として勤務しているものであるが、身体拘束が長引けば職場を解雇されてしまう可能性もある。

(5)　本件で、関係者に対する働きかけが、罪体や重要な情状の立証において重要な意味を持たないことは既に述べたとおりである。

(6)　被疑者は、過失運転致傷での立件が今後なされることも考慮して、事故の相手とは、弁護人を通じて示談交渉を行っていくつもりである。

(7)　被疑者は、現在17歳の少年であり、身体拘束によって心身に及ぼ

す悪影響は、成人に比べて大である。

(8) 被疑者の両親及び勤務先の社長は、いずれも被疑者の出頭確保、罪証隠滅防止に協力する旨誓約している。

4 類似の裁判例

(略)

5 結語

以上より、本件においては勾留の必要性が認められない。またこれらの事情を総合するに、本件では少年に対して勾留状を発布すべきやむを得ない場合にもあたらないことは当然である。

第6 「やむを得ない場合」（少年法48条1項）及び勾留場所について

1 やむを得ない場合の判断基準

少年に対する勾留については、検察官は、やむを得ない場合でなければ勾留を請求することができず（少年法43条3項）、裁判官は、やむを得ない場合でなければ勾留状を発することができない（少年法48条1項）とされている。その趣旨は、少年が人格の発展途上にあり、成人に比べて心身共に未発達であり、被影響性が強いため、勾留により心理的、肉体的に悪影響を受けるおそれが高く、また、一般に勾留に用いられる警察署の留置施設が、少年の前記特性に照らして望ましい施設とは言いがたいことにあるものと解される（足立拓人「少年法48条1項の『やむを得ない場合』の意義」別冊判例タイムズ35 令状に関する理論と実務Ⅱ 194頁）。

具体的には、少年鑑別所の施設上の理由、少年の個人的事由（年齢や非行歴等）、事件の性質、捜査遂行上の必要性等を考慮して、勾留により少年の心身に生ずる可能性のある悪影響を考慮してもなお、捜査遂行上、少年を勾留する必要性が優先すると認められるような事情がある場合に限って、やむを得ない場合に該当するものと解するのが相当である。

2 本件の検討

本件に付いてみると、昨今の少年事件の件数減から、少年鑑別所の収容能力には十分な余裕があるものと考えられる。また少年は本件当時17歳で特段の非行歴もないから、成人同様に取り扱っても心身に及

ぼす弊害が少ないとは到底いえない。また本件は原則逆送事件や裁判員裁判対象事件などの重大事件ではなく、証拠構造も比較的単純で、勾留の延長をしなければ捜査を終了させることができないような複雑な事案でもない。

　従って、本件では、仮に少年に対する身体拘束自体がやむを得ないと判断される場合でも、「やむを得ない場合」（少年法48条1項）にはあたらない。従って、万一、身体拘束がなされる場合でも、勾留ではなく勾留に代わる観護措置が選択されるべき筋合いである。

3　勾留場所

　また百歩譲って勾留がなされる場合であっても、勾留場所は警察署ではなく少年鑑別所とすべきものである。福岡地決平成2.2.16家月42巻5号122頁は、「少年である被疑者の勾留場所については、少年法の法意を尊重しつつ、勾留場所が少年の成育に及ぼす影響や、被疑者及び弁護人の防禦権の行使と勾留後における捜査の必要との調和を考慮の上、個々の事案に則して決定すべきものと解される。」とした上で、17歳の少年が7歳の男児を誘拐した上、わいせつ行為に及んだ末に殺害したという事案について、勾留場所を少年鑑別所とした原決定に対する検察官の準抗告を棄却した事例である。同裁判例の事案に比較しても、本件はいわゆる代用監獄に収容して捜査を実施すべき要請は低いものと言わなければならないから、勾留状を発すること自体がやむを得ない場合であっても、勾留場所については少年鑑別所とすべきものである。

第7　結論

　以上を総合するに、本件では、勾留の理由、必要性ともに認められないから、これが認められることを前提に被疑者に対して勾留決定を行った原決定は違法であり、速やかに取り消されなければならない。

以　上

疎明資料

資料1　　被疑者本人の誓約書

資料2　　勤務先社長の身元引受書

資料3　　被疑者父の身元引受書

資料4　　被疑者母の身元引受書

資料5　　以下略

【書式4】 勾留延長に対する準抗告

福岡県迷惑行為防止条例違反被疑事件

被疑者　○○○○

勾留延長決定に対する準抗告申立書

令和○年○月○日

福岡地方裁判所　御中

弁護人　　福岡　九州男

TEL　○‐○‐○

緊急時　○‐○‐○

申　立　の　趣　旨

1　上記被疑者に対して令和○年○月○日に福岡地方裁判所裁判官がなした勾留延長決定を取消す

2　検察官の勾留延長請求を却下する

との決定を求める。

申　立　の　理　由

第1　被疑事実の概要

　　本件被疑事実は、「被疑者は、正当な理由がないのに、令和○年○月○日午後○時頃、福岡市○○○において、○○○（当時16歳）に対し、同女の下着を撮影する目的で、その背後から、同女着用のスカートの下方にスマートフォンを差し入れ、持って公共の場所に置いて、人と著しく差恥させ、かつ、人に不安を覚えさせるような方法で、写真機、ビデオカメラその他これらに類する機器を他人の身体に向けたものである。」という福岡県迷惑行為防止条例違反（盗撮）の事案である。

第2　刑訴法208条2項の「やむを得ない事由」なし

1　「やむを得ない事由」の解釈

　　刑訴法208条の「やむを得ない事由」とは、成人事件に関して言えば、「事件の複雑困難（被疑者もしくは被疑事実多数のほか、計算複雑、被疑者関係人らの供述又はその他の証拠の食い違いが少なからず、あるいは取調を必要と見込まれる関係人、証拠物等多数の場合等）、あるいは証拠蒐集の遅延若しくは困難（重要と思料される参考人の病気、旅行、所在不明もしくは鑑定等に多くの日時を要すること）等により勾留期間を延長して更に取調をするのでなければ起訴もしくは不起訴の決定をすることが困難な場合をいうものと解するのが相当である」（最判昭和37年7月3日民集 16巻7号1408頁）。

　　しかるに本件では、被疑者は少年であり、検察官は犯罪の嫌疑があると思料する限りは家庭裁判所に送致しなければならず、成人の場合のような起訴裁量はない。このため、「やむを得ない事由」の要件については、成人の場合よりも厳格に解釈されなければならない。この点に関しては、「少年事件においては、犯罪の嫌疑があると認められるときにはこれを家庭裁判所に送致するのであり、検察官において、起訴、不起訴を決すべき必要がないこと」を指摘して勾留延長の消極事情として捉えた裁判例（長崎地決平成2年8月17日最高裁事務総局「勾留及び保釈に関する（準）抗告審裁判例集」に要旨掲載）及び学説（財前昌和「少年事件における身柄拘束をめぐる諸問題」神戸学院法学24巻2号324頁）が正当である。

2　事案の複雑困難性なし

　　本件は、上記のように、コンビニエンスストアにおける盗撮事件であり、店員が犯行を現認して声をかけたところ、被疑者はそのまま逃走したものである。そうすると、本件では盗撮事犯の中でも極めて単純な類型に属し、かかる事件について、20日間の勾留を必要とすべき事情は何ら見いだせない。

3　証拠収集完了

　　そして、本件の争点に関する証拠である、防犯カメラの映像や被疑者のスマートフォン、その他の客観的証拠は全て保全されているはず

であり、被害者や目撃者の取調べも本日に至るまでの10日間の勾留で完了しているか、していてしかるべき性質のものである。

　防犯カメラの映像やスマートフォンといったデジタルデータに関しては、その解析作業に時間を要することが予想されるが、これについても、捜査機関が適正に管理して解析を行っている限り、被疑者がこれらの証拠を隠滅・改ざんすることは不可能であるから、在宅で捜査を行うことに格別の支障があるとは考えられないのである。

4　被疑者の取調べ状況から推察する捜査の進捗状況

　被疑者は、当初こそ被疑事実についての取調べがなされていたものの、途中から取調べの主眼は余罪や常習性に関する点が主となり、本件被疑事実に関する取調べは、ここ数日はほとんどなされていないようである。もとより、余罪捜査のために勾留・勾留延長することは一罪一逮捕一勾留の原則を潜脱するものであり違法であるし、そうした取調べを行うということ自体、本件被疑事実に関する捜査が一通り終了していることを示す何よりの証左である。

5　長期間の勾留の弊害

　被疑者は現在19歳の少年であり、成人に比して身体拘束による弊害が大きいことはすでに述べたとおりである。このことは、勾留延長決定をなすにあたっても十分考慮されなければならないものであり、20日間の身体拘束が真にやむを得ないものであるか否かの吟味が必要不可欠であるが、本件ではそのような事情は何ら見いだせないのである。

第3　結論

　以上より、本件では、刑訴法208条の「やむを得ない事由」がない。従って、勾留延長を認めた原決定は違法であり、取消を免れない。

以　上

【書式5】 接見禁止決定に対する準抗告申立書

傷害被疑事件

被疑者　〇〇〇（〇〇〇警察署勾留中）

接見等禁止決定に対する準抗告申立書

令和〇年〇月〇日

福岡地方裁判所　御中

弁護人　　福岡　九州男

TEL　〇 - 〇 - 〇

緊急時　〇 - 〇 - 〇

申　立　の　趣　旨

第1　主位的請求

1　上記被疑者に対して平成31年〇〇〇に福岡地方裁判所裁判官（〇〇〇）がなした接見等禁止決定（平成31年（む）第〇〇〇号）を取消す

2　検察官の接見等禁止請求を却下する

との決定を求める。

第2　予備的請求

1　上記被疑者に対して平成31年〇〇〇に福岡地方裁判所裁判官（〇〇〇）がなした接見等禁止決定（平成31年（む）第〇〇〇号）のうち、別紙関係人目録記載の各関係人との接見等を禁止する部分を取消す

2　上記1の部分について検察官の接見等禁止請求を却下する

との決定を求める。

申　立　の　理　由

第1　被疑事実の概要

本件被疑事実は、被疑者が、共犯者とされる少年3名と共謀の上、

被害者とされる少年を暴行して傷害を負わせたという傷害の事案である。

第2　刑事訴訟法81条の解釈

1　刑事訴訟法81条は、「罪証を隠滅すると疑うに足りる相当な理由がある」場合に接見等禁止決定をなし得ると規定する。しかしながら、勾留すること自体によって罪証隠滅のおそれは基本的には防止されているのであり、接見等禁止決定には、被疑者の身体を拘束しただけではこれらのおそれが防止できないと言える理由が必要である。京都地決昭和43年6月14日判時527号90頁は、刑事訴訟法「第八一条にいわれる罪証を隠滅すると疑うに足りる相当な理由があるとは、被告人が拘禁されていても、なお罪証を隠滅すると疑うに足りる相当強度の具体的事由が存する場合でなければならない」と判示しており、勾留の要件としての罪証隠滅のおそれよりも強度の具体的理由が存在することを要件としている。

　　また、未決拘禁者と弁護に以外の一般の者との面会にあたっては、原則として刑事施設の職員が立会い、または面会の状況の録音もしくは録画がされることとなっており（刑事収容施設及び被収容者等の処遇に関する法律116条1項）、信書については検査がなされる（同法135条1項）こととされている。かかる措置が執られる限り、勾留のみによって十分に罪証隠滅の防止が可能であるといえるから、これに加えて接見等禁止までも付さなければ、罪証隠滅を防止できないような場合というのは通常考えられない。

2　さらに、身体を拘束されている被疑者が、家族等の一般人と面会することは、被疑者の精神状態を健全に保つために必要不可欠であるといえ、これは被疑者の防御権の保障にとっても極めて重要な位置を占めている。逆にいうと、捜査機関はそのことを逆手に取り、接見禁止決定を行うことによって被疑者を孤立させた上で、家族との面会等を餌に自白を迫るといった不当な取調べを行うこともしばしばである。このことからも、接見禁止決定を付するにあたっては、果たしてその必要性が真実どの程度あるか、接見禁止決定によって被疑者に不当な

防御権の制限が生じないかを厳格に判断しなければならないものと解するのが相当である。

3　特に、被疑者は少年であるから、その雇用先の関係者や交際相手などとの交流は、少年の心情の安定や今後の更生のためにも極めて重要であり、成人とは異なる考慮が必要である。

第3　罪証を隠滅すると疑うに足りる相当な理由

1　法律解釈

　　勾留要件における、被疑者が「罪証を隠滅すると疑うに足りる相当な理由」についてすら、単に抽象的な可能性を検討するのではなく、事件の証拠構造を踏まえ想定される証拠の性質ごとに、現に隠滅が可能かどうか、仮に可能であるとして被疑者が隠滅に及ぶ動機や蓋然性が認められるか、どれほどの実効性があるかを個別具体的に検討し、その上でなお、被疑者が罪証隠滅行為に及ぶと疑うべき抽象的な蓋然性が認められるかを検討する必要があるとされており、個々の事案に即して、抽象的ではあるものの、罪証隠滅行為に及ぶと疑うに足りる蓋然性、現実的見込みが認められるかを慎重に検討しなければならない。言うまでもなく、抽象的に想定される罪証隠滅行為が、実効性に乏しいとか、行為動機に乏しいとなれば、その場合、抽象的蓋然性や現実的見込みには欠け、勾留は認められないと解されている。

　　従って、接見禁止決定における「罪証を隠滅すると疑うに足りる相当な理由を検討するにあたっては、勾留決定におけるよりもさらに、罪証隠滅行為の現実的可能性を具体的・実質的に判断せねばならない。

2　証拠構造

　　本件は、上記のように、交際トラブルに起因し、被疑者が少年3名と共謀の上、被害者をこもごも暴行して負傷させたという被疑事実である。

　　従って、罪体に関しては、被害届、被害者の診断書の他には、携帯電話の通話履歴やLINEのトーク履歴、○○○少年ら3名の供述、被害者の供述などが中心的な証拠になるものと考えられる。本件犯行現場は神社であるから防犯カメラ映像などは残っていないものと思われる。

3 罪証隠滅の現実的可能性

(1) 第一に、本件では、事件発生から本日の逮捕までに約2ヶ月を経過しているところ、その程度の期間があれば、被害届や診断書、携帯電話の通話履歴やLINEトーク履歴の解析等はもとより、関係者の供述は全て供述調書が作成されるなどして証拠化されているものと思われる。捜査機関としては、これらの証拠が一通り収集されたからこそ、逮捕に踏み切ったものと考えるのが合理的である。そうである以上、捜査機関が保全している証拠を被疑者が隠滅する現実的な可能性はないものと言わなければならない。

(2) 他方、被疑者は被害者とは本件に至るまで面識がなく、連絡を取ることは容易でない。

(3) また、本件において共犯者とされる少年3名は、いずれも捜査機関によって身体を拘束されているようであるから、少年がこれらの者に働きかけて口裏を合わせることは現実的に不可能である。なお、本件の現場には、少年の知人である○○○少年及び、少年とは面識のない、○○○と呼ばれる龍の刺青を入れた男性がいたようであるが、○○○少年は○○○少年とともに東京都で強盗事件を起こして身体拘束中であり、○○○なる男性の素性は少年には不明であるから、やはりこれらの者と通謀して自己に有利な証拠を作出することは困難である。

(4) 被疑者の両親及び勤務先の先輩は、被疑者に罪証隠滅行為や罪証隠滅と疑われる行為はさせない旨誓約しており、被疑者もこれらの行為をしない旨誓っている。また、共犯者とされる少年3名や被害者とは、接触しないと誓約している。

(5) 結論

従って、本件では、接見禁止決定をすることによって防止する罪証隠滅行為というものがそもそも存在しない。

第4 小括

よって、刑訴法81条所定の事由がいずれも認められないにもかかわらず、被疑者について接見等禁止決定をなした原決定は違法であるから、速

やかに取り消さなければならない。

第5　接見の必要性
　1　総説
　　　仮に、百歩譲って全面的な接見等禁止決定の取消が認められないとしても、少なくとも別紙関係人目録記載の各関係人との接見については、これを認めるべき高度の必要性があり、かつ、これらの者との接見を認めても、罪証隠滅のおそれがあるなどということはできないから、少なくとも別紙関係人目録記載の各関係人との接見を禁止する部分については取消を免れない。
　2　雇用先との接見の必要性
　　　被疑者は本件で逮捕されるまで、○○○という○○○を営む会社で働いており、○○○氏はその社員で被疑者の先輩にあたる。○○○の仕事は、○○○などもあり、繁忙期となるから、仕事の打ち合わせを行うためにも、被疑者と○○○氏との面会の必要性は高度である。
　3　高校教員との面会の必要性
　　　○○○氏は被疑者が通学する通信制高校の担任教師であるが、本件には一切関与しておらず、共犯者とされる少年3名と連絡を取ることはできない。従って、同人との面会を認めても罪証隠滅行為が行われることはない。
　　　他方で、被疑者は、現在高校2年生であり、3年生に進級するための必要な単位や提出すべきレポート、定期試験などについて、代替措置を含め同人と協議を行う必要がある。よって、被疑者が○○○氏と面会すべき必要性は高度である。
第6　結論
　　　以上を総合するに、本件では、刑事訴訟法81項の要件を満たしていないから、被疑者に対してなされている接見禁止決定は速やかに取り消されなければならないし、少なくとも、別紙関係人目録記載の各関係人との接見についてまで接見禁止決定を行った点は違法であるから、かかる部分について取消がなされなければならないことは当然である。

以　上

疎明資料

資料1　運転免許証写し（○○○）

資料2　運転免許証写し（○○○）

（別紙）

関係人目録

1　　氏名　　　　○○○

　　　住所　　　　福岡県○○○

　　　続柄　　　　勤務先の先輩

　　　生年月日　　昭和○年○月○日

2　　氏名　　　　○○○

　　　住所　　　　福岡県○○○

　　　続柄　　　　高校教員

　　　生年月日　　平成○年○月○日

傷害被疑事件

被疑者　　○○○○（福岡県○警察署勾留中）

接見等禁止の一部解除申請書

令和○年○月○日

福岡地方裁判所　御中

弁護人　　福岡　九州男

TEL ○－○－○

緊急時○－○－○

申　　請　　の　　趣　　旨

　上記被疑者に対して令和○年○月○日に福岡地方裁判所裁判官（○○○）がなした接見等禁止決定（令和○年（む）第○○○号）に対し、別紙関係人目録記載の関係人を除外するよう、一部解除の職権発動を求める。

申　　請　　の　　理　　由

第1　本件は、被疑者が共犯者と共謀の上、被害者に暴行を加えて負傷させたという傷害の事案である。

第2　○○○氏は、福岡市児童相談所に所属する児童福祉司である。○○○氏は、令和○年○月頃に被疑者を2週間、一時保護したことをきっかけとして、これまで、被疑者の児童相談所における担当者として、被疑者の両親と面談を行ったり、被疑者の就業先を探すなど、家庭環境や生活環境を整えるための支援を行ってきた。被疑者自身は、両親と疎遠になっていた時期もあるが、○○○氏は令和○年○月以降、継続的に被疑者に対する援助を行っており、最も被疑者の近況を理解している人物である。同時に、被疑者と被疑者の両親との間の調整役と

して重要な役割を果たしている。

　もちろん、○○○氏は、本件に全く関与しておらず、また、本件の共犯者として逮捕・勾留されている者らとも全く面識はない。従って、被疑者と同人との面会による罪証隠滅のおそれはない。

第3　被疑者自身は本件非行事実を否認しているが、非行事実の有無にかかわらず、被疑者の今後の家庭環境及び生活環境を整えるためには、○○○氏との被疑者との早期の面会が不可欠である。

　○○○氏が被疑者と接見したとしても、その際には原則として刑事施設の職員が立会い、または面会の状況の録音もしくは録画がされることとなっている（刑事収容施設及び被収容者等の処遇に関する法律116条1項）。従って、罪証隠滅に渡るような会話をすることは現実的にみて不可能であるし、もとよりそのような会話をする意思もなく、接見禁止を解除することによる弊害は考えられない。

　よって、本申立に及んだものである。

以　上

疎明資料

資料1　○○○氏の運転免許証

（別紙）

関係人目録

1　氏名　　○○○○

　　住所　　○○○○

　　関係　　児童福祉司

【書式7】 終局処分に関する意見書（嫌疑なし嫌疑不十分）

事件名　　強制性交等被疑事件
被疑者　　○○

意　見　書

令和○年○月○日

福岡地方検察庁　検察官　○○○○　殿

弁護人　福岡　九州男

　上記被疑者に対する頭書事件について、その処分に関して、以下のとおり意見を述べる。

第1　はじめに
　　被疑者についての本件被疑事実については、以下述べるとおり、その嫌疑がなく、あるいは嫌疑不十分であって、家庭裁判所に送致すべきでない。

第2　性行為についての被害者の真意に基づく承諾はあったこと
　1　真意の承諾の意義
　　　強制性交等の非行が認められるためには、被害者の真意に基づく承諾がなかったと認められることが必要である。なお、真意の承諾といえるためには、被害者に、被疑者との性交を積極的に期待又は希望する事情までは必要ではなく、被害者の任意な判断として被疑者から求められれば抵抗するつもりもないし、性交しても仕方がないという容認の意思があればよい（小林充・植村立郎「刑事事実認定重要判決50選（上）」231頁）。

2　被疑者と被害者との元々の人的関係

　　本件の場合、被疑者と被害者とはお互いに出会いを求めて出会い系アプリを通じて知り合い、約2週間SNSで連絡を毎日取り続けた上で会う約束をするに至っていることは、SNSのデータその他で客観的に明らかなはずである。

　　つまり、被疑者と被害者とは実際に会うのは初めてではあったものの、すでにかなりの頻度でSNSでのやりとりをし、会いたいと思う程度に相手についていい印象を持っている状態にあった。

3　深夜に被疑者自宅に来ていること

　　そして、令和○年○月○日の午後8時ころから被疑者と被害者は実際に会い、飲食店で食事をした後、午後11時ころに被害者も了承する形で被疑者宅に赴いている。

　　被害者が自宅に行くこと自体は了承していたことは、途中で立ち寄ったコンビニエンスストアの防犯カメラ映像などからも明らかであると思われる。

　　深夜に相手男性の自宅に行くということ自体、相手男性に一定の好意を持っていたことの表れである。

4　性行為に至るまでの状況

　　被疑者の自宅における性行為に至るまでの状況としても、被疑者はいきなり性行為に及んだわけではなく、キスをしたり、胸を愛撫したり、陰部を触ったりしたが、被害者がこれを明確に拒絶する様子もなかった。後述するとおり、被疑者は被害者が明確に拒絶する反応を示してからは、すぐに性行為をやめており、仮に途中で被害者が明確な拒絶の反応を示していれば、それ以上の行為に及ぶことは止めていたはずである。

　　かかる状況からすれば、被害者の真意としては当日に性行為にまで及ぶことは希望していなかったのだとしても、羞恥の気持ちや被疑者に嫌われたくないという気持ちなどから、被疑者による行為を明確に拒むことまではせず、被疑者との関係では受け入れていたと考えるべきである。

5　性行為の際の状況について

　　その後、被疑者が性行為にまで及ぼうとし、実際に性行為に至った

際には、避妊具を装着しようとしなかったことについて疑念を抱くような素振りは見せていたものの、被害者が明確な拒絶の反応を示したのは、性行為を開始して少ししてからのことであり、その反応を見た被疑者は、その意味を分かりかねていったん性行為を続けたものの、さらに被害者が拒絶の反応を示した際には、無理に性行為を続けるような行動はとっていない。

　かかる経緯からすれば、避妊具を装着しない形での性行為に及ぼうとする被疑者に対して不信感を抱いて気持ちが変わったと考えるのが自然であり、性行為に及ぼうとした時点では少なくとも仕方がないという容認の程度には性行為を承諾していたと考えるのが自然である。

6　暴行について

　なお、本件被疑事実としては、押し倒して馬乗りになり、その両手首を右手で掴んで床に押し付けるという暴行があったとされているところ、それらは性交渉に通常随伴する程度の有形力の行使であるとも思われ（しかも、暗い中である程度密着した状況での被害者の被害認識であり、供述するとおりの暴行内容だったか自体に疑問がある）、かかる暴行内容自体から被害者の反抗を抑圧するような形での姦淫行為だったと即断することはできない。

7　小括

　以上のとおり、少なくとも性行為に至った時点では容認という程度には性行為についての被害者の承諾はあったのであって、強制性交等の非行は認められないことは明らかである。

第3　被害者の承諾があることの誤信

1　仮に被害者が真意に承諾をしていなかったとしても、被疑者は性行為に至った時点では被害者の承諾があると誤信していたのであり、強制性交の故意が認められず、やはり強制性交等の非行は認められない。

2　まず、第2項でも詳述したとおり、そもそも当時の客観的状況としても、被疑者が被害者の承諾があると誤信してもやむを得ない状況があった。

　すなわち、本件の客観的状況としては、出会い系アプリで知り合って約2週間SNSでやりとりをし、一緒に食事をした後に午後11時ころ

という夜遅い時間帯に被疑者宅に一人で来ている。さらに、被疑者は、いきなり性行為に至ったわけではなく、手を重ねるなどのボディタッチに始まり、キスをしたり、胸を愛撫したり、陰部を触ったりするなど段階を踏んでいっているが、これらの行為に対して被害者において明確に拒絶するような言動はなかったのであり、そのような状況からすれば、性行為に関して被害者の承諾があると被疑者が誤信してもやむを得ない客観的状況があったのである。

　また、被疑者は性行為に至る中で、わざわざ部屋の電気を消しているが、テレビの明かりしかないような暗い状況では、被害者の反抗を抑圧しながらの性行為は難しいはずであり、あえて電気を消したという行為からも、被疑者自身は被害者の承諾があると信じており、無理やり性行為に及ぶことは考えてはいなかったことが分かる。

　このような事情からも、被疑者は真意に基づく承諾があるものと誤信していたものであり、故意が認められず、強制性交等の非行は認められない。

第4　結論

　以上のとおりであり、本件被疑事実については、①性行為自体についての被害者の真意に基づく承諾はあったし、②仮に客観的には承諾がなかったのだとしても被疑者は承諾があると誤信していたのであり、強制性交等の非行は認められない。

　したがって、被疑者については嫌疑なし又は嫌疑不十分を理由として家庭裁判所へ送致しないべきである。

以　上

【書式9】 観護措置決定しないように求める意見書

窃盗未遂保護事件

意 見 書

令和○年○月○日

福岡家庭裁判所　御中

少　　　　年　　　○　○
付添人弁護士　　福岡　九州男

　上記少年に対する窃盗未遂保護事件につき、以下の理由により少年鑑別所送致を伴う少年法17条1項2号の観護措置に付する必要性はなく、在宅における調査・審判が相当と思われるので、2号観護措置を決定されないように意見を述べる。

第1　2号観護措置の要件
　1　2号観護措置の要件として、通常、次の事項が指摘されている（武内謙治「少年法講義」217頁）。
　　⑴　少年が住居不定であること及び逃亡すると疑うに足りる相当な理由があること
　　⑵　証拠湮滅の可能性があること
　　⑶　身柄を拘束しておかないと、審判又は調査のための出頭確保に不安がある場合
　　⑷　少年の環境の状況から判断して、少年の調査・審判のために身柄拘束の必要性のある場合
　　⑸　身柄を確保しておかないと再犯の危険性がある場合
　　⑹　少年の心身の状況、性格傾向からみて、その身体を確保しなければ、心身鑑別が十分に行えないと認められる場合

(7) 決定の執行を確保する必要性がある場合

2 しかし、少年においては、以下述べるとおり上記要件は全く満たしておらず、2号観護措置がとられるべきではない。

第2 2号観護措置要件の不存在

1 少年は両親と同居中であって定まった住居があり、これまでも特に家出をしたことなどはなく、逃亡のおそれは全くない。

2 すでに捜査は終了しており、少年自身も自らの行った行為を認め、警察官の取調べに対しても余罪も含め積極的に供述していることもあわせ考えれば、証拠湮滅の可能性は全くない。

3 少年は、上述のとおり警察官や検察官の取調べに対しても積極的に自らの行った行為を供述しており、その姿勢は調査や審判においても同様であると考えられる。同居の両親も、少年を伴って審判に出頭するつもりであり、少年自身も必ず出頭することを誓っている。したがって、出頭確保に不安はない。

また、同様に決定執行の確保についても不安はない。

4 少年は、両親及び妹と同居中の高校生であり、高校にも柔道部の推薦で進学しており、入学後は毎日の朝練や放課後の練習に出席し、高校も真面目に通っていて、理由のない遅刻や早退、欠席はない。

本件非行は、毎日朝から夜10時まで柔道漬けの日々を送っていることを不憫に思った両親が、今年の10月頃から門限を12時とし、夜に友達と遊ぶことを許したことが発端となり、同級生らと遊ぶ中で、同級生が主導するのに追随してしまい、起こしてしまったものである。

したがって、そもそも非行性はそれほど深くはなく、またすでに、本人自身が反省を深めている。

現在は夏休み期間であるが、柔道部の練習は毎日ある上、熊本での合宿も予定されているところ、少年は、今後は部活が終わった後はまっすぐ家に帰ることを誓っており、両親も門限を遅くしたことが本件非行のきっかけになっていることを十分に自覚し、今後は少年を厳しく監督していくことを誓っている。

したがって、少年の環境状況からは、身柄拘束を行う必要は全くないし、また、少年の調査や心身鑑別のために身柄拘束が必要であると

いうような事情も存在しない。

5　上述したとおり、少年は柔道の推薦で、柔道については県内でも有数の高校に進学し、現在は１年生であるにも関わらず、柔道部のレギュラーになっている。

　　現在、退学には至っていないものの、これ以上身柄拘束が続き、学校又は部活を欠席するようであれば、退学に至る可能性が極めて高い。

　　少年の更生の面からは、退学を避けることが望ましいことは自明であって、観護措置をとることによる不利益が極めて大きい。

第3　結語

　　以上より、少年については観護措置の必要性はなく、また鑑別所に収容することに伴う不利益も大きいことからすれば、少年自身の更生のためにも観護措置をとらず、在宅での調査・審判を進められるよう、意見を述べる次第である。

　　なお、観護措置決定手続時には、付添人及び少年の両親が在庁する予定であり、裁判官が少年に伝えること、少年が約束することなどを確認し、それぞれに共有し、今後の環境調整などに生かすためにも、付添人及び少年の両親の陳述録取手続への同席を希望する。

以　上

【書式10】 観護措置決定に対する異議申立て

令和○年（少）○○○号　福岡県迷惑行為防止条例違反保護事件
少年　○○○

観護措置決定に対する異議申立書

令和○年○月○日

福岡家庭裁判所　御中

弁護人　　福岡　九州男
TEL　○-○-○
緊急時　○-○-○

申　立　の　趣　旨

上記少年に対して令和○年○月○日に福岡家庭裁判所裁判官がなした観護措置決定を取消す
との決定を求める。

申　立　の　理　由

第1　非行事実の概要

　本件非行事実は、コンビニエンスストア店内において盗撮目的で被害者のスカート内にスマートフォンを差し向けたという福岡県迷惑行為防止条例違反（盗撮）の事案である。

　本件においては、少年法17条の「審判を行うため必要があるとき」の要件を満たさないため、少年に対する観護措置は違法であるから、速やかに取り消されなければならない。以下、詳細な理由を述べる。

第2　少年法17条の「審判を行うため必要があるとき」の解釈

　1　実体的要件

　少年法17条は、観護措置決定を行うための要件として、「審判を行うた

め必要があるとき」と規定するのみであるが、少年法の精神（少年法1条）、少年の観護の鑑別という観護措置決定の目的及び機能に鑑み、①審判要件が存在し、②非行事実の存在を疑う相当の理由がある場合であって、かつ③審判を行う蓋然性があり、④観護措置を行う必要性があることを要するものと解するのが相当であり、このことは学説・裁判例においても特に異論はないものと思われる。

2　観護措置を行う必要性がある場合

このうち、観護措置を行う必要性がある場合とは、住居の不定、逃亡または罪証隠滅のおそれがある場合（刑訴法60条参照）に加えて、心身鑑別を行う必要性がある場合、少年を暫定的に緊急保護する必要性がある場合（虐待や自殺・自傷の危険性がある場合、悪環境から切り離す必要性が高い場合など）のことを言うものと一般には理解されている。また、後述するように、勾留の必要性との平仄からも、観護措置を行うことによる公益的利益が観護措置により少年に与える不利益を上回っている、狭義の観護措置の必要性があることも要件となるものと解するのが相当である。

第3　観護措置の必要性

1　総説

本件では、罪証隠滅の可能性、逃亡の可能性及び心身鑑別の必要性が観護措置の必要性を基礎づける要件として掲げられている。

2　罪証隠滅の可能性なし

(1)　法律解釈

刑訴法60条の解釈としては、被疑者が「罪証を隠滅すると疑うに足りる相当な理由」については、単に抽象的な可能性を検討するのではなく、事件の証拠構造を踏まえ想定される証拠の性質ごとに、現に隠滅が可能かどうか、仮に可能であるとして少年が隠滅に及ぶ動機や蓋然性が認められるか、どれほどの実効性があるかを個別具体的に検討し、その上でなお、被疑者が罪証隠滅行為に及ぶと疑うべき抽象的な蓋然性が認められるかを検討する必要があるとされている。

具体的には、個々の事案に即して、抽象的ではあるものの、罪証

隠滅行為に及ぶと疑うに足りる蓋然性、現実的見込みが認められるかを慎重に検討しなければならない。言うまでもなく、抽象的に想定される罪証隠滅行為が、実効性に乏しいとか、行為動機に乏しいとなれば、その場合、抽象的蓋然性や現実的見込みには欠け、勾留は認められないものと解されている。

　ところで、観護措置決定は、検察官が少年を家庭裁判所に送致した際に行われるものであるが、検察官は、必要な捜査を行った上で、少年審判を維持できるだけの証拠が確保できたと判断したからこそ、少年を家庭裁判所に送致したものである。そうであるとすると、捜査段階に比較して、罪証隠滅のおそれは著しく低下していることが通常であるから、かかる状況においてもなお、少年の身体を拘束してまで罪証隠滅行為を防止しなければならないだけの、具体的な差し迫った事情が存在することを要すると解するのが相当である（同旨、武内謙治 「少年法講義」218頁）。

(2)　証拠構造

　本件は、いわゆる盗撮の事案である。本件では、コンビニエンスストアにおいて、少年が被害者に対してスマートフォンを用いて盗撮をしようとしているところを店員に目撃され、そのまま少年が現場から逃走したという事案である。

　従って、罪体に関しては、少年のスマートフォン及びその内部データ、被害届、被害者の供述、店舗の防犯カメラ、店舗の見取り図、現場状況を撮影した写真撮影報告書、近隣に設置された防犯カメラの画像、コンビニエンスストアの購入履歴、犯行を現認した目撃者の供述、少年の供述などが中心的な証拠になるものと考えられる。

(3)　罪証隠滅の現実的可能性がないこと

　本件では、少年が盗撮しているところを店員に目撃されており、少年はその場から逃走したものの、当然、目撃者または被害者において直ちに110番通報するなどして警察に被害申告をしたはずであるから、被害届、被害者の供述、店舗の防犯カメラ、店舗の見取り図、現場状況を撮影した写真撮影報告書、コンビニエンスストアの購入履歴、犯行を現認した目撃者の供述などについては、通報を受けて

駆けつけた警察官などがこれらの証拠を保全しているはずである。このうち、防犯カメラの映像や店舗の見取り図等の客観的証拠については、捜査機関において保管中である以上、少年が証拠隠滅を行うことは不可能であるし、被害者や店員については、その供述はすでに調書化されているであろうし、少年とは面識がないため、少年がこれらの者に働きかけて供述の変更を迫ることは不可能である。

　また、本件では、少年は一旦、現場から逃走したものの、約8日後に警察官が少年のもとを訪れて通常逮捕しているという経過をたどっているが、これは近隣の防犯カメラ映像等の客観的証拠を捜査機関が保全し・解析したからこそなしえたものであると考えられ、そうである以上は、これらの証拠についてもすでに保全が完了しているはずである。これに加えて、スマートフォンについては、少年を逮捕した際に捜査機関が差し押さえており、すでに解析が行われているものと思われる。

　そして、少年自身、本件被疑事実を認めた上で、被害者や店員に一切接触しないこと、犯行現場となったコンビニには近づかないこと、その他犯罪の証拠を隠滅し、または隠滅すると疑われるような行為は一切しないことを誓っており、少年の両親及び兄もこの点について少年をしっかりと監督することを誓っている。

(4)　被害者の示談交渉の予定

　少年は、弁護人を介して、今後は被害者と示談交渉を行っているが、現在、被害者の父親及び母親が示談に積極的でないため、示談交渉が進捗してない。しかし、被害者の両親は、弁護人による示談の申出を確定的に断っているわけではないため、少年は、今後も弁護人を介して示談交渉を行っていく予定である。

　そうである以上、少年が自ら被害者に被害届の取り下げを迫る等すれば、弁護人による示談交渉自体が台無しになってしまうものであり、少年はそのことを十分理解している。従って、被害者に対する働きかけを理由に罪証隠滅の恐れありということは到底できない。

(5)　その他

　なお、勾留の可否を決するに当たって、被疑事実以外の余罪を考

慮することは一罪一逮捕一勾留の原則に照らして相当でないため、余罪捜査や常習性に関する証拠隠滅のおそれ等を理由に刑訴法60条2号に該当すると言うことはできない。そして、その他の重要な情状事実に関する罪証隠滅のおそれがないこともまた明らかである。

　　また、捜査段階においては、勾留決定に対する準抗告審（福岡地決平成31年〇月〇日平成31年（む）第〇〇〇号）、勾留延長決定に対する準抗告審（福岡地決平成31年〇月〇日平成31年（む）第〇〇〇号）においては、少年が非行に用いたスマートフォンを水没させたことや、犯行時に現場から逃走を図ったことが問題視されているが、これはいずれも過去の行為を指摘するに過ぎず、少年が今後も同様の行為を及ぶことの理由付けにはならないのであって、これらの裁判例における判断は誤りである。

(6)　結論

　　以上から、本件では、罪証隠滅のおそれは存在しない。

3　逃亡の可能性がないこと

　　少年は、本件で逮捕されるまでは、美容師を志して専門学校に通学し、美容師になるための技術や知識の習得に真面目に取り組んでいた。また少年の両親及び兄は、県外において少年とは離れて生活しているが、少年の母は2週間に1回程度の頻度で少年のもとを訪れていた。また、自宅近くにある美容室において、正社員として真面目に稼働していたものである。

　　従って、少年がこれらの安定した通学先や勤務先、家族を顧みることなく逃亡に及ぶ可能性はない。

　　そして、少年の両親及び兄は、少年に逃亡したり、逃亡すると疑われるような行為は一切させない旨を誓約している。何より、少年自身もこれらの行為に及ばない旨を誓約している。

　　以上から、逃亡のおそれは存在しない。

4　心身鑑別の必要性がないこと

　　少年は、住居侵入罪（下着を盗む目的で住居に立ち入った）により保護観察中であるが、前回の非行の際に、別の少年鑑別所において心身鑑別を受けている。本件は、前回の非行からさほど時間も経過して

いないのであり、重ねて少年の身体を拘束してまで心身鑑別を行う必要性はどこにも見いだせない。

5　狭義の観護措置の必要性もないこと

(1)　観護措置の必要性に関する法解釈

　　刑訴法においては、勾留の必要性について刑訴法は明文の規定を置いていないものの、勾留の理由とは別途に勾留の必要性が要件として存在し、勾留の理由があっても勾留の必要性がない場合には勾留請求を却下すべきとの見解は裁判例においても確立しており、前掲最決平成26.11.17及び最決平成27.10.22もこのことを当然の前提としている。

　　勾留の必要性を判断するに当たっては、被疑者勾留による公益的利益と、これによって被疑者が被る不利益とを比較衡量し、被疑者勾留が相当か否かを判断することが求められる。具体的には、勾留理由の認められる程度、事案の軽重、逮捕時間内での事件処理の可能性、前科前歴の有無、被害者との示談の状況、勾留による不利益の程度、身柄引受人の存在等が挙げられる（安藤範樹『勾留請求に対する判断の在り方について』刑事法ジャーナル40号11頁以下参照）とされている。

　　このことを踏まえると、観護措置を行うに際しても、逃亡のおそれ及び罪証隠滅のおそれが認められたことから直ちに観護措置決定が適法なものとなるわけではなく、観護措置を行うことによる公益的利益と、観護措置によって少年が被る不利益とを比較考量した上で、観護措置を行うことが真にやむを得ないものである場合に限って、観護措置が適法なものとなると解するのが相当である。

(2)　本件における検討

　ア　本件において、住居不定、罪証隠滅のおそれ、逃亡のおそれないことは既に述べた通りであるが、仮にこれが認められたとしても（1号については認める余地はない）、逃亡のおそれについても罪証隠滅のおそれについても極めて少ないものである。

　イ　本件は福岡県迷惑行為防止条例違反であり、その法定刑は6月以下の懲役または100万円以下の罰金刑であるから、軽微な犯罪

である。本件では、少年は少年として家庭裁判所の審判による保護処分を受ける可能性や、成人同様に検察官送致されて刑事処分を受ける可能性がいずれも考えられるが、いずれにしても、住居侵入罪で保護観察処分となった非行歴2件を有するに過ぎない少年については、本件の処分としても、保護観察処分や略式命令による罰金刑等が想定され、予想される処分は重いものではないと見込まれる。

ウ　少年は上記の通り、専門学校に通学しているものであるが、身体拘束が長引けば同校を退学処分などになってしまう可能性もある。また、勤務先についても、身体拘束が長引けば解雇される可能性がある。

エ　本件で、被害者については弁護人を介して示談交渉を行っている最中であり、かつ、少年は被害者と本件以前に面識はないから、被害者に対する働きかけの可能性に乏しいことは既に述べたとおりである。

オ　少年の両親及び兄は、少年と頻繁に連絡を取り、母親が1～2週間に1回程度の頻度で少年のもとを訪ねることによって、少年を監督し、逃亡や罪証隠滅行為をさせないと誓約している。そして、少年自身も、こうした行為に及ばない旨を誓約している。

カ　また少年は、19歳の少年であり、未だ心身共に未発達な面もあるから、長期間の身体拘束によってその心身の成長に悪影響が生じる可能性が高い。

キ　少年は、自らが下着を盗む行為や盗撮行為に深く依存していることを直視し、依存症の当事者である自助グループに通所しながら、自らの性癖と真摯に向き合いたいと考えている。同団体は、通所または入所が原則であるから、少年鑑別所に収容された状態では利用することができない。少年が自発的に更生の意欲を示している以上、速やかに少年の身体拘束を解放の上、当該自助グループと接触する機会を与えるのが相当である。

　また、少年及びその保護者は、少年について、近日中に精神科病院を受診する予定としている。

(3)　類似の裁判例

略

(4)　結語

　　　以上より、本件においては観護措置の必要性が認められない。

第4　結論

　　以上を総合するに、本件では、観護措置決定を行う必要性は皆無であるから、少年に対して観護措置決定を行った原決定は違法であり、速やかに取消されなければならない。

以　上

疎明資料

資料1　少年本人の誓約書

資料2　少年母の誓約書

資料3　少年父の誓約書

資料4　少年兄の誓約書

資料5　勤務先のウェブサイト

資料6　勤務先店長の電話聴取報告書

資料7　以下略

令和○年（少）第○○○○号　証人威迫保護事件

観護措置取消しを求める上申書

令和　年　月　日

福岡家庭裁判所　御中

少　　　　　年　　○○
付添人弁護士　　福岡　九州男

上　　申　　の　　趣　　旨

　上記少年に対する頭書事件についてなされた観護措置は、すみやかに職権により取り消されるのが相当である。

上　　申　　の　　理　　由

第1　観護措置の必要性なし
　1　身柄確保の必要性なし
　（1）　定まった住所あり
　　　　少年は、自営業を営む父親と、パート勤務の母親、専門学校生の姉と同居しており、事件当時など仕事のないときには帰宅時間が遅いという事情はあったものの、無断外泊などはなく、住居は定まっている。
　　　　観護措置が取り消された場合も両親の監督の下で自宅に住むことを予定しているし、調査や審判のためには両親が責任をもって出頭させることができる。
　（2）　罪証隠滅の可能性なし
　　　　本件非行は、証人威迫という罪証隠滅に向けた非行内容ではある。

しかし、そもそも証人威迫の対象となっていた事件は、少年らがいたずらで110番通報を行い、駆けつけた警察官をからかうといういわゆる「パト戦」（パトカー戦争の略。地方によっては、「ポリ鬼」「警察鬼ごっこ」などの名称で呼ばれることもある）であり、警察の業務に支障を来しているという点では悪質ではあるものの、軽犯罪法違反に過ぎない。

　少年としては、安易に考えて共犯者間で口裏合わせをし、それが本件証人威迫となっているが、共犯者間のLINEのやりとりをみても、少年らが話し合って口裏合わせすることを決めたというのが実態に近く、具体的な威迫文言からしても、証人威迫自体の悪質性が高い事案でもない。

　その意味では、先行した軽犯罪法違反も含めて、非行そのものは決して重いものではなく、前歴の内容等から考えてもそれほど重い処分が予想されるわけではない。

　一方で、少年自身、そのように安易な考えで「パト戦」をしたり、口裏合わせをしたことによって逮捕・勾留され、20日間以上身体拘束を受けることになったのであり、自らの安易な行為を深く反省しているところであり、逮捕後すぐに事実関係を認めて供述調書の作成にも応じてきているのであり、今回釈放されたとしても、再び何らかの罪証隠滅を図る行為に出るとは考え難いところである。

　また、捜査の進捗状況としても、口裏合わせの状況を含むスマートフォンのデータ等が証拠として確保され、すでに軽犯罪法違反の共犯少年の大半について取調べが行われ、軽犯罪法違反の事実を認める供述調書が作成されてきているし、証人威迫についても被害少年の供述調書はすでに作成されており、かかる状況で口裏合わせをすることも不可能であり、罪証隠滅のおそれは客観的にもない。

(3)　逃亡のおそれなし

　また、本件非行が軽微なものであり、中学2年時の万引きでの非行歴を1件有するにとどまる少年については予想される処分がそれほど重いものになるとは思われないことや、少年が両親と同居しており、両親が少年の出頭確保を約している状況にあっては、逃亡の

現実的可能性もない。

2　心身鑑別の必要性なし

　　また、少年については以下述べるとおり、観護措置をとってまでの心身鑑別の必要性も見当たらない。

　　上述したとおり、本件非行は、遊びの延長のような形での軽犯罪法違反とそれに関する口裏合わせによる証人威迫であるが、それほど要保護性の高さが認められるような事案ではない。

　　少年には中学2年時の前歴があるものの、その後は特に非行等は見当たらず、中学2年時と比較して要保護性が高まっているわけではなく、むしろ解消に向かってきている。

　　少年は、身体解放後は、従前から通学していた通信制高校に通いながら、アルバイト先等を探して生活を立て直し、高校卒業に向けて努力する所存であり、今後、一生懸命勉学や仕事に励む決意である。

　　前回の審判不開始前の調査においては、ADHDの疑いが生じ、その点の検査等を調査官から親に求めていたところであるが、少年の両親はその後きちんと検査を受けさせ、その調査結果も踏まえて子どもの指導監督をしてきているところであり、家族関係に問題があるわけでもないし、すでに教育委員会による知能検査も受けていることからしても、改めて鑑別所による心身鑑別を行う必要性も見当たらない。

3　以上のとおりであり、観護措置決定後に判明した事実関係や検察からの追送記録等からすれば、観護措置を継続する必要性はない。

第2　身体拘束から解放する必要性

1　通信制高校の単位

　　少年は、中学卒業後、通信制高校に進学したものである。通信制高校は、自分のペースで課題をこなして単位を積み重ねることで卒業へと至るという性質を有する。もっとも、週に1回程度は通学する必要がある。

　　しかるに少年は、本件のために20日以上にわたって身体を拘束されており、高校の勉強が全くできていない状況にある。このまま身体拘束が継続した場合、単位不足により原級留置を余儀なくされ、卒業がその分遅れてしまうことが予測される。

少年は、せめて高校は卒業したいという意向であり、現代の我が国
　における高校卒業、大学進学率の高さにも鑑みれば、早期に身体を解
　放した上で、高校卒業に向けて勉学を再開することが好ましいことは
　言うまでもない。
2　身体拘束期間の不当な長期化
　　これまで述べたとおりであるが、本件は重大犯罪、凶悪犯罪の部類
　に属するものでもないのに、少年は逮捕・勾留を経て20日以上にわた
　って身体を拘束されている。成人に比較して、少年時代の1日という
　のは毎日が重大な意味を持つのであり、少年が20日以上身体を拘束さ
　れていることは、成人に当てはめればその何倍も身体拘束されている
　に等しいものと言わなければならない。
　　憲法38条2項は、「不当に長く抑留若しくは拘禁された後の自白」に
　証拠能力を否定し、刑事訴訟法91条1項は、勾留による拘禁が不当に
　長くなったことを勾留の取消事由としているが、少年に対する観護措
　置においても、先立つ逮捕・勾留による拘禁を含め、不当に長い身体
　拘束を認めるのは相当でないことは論を俟たない。
第3　結論
　　以上の次第であるから、少年については、観護措置の必要性が失われ、
　むしろ身体拘束から解放する必要性が高まっているのであり、観護措置
　はすみやかに取り消されるべきであると思料する。
以　上

【書式13】 保護処分に関する意見書（不処分）

令和○年（少）第○○○○号　窃盗保護事件

意　見　書

令和○年○月○日

福岡家庭裁判所　御中

少　　　年　　　○　○　○　○
付添人弁護士　　福岡　　九州男

上記少年に対する上記事件について、付添人の意見は以下のとおりである。

意　見　の　趣　旨

上記少年については、不処分とするのが相当である。

意　見　の　理　由

第1　非行事実について

1　本件非行事実は、同級生と一緒に車上荒らしをし、自らは見張り行為を行なったという窃盗事件である。

2　この点、本件は車上荒らしではあるが被害額が大きいわけではなく、また本人がとった行動としては、近くで周りを見ていたというだけにとどまり、結局のところ逮捕者に見つかって、現行犯逮捕されているのであり、犯行への寄与も低いものにとどまり、軽微な事件であるといえる。

　　また、少年自身が主導したわけでもなく、同級生からの誘いに乗って従属的に行なわれたものである。

3　したがって、非行事実そのものからすれば、それほど要保護性のある事件であるとはいえない。

302

第2　要保護性について
　1　普段の生活状況について
　　　今回の保護事件の背景には、学習塾の帰りに徘徊するなどの生活の乱れがあった。
　　　これに関しては、少年自身及び少年の母親もその問題性を認識し、勾留が解けて以降は、夜間外出などは全く行なっていないし、学校にも真面目に通っている。
　　　また、4月からは高校進学も決まっており、今後も真面目に生活していくことが期待できる。
　　　したがって、この点についての要保護性は解消されている。
　2　親子関係について
　　　少年の両親は離婚しており、そのことが少年及び母親に影響を与えている面がある。すなわち、少年には父親的な存在がおらず、また離婚の原因が父親の少年を含む家族に対する暴力であったことも災いして、母親は少年に注意するに際しても、あまり強く注意することができないという面があった。
　　　しかし、少年の母親は、今回の件で、この問題を認識し、今後は少年を甘やかせず、叱るべきとこころでは叱っていこうと考えている。
　　　加えて、もともと少年と母親との関係は良好であることもあわせて考えれば、この点でも要保護性は大きく解消されている。
　3　友人との関係
　　　少年は、本件非行に同級生に引っ張られるような形で関与しているところ、そのような友人関係を見直そうと考え、勾留が解けて以降は今回共犯者となった同級生らとは一緒に遊んだりはしていない。
　　　また、現状では、今回共犯者となった同級生らとは別の高校に進学する可能性も高い。
　　　したがって、友人との関係での要保護性を大きく解消されている。
第3　結論
　　　以上のように、少年には非行反復傾向はなく、要保護性はもともと低かった上に現状では大きく解消されているのであり、保護処分は不要である。

よって、付添人は、少年を不処分とすることが妥当であると考える。

以　上

令和〇年（少）第〇号

暴行・暴力行為の処罰等に関する法律違反・銃砲刀剣類所持等取締法違反
保護事件

意　見　書

令和〇年〇月〇日

福岡家庭裁判所　御中

少　　　　年　〇〇

付添人弁護士　福岡　九州男

　少年に対する頭書事件について、付添人の意見は以下のとおりである。

意　見　の　趣　旨

　上記少年については、保護観察とするのが相当である。

意　見　の　理　由

第1　非行事実について

　　非行事実について、少年は、被害者に対して馬乗りになって、ナイフを突き付け、「なめんなよ」などと申し向けたなどとされているが、非行事実について、争いはない。

　　本件非行の動機は、少年が被害者との間で口論となり、感情的になって行ったものである。また、少年が暴力行為を行ったのは、本件非行のみである。

　　したがって、非行事実からは少年の非行傾向が進んでいるということはできない。

第2　要保護性について

1　少年の課題
(1)　本件非行は、少年が被害者の日頃の態度や行動に嫌気がさして、互いにトラブルとなって少年が行ったものであり、短絡的なものである。

　　少年は、その場その場で感情的になり、後先考えずに行動する部分がある。また、事件化されなければ大丈夫だという考えもあり、少年自身の行動がどういった結果につながるのか、甘く考えている部分がある。

　　以上からすると、少年の課題は、やってはいけないことはどのような理由があってもやってはいけないことだと認識することができるか否かにある。

(2)　また、少年は、幼少期から、父親や施設関係者から暴力を振るわれたり、職場では従業員が暴力を振るうことが日常的であり、暴力に親和性のある環境で生育してきた。そのため、暴力行為に対する規範意識が欠如していた。

　　かかることからすると、少年の課題は、暴力行為に対する規範意識を高められるか否かにある。

2　要保護性の解消
(1)　反省を深め、暴力行為に対する規範意識が高まってきていること

　　少年は、勤務先で一生懸命働いたり、週に1度、保護司から、勉強を教わり、勉学に励んでいたりする等、真面目に生活を送ってきた。実際、少年は、通信制高校への入学も考えており、本件非行事実で逮捕された翌々日に行われた通信制高校の説明会に参加する予定であった。

　　そのような状態であったにもかかわらず、少年は本件非行に及んでしまった。

　　しかし、少年は、逮捕・勾留され、観護措置がとられたなかで、自らの行為や今後のことについて再考した。

　　少年は、令和○年○月○日、付添人らと警察署で面会した際、「被害者本人とは仲直りしたのに、職員が通報して事件化された。納得できない。」と本件非行により逮捕・勾留されたことについて不満を

述べていた。その後も、「相手から手を出されたら手を出していい。父親からもそう言われていた。」などと話し、暴力行為に対する規範意識が低い状態であった。しかし、その後、付添人だけでなく、会社の方や、以前から仲良くしていた方が面会に来てくれ、「自分をコントロールすることが大事。手を出したらいけない。」などと言われたことにより、少年は自身の行為について反省を深めていった。

　　また、勤務先の代表取締役との手紙のやり取り・面談や保護司との面談を経て、反省を深めてきた。

　　以上から、少年は、勾留や観護措置を経て反省が深まってきている。

(2)　進路について

　　少年は、本件非行事実を起こした際、寮で生活し、勤務先で稼働していた。そして、少年は、保護司でのところに赴き、高卒認定試験や通信制高校への入学試験のための勉強にいそしんでいた。

　　そして、少年は今後のことについて、勤務先で少しでも早く会社の力になれるよう頑張って働きながら学歴も取得していきたいと話し、ゆくゆくは高卒認定試験の取得を目指すとのことである。

　　このように、少年は、今後のことについて具体的に目標を決め、目標の実現に向けて頑張っていこうと決意している。

(3)　両親について

　　少年は、上述のとおり、両親が少年に対しどのように考えているのかを考えることができるようになっており、「今まで両親に迷惑をかけたから、働いて仕送りをして少しでも恩返しをしたい。」と話すようになり、少年自身が両親への想いを述べるようになってきている。

(4)　勤務先について

　　本件非行事実以前から少年が就業していた勤務先にて、同社の代表取締役が今後も少年の就業することを確約しており、少年自身も同社で働くことを希望している。保護司は、上述のとおり、少年のことを考え、少年の更生に向けて、少年との面会を複数回行い、少年と手紙のやり取りを行っている。

　　また、少年の今後の居住について、少年の就業先である勤務先の代表取締役が同社の寮で受け入れることを確約しており、少年も勤

務先の寮で居住することを望んでいる。

　　したがって、勤務先の代表取締役の少年に対する十分な観護・監督が期待できる。

(5)　保護司との関係について

　　少年は、上述のとおり、保護司を慕っており、今後も保護司のもとで、勉強し、高卒認定試験の取得や通信制高校へ入学することを希望していて、保護司も少年の受け入れを希望している。保護司は、本件非行事実前から、少年と密接にかかわっていて、今後も手厚いサポートを行うことを確約している。

(6)　小括

　　以上から、少年は、一歩ずつ前進しており、少年自身の課題を克服してきているところである。職場の上司や保護観察官及び保護司のサポートを受けながら、少年の更生意欲を支え、少年を社会内で処遇することは十分可能である。少年には、勤務先の代表取締役という監督者がおり、今後も仕事を行っていく目途が立っていることや保護司のサポートを受けられることから、施設への収容を踏まなくても、少年が更生できる環境は整っている。

第3　結論

　　以上のとおり、少年の要保護性は、すでにかなりの部分が解消され、さらに今後、勤務先での生活などで大きく改善していくことが予想される。

　　そのため、少年については、社会内処遇による更生が十分期待できる。そして、少年は、上述のとおり、今回、逮捕・勾留され、観護措置がとられた後、更生していることからすれば、保護処分による矯正可能性が高いといえる。

　　よって、付添人は、少年を社会内で処遇すべく保護観察に付するのが相当と考える。

以　　上

【書式15】 保護処分に関する意見書（試験観察相当）

令和○年（少）第○○○○号　建造物侵入・窃盗保護事件

<h1 style="text-align:center">意　見　書</h1>

令和○年○月○日

福岡家庭裁判所　御中

少　　　　年　　○　　○　　○　　○

付添人弁護士　　福　岡　　九　州　男

<h2 style="text-align:center">意　見　の　趣　旨</h2>

　上記少年については、相当の期間、調査官の試験観察に付することが相当である。

<h2 style="text-align:center">意　見　の　理　由</h2>

第1　非行事実について

　本件非行事実は、地元の友人らと一緒に深夜に店舗に侵入し、店舗内の現金10万円を盗み出したという建造物侵入・窃盗事件である。

　いわゆる店舗荒らしの事案であり、非行内容自体としては軽微とは言い難いものの、友人に誘われる形で関わったものであり、少年自身が得た分け前も2万円であって他の少年よりも金額が少ない。

　このような事情からも、関与はあくまで従属的なものであり、その前提で少年の要保護性や処分内容を検討する必要がある。

第2　要保護性について

　1　本件非行に至った原因

　　少年は、前回審判で保護観察処分となった後、単発的な土木作業の

アルバイトなどをしていたが、地元の友人と遊んだり、パチンコをしたりすることで金銭に窮するようになり、周囲から借金を重ねるようになった。

そのような状況の中で、金策に困っているときに、地元友人に誘われて本件非行に及んだというものである。

その意味では、少年の就労状況や経済状況、不良交友等が少年の抱えていた要保護性であり、本件非行に至った原因であるといえる。

2　逮捕以前から見られた少年の変化

少年は、本件非行の後、このままではいけないと自覚するようになり、派遣会社に登録して真面目に稼働するようになった。地元友人との遊興なども少なくなり始めており、パチンコもやめていて、少年は自分なりに現状の借金問題を受け止め、改善すべく努力していたものであるから、この点は少年の精神的な成長として捉えられるべきものである。

3　これまでの保護観察の状況

少年は、前回審判で保護観察処分となったが、本件非行に至るまで保護司のもとに欠席することなく真面目に通っており、保護司も少年の姿勢を評価して保護観察の解除を申請していた。

これに対しては、少年に複数の補導歴があることを理由に解除が認められなかったものであるが、これは仕事で夜遅くなった際に、金髪などの風貌を警察官に見とがめられて声を掛けられたに過ぎない。髪型についても、保護司より指摘を受けるや、自ら髪型を正していたのであって、少なくとも保護司の言うことには素直に従ってきていた。

その意味では、少年に対する保護観察処分は一定の機能を果たして来ていたのであり、今回の非行があったからといって保護観察の継続を否定する必要はない。

4　少年の内省と更生への意欲

少年は、今回逮捕され、観護措置となった中で、改めて自分自身の問題を見つめ直し、遊興費で借金を重ねたこと、それを周囲に相談することもなく、窃盗という手段で安易に乗り切ろうとしたことについて、反省を深めている。特に、パチンコやスロットその他のギャンブルについては、本件非行以降は行っておらず、今後もしないことを決意し

ている。

　また、少年は、ギャンブルで作った借金や、被害弁償金として父親が支出した金員、自動車の残ローンなどについて、今後は真面目に働いて自分の給料から支払っていくことを決意している。そして、自らの金銭管理に問題があることを自覚し、第三者にサポートしてもらうことの重要性を認識している。このように、本件非行に対する少年の内省は真摯なものであるといえ、再非行の可能性は十分に低下したと考えられる。

5　家族関係の変化

　少年については、無関心気味な父親と、過干渉気味な母親との関係性に問題があるということは、前回の審判時にも指摘されていたところである。

　もっとも、今回の逮捕勾留や観護措置を通じて、両親は改めて少年との関わり方について再考し、少年の再非行防止に今以上に力を尽くすことを誓約しており、また自分たちの努力のみでは限界があることも素直に受け止め、第三者のサポートを受けることの重要性を自覚するに至ったものである。

6　交友関係の変化

　少年は、本件をきっかけに、地元の少年たちとの不良交友を断ち切ることとし、地元の友人とは距離を置くことを決意した。実際にも、少年は地元から遠く離れた地域で就労する見込みであるから、地元の不良交友が復活して再非行に至るという可能性はない。

7　新たな就業先について

　少年は、今後について付添人と話し合い、付添人の紹介で、新たな就業先が見つかった。

　この就業先は、これまでに多数の非行少年を受け入れてきた会社であり、具体的な内容については中間報告書でも述べたとおりであるが、さらに資料を追加する。

　少年が新たな就業先で働くこととなった場合、職場から約2キロメートルの距離にある寮で生活することになるが、ここは3度の食事が提供され、かつ門限も設定されており、規則正しい生活が確保できる。

さらに、新たな就業先では、少年の金銭管理に問題があることを踏まえ、少年の給料を一旦預かった上で、必要に応じて使途などを確認しながら渡すこととしている。少年も、自らの金銭管理の甘さが本件非行に結びついたことを受け止め、その指導に服する意向を示している。

8　被害弁償

本件では共犯者の弁護人が被害者と示談を成立させ、少年の父親がその内部負担金として5万円を負担した。この5万円については、少年は今後働いた給与の中から父親に返済していく予定である。

第3　結論

以上のとおり、少年自身は、本件非行や日頃の生活状況に対する内省を深め、更生への意欲を強く有している。また少年の両親も、少年を監護・養育していくことについてあらたな決意を有している。そして、何より重要なことに、少年には安定した勤務先が用意され、更生を支える環境が整っている。

これらの事情に鑑みれば、少年については、これまでの保護観察も一定の効果を上げていたところであり、直ちに少年院送致としなければ更生の見込みがないとはいえず、現時点でいきなり少年院送致の決定をすることは少年にとって著しく酷である。

従って、少年に関しては、直ちに少年院送致の決定を行うのではなく、いったん試験観察に付した上で、新たな就業先での就労を通じた社会内での更生が可能であるか否かを慎重に見極めることが必要かつ相当であり、その上で最終審判を決するべきである。

以　上

添付資料

資料1　雇用証明書
資料2　就労先資料

【書式17】 聴取報告書（雇用若しくは就業について）

令和○年（少）第○○号　道路交通法違反保護事件

聴取報告書

令和○年○月○日

福岡家庭裁判所少年係　御中

少　　　　年　　○○
付添人弁護士　福岡　九州男

　少年に対する頭書事件につき、以下のとおり聴取しましたのでご報告致します。

第1　聴取日時など
　　　　日　　　時：令和○年○月○日　13時～14時
　　　　場　　　所：○○○○
　　　　被聴取者：○○○○（代表取締役）
第2　聴取内容
　1　私は、○の代表取締役です。主に足場工事などを行っている会社です。
　　　少年（以下「○くん」といいます。）の父親は、私にとって、地元の先輩にあたります。○くんのことは2、3年前から知っており、その頃から断続的に当社の仕事を手伝ってもらっています。
　　　今回の非行が、昨年末にバイクを無免許で運転して、人を怪我させたという内容であることは知っています。
　　　当時も、少年は当社の仕事を手伝っており、父親から今回の非行について注意されている姿を見ました。
　2　たしかに、知り合った頃の○くんは、遅刻や欠勤をする等、まだ幼く忍耐強くないところがありました。また、父親に注意されても無免許運転を繰り返していたようなので、不良交友を断ち切れずにいたの

だと思います。

　事件後も○くんに当社の仕事を手伝ってもらっていますが、最近の○くんの仕事ぶりは真面目で、遅刻をすることなく出社し、黙々と材料を運んだり先輩社員と仕事の将来の夢を語ったりしており、見ている限りでは、○くんが不良交友をしている様子は窺えませんでした。

3　○くんは、仕事に打ち込むことができる人物なので、きっと当社に貢献してくれると思います。当社で雇用することが○くんの更生の手助けになれるのではないかと思っています。

　ですので、○くんが鑑別所から出た後には、試験観察若しくは保護観察のいずれであっても、私の当社で雇用する予定です。

　その場合には、○くんが18歳になるまではアルバイトとして雇用する予定です。日給は8000円から1万円で平均月収が22万円から25万円程度となります。また、当社には、社員寮がありますので、○くんが一人暮らしをする際には協力することができると思います。

　仮に、寮に住まない場合であっても、勤務中のサポートや指導はもちろんのこと、朝起こすなどの指導も行います。当社に勤務している若い社員は、最初は朝起きられないこともままあるので、先輩社員が生活指導係となり、朝電話したり、家まで起こしに行っているのです。

　このように、○くんへの協力体制は万全です。雇用後は、○くんが更生できるように生活面や業務面も含めて指導やサポートをしていきたいと思っています。

以　上

【書式18】　報告書（被害弁償）

令和○年（少）第○号　建造物侵入・窃盗保護事件

報告書
～被害弁償について～

令和○年○月○日

福岡家庭裁判所　御中

少　　　　年　　○○
付添人弁護士　　福岡　九州男

頭書少年に対する頭書事件について、以下の通り報告する。

1　本件は、少年が、建設会社の倉庫から建設機械等３点（時価10万円相当）を窃取した建造物侵入・窃盗の事案である。
2　令和○年○月○日、付添人は保護者と共に同建設会社の代表取締役社長と面談を行い、保護者が社長に直接、謝罪をした。その上で、被害相当額の10万円を支払い、被害弁償を行った。
3　以上の経過をここに報告する。

添付資料

1　領収証

以　上

令和　年（少）第○○○○号　強盗致傷、強盗保護事件

意　見　書

令和　年　　月　日

福岡家庭裁判所少年係　御中

少　年　　　○　○　○　○

付添人弁護士　　福　岡　九州男

　上記少年に対する貴庁頭書事件について、付添人の意見は、下記のとおりである。

記

第1　付添人の意見

　　　少年について、刑事処分は不相当であり、保護処分が相当である。その上で、少年院送致（一般短期処遇）とするのが相当である。

第2　保護処分優先主義

　　　少年法42条1項は、少年事件について全件送致主義を採用しており、成人の場合とは異なって検察官の訴追裁量を認めず、いったんは家裁において審理すべきものとしている。その上で、少年法（以下略）20条1項は、家庭裁判所が、当該少年を「罪質及び罪状に照らして刑事処分が相当」（以下「刑事処分相当性」という。）であると認める場合に限り、逆送することを許容している。これは、少年法が、保護処分優先主義をとっており、少年保護手続から事件を離脱させることを例外的な措置としていることの表れである。

　　　また、20条2項をみると、原則的に逆送するものとされているのは、「故意の犯罪行為により被害者を死亡させた罪の事件」、すなわち、他

人の生命という最大の法益を不可逆的に喪失させた事件に限られており、そのような事案でも、但書で逆送としない場合が規定されている。

このように、少年法は、罪質（非行事実の重さ）のみをもって刑事処分相当とすることにはきわめて謙抑的な態度をとっているのであり、このような少年法の姿勢は、本件においても意識されるべきものである。

第3　非行事実の内容

本件は、少年を含む未成年者4名が2件の強盗を行ったという事案である。少年の非行行為は、共犯者であるAから、強盗行為を執拗に誘われ、断り切れずに、Bらとともに、2件の強盗行為に加担したというものであり、少年の非行事実について、特に争いはない。

第4　保護不能でないこと

1　保護処分により少年を更生させることが可能である（保護可能性）

少年の問題点は、以下に述べるとおり、前回の非行後も不良交友を継続し、不良交友や本件非行を持ちかけられた際に断れなかった点にあるが、本件非行後に不良交友を自ら断ち、警察に自首するなどしており、今後、保護処分を課すことにより、少年の問題点をさらに解消することが可能であり、保護処分によって少年を更生させることが可能である。

(1)　本件非行の背景

少年は、中学生の頃からサッカー部でエースストライカーとして活躍しており、スポーツ推薦で特待生として、サッカーの強豪高校である○○高校へ入学したが、活躍することができず、挫折を味わい、高校1年生の冬に高校を退学した。

そのころから、Aらなどの地元の友人たちとの親交が深まり、Aらなどと万引きやバイクなどの暴走行為を繰り返すようになった。そして、本件非行の1年前に、窃盗（万引き）による短期保護観察及び道路交通法違反による交通短期保護観察処分を受けた。

少年は、1年前の前回の非行後に、一度はAらとの交際を断つことを約し、Aらとの交際を断っていた。しかし、少年は、仕事も行

っておらず、学校にも通っておらず、手持無沙汰であったため、A からの誘いを断り切れずに、再び、Aらと不良交友を行うことになり、少年は、Aらとともに本件非行を引き起こした。

　以上に鑑みると、少年の問題点は、不良交友を行い、Aらに誘われるがままに、安易に本件非行を行った点にあり、少年自身が今までの行動を省み、不良交友の問題点を考え、Aらとの関係を断ち切ることができれば、更生が可能であるといえる。

(2)　少年の成長可能性

　ア　共犯少年らとの交際を断ったこと

　　少年は、2件目の非行の際、共犯少年らが、泣いて助けを求める被害者を嘲笑するなど、暴力行為を楽しんでいる様子が窺えたことから、共犯少年らに嫌悪感を抱くようになった。

　　また、少年は、2件目の非行を行った3日後の令和○年○月○日から、○○建設会社で働きだし、とび職という仕事に魅力を感じるようになっていた。○○建設会社の社長も、少年の前歴を知った上で雇用し、二度と再非行させまいと、仕事のことだけではなく、男性として家族を守っていくことの大切などを教えてくれた。

　　幼いころから母子家庭であった少年は、社長を父親のように尊敬するようになり、社長を裏切らないために、共犯少年らとの交際を断つことを決めた。

　　その後、少年は、共犯少年らに「もう連絡しないでほしい、」と伝えるとともに、少年は、共犯少年らの連絡先を携帯電話から削除し、共犯少年との交際を断った。

　イ　警察への自白

　　少年は、共犯少年らとの交際を断った後、一人前のとび職人になるという目標を達成すべく、無遅刻無欠勤で、○○建設会社での仕事を懸命にこなしていた。

　　その後、少年は、本件非行を秘密にしていることや怪我を負わせた被害者への罪悪感に苛まれ、少年は自ら、勤務先の社長と少年の母親に本件非行を告白するとともに、勤務先の社長や少年の

母親に、「警察に自首して全てを話します。今までいろいろ迷惑をかけてきたけど、今回の罪を償ってからやり直します。」などと話した。そして、少年は、本件非行事実を自白して逮捕された。

ウ　少年の反省

少年は、逮捕・勾留され、観護措置をとられた後も、付添人に対し、「被害者に申し訳ないことをした。直接会って謝罪したいが、捕まっているのでできないから、手紙を書いたので渡してほしい。」などと付添人に話し、被害者に対する謝罪の手紙を書いた（資料1）。謝罪の手紙は少年が時間をかけて、被害者の気持ちに思いをめぐらして書いたものであり、少年の気持ちを示すものといえる。

エ　小括

少年は、上述のとおり、目標を見失い、不良仲間との交友に居場所を見出すようになり、本件非行を起こした。

しかし、少年は、○○建設会社で働き、父親のように厳しくも温かく指導してくれる社長との出会いによって、とび職人として生きていくという新たな目標と○○建設会社という新たな居場所を見出した。

また、少年は、他人に強制されたり促されたりすることなく、自ら不良交友を断ち、警察に自白をし、逮捕後も自らの行為を省みている。

以上の事実から、少年は、本件非行後に、更生に向っており、保護処分を課すことにより、少年が更生することが可能であるといえる。

(3)　環境調整

ア　○○建設会社の社長は、少年を継続して雇用することを約している。

イ　また、少年の母親は、被害弁償のための費用を捻出し、付添人とともに被害者へ謝罪しにいくなど、少年の更生のために積極的に動いている。

少年が帰ってきたときには、少年と同居し、少年の社会復帰に

向けて支えていきたいと考えている。

　　ウ　このように、少年には、母親、そして父親代わりの勤務先の社
　　　　長に支えられながら、新しい拠り所であるとび職の仕事ができる
　　　　環境が整っており、少年の更生を図ることは十分可能といえる。

(4)　年齢、人格の成熟度

　　少年は本件非行時18歳6月であり、あと1年半で成人となる。し
　かしながら、少年の成長の度合いには個人差があるため、年齢をも
　って一律に人格の成熟度を語ることは不相当である。

　　少年は、高等学校を1年次に中退しており、○○建設会社に入社
　するまで、社会生活の中で涵養されていく規範意識や他者との関わ
　り方など、社会生活で養われる素養を身につけることができておらず、
　同年代の少年に比して、いまだ人格的に未熟な点があるといわざる
　を得ない。

(5)　小括

　　以上述べたところからすれば、少年に対しては、保護処分により
　更生させることが可能である。

第5　保護不適ではないこと

1　事案の性質及び被害感情

　　少年らは、20代の体力的に充実した年代の男性を対象として本件非
　行を行っており、子供や女性、高齢者など、一般に非力とされる者を
　狙っておらず、被害者への暴行はすべて素手で行われており、バット
　やナイフなどの凶器は用いられておらず、本件非行自体の悪質性が高
　いとはいえない。

　　そして、負傷した1名の傷害の程度は、加療約1週間の打撲擦過傷
　で済んでおり、後遺症等は残っていない。また、2件の被害合計額は
　2万円であり、高額とまではいえない。

　　そして、計画の発案者は、共犯少年Aらであり、少年は計画段階に
　は一切関与しておらず、誘われた当初も、一度、誘いを断っている。
　少年は、金銭的欲求から計画に参加し、2件の本件非行を行っている
　ものの、暴力行為は一切行っておらず、少年が果たした役割は、少年

が一部利益を受けている部分があるものの、共犯少年との関係では従属的なものにとどまっている。

2　被害感情

本件非行については、被害者2名中1名について示談が成立しており、残る1名についても示談交渉が進行中である。示談により、相当程度、被害者の被害感情が収まったものと思われる。

3　社会的影響

深夜の路上で、数名の少年らが、男性に対して暴行を加え金銭を強取するという本件非行が報道され、社会に不安感・恐怖感を与えたことは事実であろうが、社会的な影響が大きな特異な事件ではない。

4　小括

少年が起こした本件非行は、その被害や与えた社会的影響を考えれば決して軽視することのできないものであるが、本件において、保護処分が不適切であるような事情はない。

第6　結論

少年は、すでに2回の保護観察処分を受けているが、その処遇の性質上、少年の生活状況を全面的・総合的に観察できるものではなく、本件少年の抱える問題点を解消するためには十分ではなかった。

ただ、本件少年の抱える問題点は、他の少年のそれと異なるものではなく、保護処分による矯正教育に十分なじむものである。

そして、少年院においては、少年の生活状況を全面的・総合的に観察でき、少年の改善・更生プログラムに沿った教育を実施できるとともに、少年の本件非行の背景にある不遇感や挫折感と、類似の境遇や感情を抱く少年達と生活を共にすることで、自分だけが特別不遇な状況にあるのではないことに気付き、不遇感や挫折感を克服することが見込まれ、少年に適した処遇といえる。

このような適切な処遇による更生の可能性を試すことのないまま、刑事処分を選択することは、少年の更生の機会を奪うものである。

以上のとおりであるから、本件では、少年を刑事処分とすることは相当でなく、少年を保護処分として少年院送致（一般短期処遇）とするの

が相当である。

以　上

【書式23】 意見書（原則逆送事件の家裁に提出する意見書）

令和○年（少）第○号　殺人、殺人未遂保護事件

意　見　書

令和　年　月　日

福岡家庭裁判所　御中

少年　○○　○　○

付添人弁護士　福岡　九州男

　少年に対する殺人及び殺人未遂保護事件について、付添人の意見は以下のとおりである。

第1　付添人の意見

　　　少年について、刑事処分は不相当であり、保護処分が相当である。
　　　その上で、少年を第一種少年院送致に付すことが相当である。

第2　非行事実について

1　本件非行は、経済的にも精神的にも問題を抱えていた少年が、突発的に少年の夫の腹部を突き刺し、少年の夫が死亡したと思い込み、夫なしでは生きていけないと考え、少年の子の腹部を複数回刺して殺害し、自らも練炭自殺を試みたというものである。少年の非行事実について、特に争いはない。

2　本件非行事実の具体的内容
　(1)　本件非行事実の背景
　　　　少年と少年の夫とは、少年の夫の過度の飲酒や束縛等を理由に頻繁に夫婦喧嘩が起きていたが、その際、少年は情緒不安定となり、

衝動的な行為に及ぶという行為を繰り返していた。喧嘩の際にテレビが壊れたり、少年が自分の頭を壁に打ち付けたりするなど、かなり激しい喧嘩となっていた。

このような激しい喧嘩となっていた理由として、少年はその生育歴などから対人関係の対処が非常に未熟であり、依存性と攻撃性との相反する感情が同居することで葛藤を抱えやすかったという点があり、最も大切な人だと当時感じていた少年の夫の関心を得るために、極端な行動をとるということを繰り返していた。

この点、少年の父親に精神疾患があったことや、実際に精神科を受診して精神障害の診断を受け、通院し服薬治療を受けていたことなどから、このような激しい喧嘩となる原因については、精神疾患にあると少年自身も周囲もとらえていた。

(2) 本件非行の直前の経過

事件前日、少年と少年の夫は、友人らと食事をし、カラオケに行ったりしたが、少年と少年の夫は記憶が一部なくなるほど過度に飲酒をしていた。

その後、少年らは、自宅に帰ったが、令和〇年〇月〇日深夜〇時頃、少年は、少年の夫の携帯電話に、女性と少年の夫が腕を組んで映っている写真があることを発見した。

少年は、これまで職場の飲み会と言って昼まで帰宅しなかったことがあること、少年の夫がその写真が撮影された飲み会に、どうしても参加したいと言っていたことから少年の夫の浮気を疑い、一方で自分に対しては男性と連絡をとることすら制限していることについて、少年の夫を問い詰めた。

しかし、泥酔していた少年の夫は、面倒臭そうな態度をとって、少年の質問にまともに答えることはなかった。

少年としては、浮気を疑いつつも、少年の夫から弁解があることを期待していたが、そのような説明・弁解が一切なかったため、本当に浮気をしているのではないかと思うようになる一方、にもかかわらず弁解してきたりちゃんと謝罪してきたりしないというのは、少年の夫と完全に別れる＝大切な存在である少年の夫を失う、とい

324

うことになるのではないかと思うようになった。

　そのため、少年は少年の夫のことが許せないという攻撃性と、少年の夫を失いたくない・浮気を否定してもらいたいという依存性とで葛藤するような心理状態となり、仕事の資料を破ったり、職場に架電し「浮気しているので仕事に行かせたくない」などと言ったりするなど、攻撃的な行動をとった。

　ところが、このような極端な行為に出ても、少年の夫はなんらの反応も示さず、少年は、少年の夫のことが許せないという気持ちが高まっていった。

(3)　本件非行について

　少年は、少年の夫と会話を続けていたが、その内容も少年の期待する弁解なり謝罪なりではなかった。

　そこで、少年が、少年の夫の関心を引くために、机に頭を打ちつけると、ようやく「やめなよ」という程度の反応はあったが、その後は、少年の夫からはほとんど反応はなかった。

　そのため、少年は、かっとなり、突発的に少年の夫の腹部を刺した。少年の夫の傷は、浅かったが、少年の夫は泥酔していたため、意識を失った。

　少年は、少年の夫が意識を失ったのを見て、「夫を殺してしまった。夫なしでは、生きていけない。」と思い、少年の子の腹部を複数回刺して、殺害し、少年は、自らも部屋で練炭による自殺を図った。

3　非行事実そのものの評価について

　実際に死の結果が生じてしまった少年の子との関係では、その直前との少年の夫とのやりとりや少年の夫が死亡したと勘違いをし、少年は強い焦燥感から半ばパニック状態に陥っていたのであり、少年が全く意図しない形で生じてしまった死の結果であったといえる。

　もちろん、このような非行に及んでしまったことについては責任非難を免れないところではあるが、少年のもともとの人格・特質の影響から、強い焦燥感に苛まれ、パニックのような状態になっていたために起こった悲劇的な結果でもあって、その責任非難の程度は相当に軽

減されるであろうし、要保護性という観点からも、そこまで強い要保
護性が認められるわけではない。

第3　保護不能ではないこと

1　矯正可能性

(1)　本件非行の背景

ア　少年が両親から適切な監護を受けられなかったこと

　　本件非行の背景には親の適切な監護をうけられないまま成育し
たために、対人関係を中心とした問題を抱えた少年に対し、多大
な社会生活上の負担が生じていたという事情がある。

　　すなわち、少年の父親は、少年に対して、過大な期待を寄せて
おり、その期待に応えなければ、日常的に身体的、精神的虐待を
行っていた。そのため、少年は、高校生になったころから、家出
を繰り返すようになった。その後、少年は、一人暮らしを始め、
その間に万引きの非行があったが、これ以上の大きな逸脱をする
ことなく、なんとか社会生活を送っていた。

　　少年は、多くの人間にとって、対人関係の基礎となる両親との
関係において、確たる信頼関係を築くことができなかった。その
ため、少年は、常に「自分はありのままでは人に受け入れてもら
えない。」という不安感を有しており、「自分を飾る」必要がある
と感じ、情緒的接触を避けるなど抑制的に振る舞っていた。一方
で、自分に対して愛情を感じていると言ってくれる相手や情緒的
な繋がりを持とうとする相手に対しては、過度に依存する一方で
敵意や不安感情も持つという葛藤状況に陥ることを繰り返した。

　　このように少年は、大きく逸脱せずに事実上1人で生活してい
くという一面では成長した部分を持ちつつ、対人関係等では非常
に未熟な部分を残すというバランスの悪い成長経過を辿ってきた。

イ　少年は精神疾患に罹患していたこと

　　少年は、高卒の資格をとりたい、就業したいという意欲も持っ
ていたため、令和○年○月からは、通信制の高校に進学した。

　　そのころから、少年は、交際男性との関係から情緒不安定に陥

ることが多くなり、精神科を受診することとなり、双極性障害との診断名を受けて通院治療をするようになった

ウ　少年が夫との関係に悩んでいたこと

　少年は、現在の夫に出会い、夫が自分に好意を示してくれることから、交際を始めた。少年は、妊娠したことをきっかけに、夫と結婚し、令和○年○月○日に長女が出生した。

　少年は、初めての子育てをしながら、結婚生活を行っていたが、夫は、就業しておらず、家族の将来を見越して預貯金等について考えるなど、なんらの配慮をすることはなかった。夫は成人しているが、夫、父親としての社会生活上の責任を負うという認識は薄かった。飲酒をすると、暴力的になったり、過去の非行について自慢げに話したりするなど、少年には理解ができない行為をすることが多かった。また、夫は、少年に対して、男性の連絡先を消去させる、男性とのSNSのやりとりすら禁じるなど、過度の行動の制限等を課していた。

　このころ少年は、初めての育児、就学、夫との生活を軌道に乗せるという多くの課題を抱えており、しばしば精神的に不安定な状態となっていた。その原因について、周辺及び少年本人は、夫の具体的行為や、少年の精神疾患に起因するものと考えていたために、少年が、自己を振り返って、行動や情を抑制するという機会を得ることはできなかった。

　夫との関係は、不安定なものであったが、このことが、夫との関係を自分にとって最も重要なものであるととらえていた少年の精神状態に、多大な影響を及ぼしていた。例えば、少年は、飲酒した夫に首を絞められるという衝撃的な体験の後、安定剤の大量服用によって入院している。

　夫とのいさかいは、前述のように暴力的な行為に発展するような状況もあり、少年は何度か離婚を考えたが、少年本人の認識では、唯一本来の少年自身でいることができる夫との関係に執着していたために、離婚をするという決断には至らなかった。

エ　小結

以上のとおり、少年は、両親から十分な監護を受けることができず、未成熟なまま、社会生活を送らなければならない状況にあって、精神疾患に罹患し、夫との関係にも悩んでいた。もともと、少年は、家事や育児等を並行して行うことは不得手であったにもかかわらず、成人にとっても負担の大きい多くの役割を、他人に評価されるようにこなさなければならないというプレッシャーに常にさらされていた。

　　その上、少年と、少年の両親との間には、十分な信頼関係が築かれておらず、また、少年自身が、被虐待経験から、極端に自己評価が低いために、他人との関係を積極的に構築することを避け、また、その能力が培われなかったため、悩みを打ち明けることができる第三者はいなかった。

　　したがって、今回の事件は、未熟な少年に、様々な過大な負担が生じている中で生じた不幸な事件であり、その原因としては、少年自身の責任ではなく、対人関係の構築における未熟性が関連していたものである。

(2)　年齢・性格

　　少年は、19歳であるが、対人関係の面では、非常に未熟な面を残している。これは、対人関係の基本となる、親との信頼関係を構築することが困難であったことに起因するのであり、少年の責任ということはできない。

　　少年は、初めての育児、通学、家庭生活の維持等、少年の生活上、常に大きな負担が生じていたことにより、感情の起伏の幅は大きく、また、夫に大きく依存していたが、一方で夫も未熟であることが悩みを大きくしていた。少年は、少年にとって最も大切であると感じていた夫との関係で、感情が爆発するような経験を多くしている。

　　少年は、医師から双極性障害との診断を受け、通院して投薬治療も受けていたこと等から、それらの感情の起伏については、精神疾患によるものと本人も周囲も捉えており、本人自身の性格や資質の問題であるとして本人が内省を深めるなどする機会は得ることができなかった。

このことは、本人自身の責任ではなく、もともとの生活環境の負担の大きさ、少年には精神障害の素因があるという事実、医療機関でも疾患として対応されていたという事実からこのような対応となったものである。

　少年の性格は、基本的には素直な性格であり、何かを学ぼうという意欲は高い。中学校で不登校になった後も、高卒の資格を取ろうと自ら決意し、実際に、初めての子育てをしながら就学していた。むしろ、結婚を契機に、勉強には、意欲的に取り組んでいた。

　本件非行後、自分のこれまでの行動や物の考え方、特に、夫との関係を最も重要だと考えてしまうことの問題性について気づき、改善の方法を模索し始めたが、本件非行前には、そもそも自身の抱える問題点自体が本人にも周囲にも理解・把握されておらず、これを克服・対応していくための方策も何らとられていなかったのである。

　少年は、まさに、成長の途上にあるのであり、19歳という年齢から、形式的に、矯正可能性がないと評価することはできない。

(3)　成長の可能性

　今回、鑑定を経たことにより、本人の抱える問題がいわゆる狭義の精神疾患ではなく、少年自身の性格や資質の問題であるということが本人にも家族ら周囲にも明らかになった。

　これにより、今後は少年が抱える問題に対応する形で、これを克服していくための方策を本人や周囲がとっていくことが可能となった。

　鑑定のための入院期間中においても、患者らと接する中で、自分のこれまでの行動や考え方を振り返る機会を持った様子であり、今回の鑑定結果も踏まえ、これまでの行動についてさらに内省を深めている。

　このように、少年にはすでに変化が生じてきているのであり、可塑性は十分にあり、少年が抱えている問題を克服し、成長していく可能性は十分にある。

　今回の事件で、自己の行為により、愛する長女を失ったことを実感として受け止めきれていない様子も見受けられるが、これは、こ

のような状況に置かれた人間の、むしろ当然の反応であり、少年に反省がないなどという評価にはつながらない。

　今後は、少年の支えになる第三者の関与を得ながら、少しずつ、事実を受け止め、反省を深めるということが必要である。

　この点、少年の両親が手を差し伸べていること、また、それでも心配してくれる友人がいることを知ったことから、少年は、少年の夫以外との人間関係を構築しようという積極的な意欲を持つに至り、このことが、特に対人関係が未熟な少年を大きく成長させることは疑いない。

(4)　環境

　少年の父親の病状は、現在落ち着いている。少年がある程度成長したこともあり、一定程度の意思疎通が可能な状況となっている。また、今回の事件をきっかけに、母親が、父親と少年との意思疎通を手伝うという役割を担うようになった。少年の両親の少年の更生に協力したいという意欲は強い。本来、少年と両親との間に構築されるべきであった信頼関係を、再度構築する機会が訪れているとも評価しえる。

　また、このような事件を起こしたにもかかわらず、いたわってくれる友人もいる。少年は、これまで、自分が弱いところ、未熟なところを見せたら、人は自分との関係を断つかもしれないと考えていたため、「自分を飾って」人と接してきた。しかし、今回の事件を起こした後もなお、自分に寄り添ってくれる友人がいたと初めて気づき、今後は、本当の友人関係を築いていきたいと考えるに至っている。

　今後、少年は、両親や友人のサポート、及び、医療機関のサポートを受けることができる。少年の更生をはかっていくことは十分可能である。

(5)　小括

　以上のとおりであり、少年には保護処分によって矯正改善していく見込みが十分にあるのであり、保護不能ではないことは明らかである。

第4　保護不適ではないこと

1　本件は、非行罪名としては殺人であり、いわゆる原則逆送事件にあたる。

　　しかし、以下述べるとおり、本件は事案の性質や社会感情、被害感情等から考えても保護処分で対処するのが相当なのであって、いわゆる保護不適ではなく、刑事処分を課すべきではない。

2　事案の性質

　　本件事案の性質については、すでに第2項で詳述したとおりである。

　　生じた結果としては、死の結果という最も重い結果が生じてはいるが、経済的・精神的にも追い詰められたうえの非行であり、突発的であった点を考慮すべきである。

3　社会感情について

　　本件は、被害者らも少年の家族であり、社会感情としても保護処分を許さないというような事案ではない。

4　被害感情について

　　本件では、少年の長女が亡くなっているが、少年の長女自身が本件事案について母親の刑事処分を望むとは思えないし、少年の夫や少年の夫の両親についても、あえて重い処分を希望しているわけでもない。

　　むしろ、少年の夫は、少年が長女をかわいがっていたことを近くで見てきており、少年自身が今後抱えていくことになるであろう辛さや自責の念を理解している。

　　いずれにせよ、被害感情の観点から刑事処分を選択しなければならない事情は存在しない。

5　その他の事情

　　本件では、少年は加害者でもあり、被害者遺族でもある。

　　自身が大切にしてきた長女を、自分のせいで死なせてしまったという事実は、少年にはあまりに重い事実であり、これを一生背負っていくこと自体が、少年に科せられた重い罰であるといえる。

　　これに加えて、矯正教育とは別に、あえて刑事処分という罰を少年に与えなければならない必然性はないはずである。

6　小括

以上のとおりであり、本件では事案の性質、社会感情、被害感情等から保護処分で対処するのが不相当な場合には当たらず、いわゆる保護不適ではない。

第5　結論
　　以上から、刑事処分は不相当であり、保護処分が相当である。
　　なお、保護処分の内容としては、少年の要保護性はそれほど高いとは評価できず、少年自身の問題点の把握・解消を図っていくために施設内での矯正教育が一定程度必要であるとしても、長期間にわたる徹底した矯正教育が必要なのではなく、むしろ一定期間矯正教育を受けた後は、本件非行について、感情的な受け止めを適切に促すことは複数の多面的な支援体制がある社会内で進めることがより適切であることから、少年の処分については、第一種少年院送致とすることが相当である。

以　上

令和○○年（少）第○○号　強制性交等保護事件

抗告申立書

令和○年○月○日

福岡高等裁判所　御中

少年　　○○　　○　　○
付添人弁護士　福岡　九州男

　上記少年に対する頭書保護事件について、令和○年○月○日になされた「少年を第1種少年院に送致する」旨の決定には、不服があるので、以下の理由により抗告を申し立てる。

申立の趣旨

1　原決定を取り消す
2　本件を福岡家庭裁判所に差し戻す
との決定を求める。

申立の理由

第1　総論

　　本件は、少年が、中学の後輩である被害者（以下「V」という。）に対して、友人であるA宅において、強いて姦淫行為をしたという強制性交等保護事件である。

　　少年は、非行事実記載の時刻・場所において、Vと性行為を行ったこと自体は争わないものの、それはVの同意の下で行ったものである旨弁解した。これに対して原決定は、「少年から意に反して性行為を強

要された」旨のVの供述を信用できるものとして、V供述をもとに少年がVの同意なく姦淫行為を行った旨認定し、少年を第一種少年院に送致する決定を行った。

　しかしながら、Vの供述は、姦淫行為に至るまでの経緯、姦淫行為そのもの、姦淫行為後の状況のすべての点において不自然不合理な内容で、その信用性は認められない。従って、同意のもとに性行為を行ったとの少年の弁解を排斥することはできず、強制性交罪の成立には合理的疑いが残る。よって、原決定には、重大な事実誤認がある。

第2　同意の有無
　1　V供述は信用できない
　　⑴　VはWに「強制性交」であることを打ち明けていない
　　　ア　「先輩とやってしまった」としか送信していない
　　　　　Vは、Aとの性行為ののち、Wに「先輩とやってしまった」とLINEでメッセージを送信している。そこでは、「やられた」などVの意思に反する態様で性行為が行われたことを示唆する表現は使われていない。むしろ、VがAと能動的に性行為を行ったという表現であると読み取る方が自然である。
　　　　　その理由について、Vは、原審の証人尋問において「まだ友達（付添人注：Wのこと）が信じられなくて」（V調書23項、以下、Vの原審における証人尋問調書を、V*との形で段落番号を記載する形で引用する）や（Wが）「話を聞いてくれるかわからなかった」（V35）などと供述しているが、強姦被害に遭ったことをWに打ち明けているにもかかわらず、Wが信頼できないので強姦であることをLINEで明示的に表現しなかったというのはいかにも不自然である。また、Vは、LINEの別の箇所で、Wについては、事件の4日後に、「ほんと、Wにしか言わんけ」と記載したメッセージを送信しており（令和〇年〇月〇日付「写真撮影報告書」20頁）、Wのことを、他の友人には話せないことも相談できるほど信頼している間柄であることを示す表現を使用している。原審におけるVの供述はかかるLINEのやり取りとは矛盾していると

いうほかない。

イ 「むりやりセックスされた」というメッセージの評価

　なるほど、Ｖは、本件の３日後、少年との性交渉に関して、Ｗから「むりやり？」と聞かれ、これに対して即座に「そう」と送信している（令和○年○月○日付「写真撮影報告書」16頁）。原決定は、このやり取りに着目して、少年とＶとの性交渉がＶの意思に反するものである旨認定している。

　しかしながら、LINE のメッセージというのは、短文によるやり取りが主流であり、そこには複数の解釈の余地が残されていることが通常である。ここでいう「むりやり」との表現も、性交渉に持ち込むまでの少年の駆け引きが、多少、強引なものであったとか、性交渉の際の少年の行為が、多少、強引なものであったという解釈も十分、可能であり（後記(3)アも参照のこと）、かかる記載が存在することから直ちに、少年がＶの意思に反して性交渉を強要したと言うことにはならない。この他に、Ｖが、その意思に反して少年から性行為を強要された旨をＷに申告するような記載は見当たらない。

ウ　Ｗとのやり取りの淡泊さ

　さらに、Ｖは、事件から３日後のＷとの LINE のやり取りにおいて、Ｗから「やっておわり？」というメッセージを送信されたのに対して「そーよ」とのみ回答している。そこには、少年から性行為を強要されたことをうかがわせるニュアンスは含まれないし、どちらかというと、少年と行きずりの性交渉を行ったことを強く示唆する内容となっている。

　通常であれば、強姦されたとすれば、もっと必死になって性行為を強要されたことを訴えることが自然であると思われるが、Ｖは何らそのようなことをしておらず、少年との性交渉は、Ｖの同意の下で行われた行きずり同士のものであった可能性を否定できない。

エ　強制性交により混乱していたとも思えない

　以上の点について、原決定は、Ｖは、強制性交の被害に遭った

ために混乱していたため、そのような表現になったとしても不自
然とまではいえない旨、説示している。

　しかしながら、令和○年○月○日付「写真撮影報告書」16頁を
みると、Ｖは、上記イウの各メッセージのやり取りをする直前に、
友人であるＵに対して「今、アイプチ（付添人注：まぶたを二重
にするための化粧品のこと）してないんよ　ハート（付添人注：
原文では絵文字である）」などと送信した上で、人気漫画「鬼滅
の刃」のキャラクターである竈門禰豆子のスタンプを送信してい
る。強制性交の被害に遭って混乱している者が、一方では自らの
二重まぶたのことを気にしたり、好きなキャラクターのスタンプ
を送信しているというのは同一人物の精神状態としては整合しな
い。従って、Ｗに対して送信したメッセージが、強制性交の被害
による混乱により真意と異なるものになっていたということは考
えられない。

(3)　供述内容自体の不自然さ
　ア　少年以外の複数の異性との性行為の存在
　　　令和○年○月○日付「インスタグラムの解析報告書」8頁、19
　　頁、25頁以下の各記載をみると、Ｖは、Ｐ、Ｑ、Ｒの少なくとも3
　　人の男性（氏名等不詳）と、性行為を行ったことを前提とするメ
　　ッセージのやり取りをしており、その中では、Ｐに対して「むり
　　やりなかんじがよかった。また会おう」などと、「むりやり」と
　　の表現を用いつつも、Ｐとの再度の性行為を希望するようなメッ
　　セージを送っている。ＶがＰから強制性交されたとして被害を申
　　し出たといった記録はない。
　イ　性行為前後の言動
　　　Ｖは、少年及びＡと性行為を行った後、少年、Ａ及びＡの友人
　　Ｂ（17歳女性）と共に、ビールを飲みながらたばこを吸っていた
　　旨供述し、その後はＡ、少年、Ｖの順番でシャワーを浴びた後に、
　　4名が2組の布団で就寝している。
　　　しかしながら、強制性交の被害に遭った者が、現場から逃げた
　　り、携帯電話で助けを求めたりしなかったどころか、加害者らと

飲酒や喫煙をしたり、同じ風呂に入ったり、一緒に寝たりしたというのはいかにも不自然である。

　この点に関してVは、原審において、「Aと少年から何をされるか分からなかったので、怖くて逃げ出せなかった」旨供述する（V36）が、当時、A宅には鍵もかかっておらず、またVは携帯電話を取り上げられていなかった（本件から約4時間後にVがインスタグラムで友人と連絡を取っていることからも明らかである）ことからすると、Vが周囲に助けを求めることのできない状況に置かれていたと言うことはできない。

　エ　無理やりの性行為としてはおよそ不可能な体勢

　Vは、原審において、少年が「私の足の上に乗った状態で両手を使って」ズボンを脱いでいると供述した（V48）

　しかし、強制性交というのは、意に反する相手方の抵抗を排除しながら行うものであるから、足の上に乗った状態でズボンとパンツを脱ごうとすれば、両手がズボンとパンツを脱ぐことで塞がってしまうので、抵抗するVを押さえつける手段がなくなってしまう。そのような体勢の下で強姦行為を行うことは、腕が4本でもない限り、物理的に不可能である。

　オ　まとめ

　以上のとおり、Vの供述は、強姦されたことを前提にするとあまりにも不自然不合理である。

　原決定は、Vが未成年で判断能力が未熟であったために、相当に警戒心がなかったことを理由に、V供述の内容の不自然さを説明しているが、そのことは上記不自然な行動の説明には全くなっておらず、むしろ警戒心がなかったとすれば、安易に性行為に及んでも不思議ではない。

⑷　虚偽供述の動機

　ア　複数の男性との性行為を知られたくない気持ち

　友人のWは「Vは付き合った人でないとセックスしたりするような子ではない」と話しており（W12）、周囲の友人には、自分が不特定多数の相手と性行為を行うことを知られないようにして

いたことが明らかである。かえって、Vは、Wらと共に、高校の同級生であるCのことを「ヤリマン・ビッチ・尻軽女」などと誹謗中傷し、自らを「彼氏に一途な女子高生」であるように意図的に振る舞っていた側面が垣間見られる（W24）

　　したがって、Vは、「清純な女子高生」であることを装うために、友人らに自分が複数の男と性行為をするような女性であることを知られまいとする強い動機があり、これはVが少年に性行為を強要されたと供述する動機としては十分である。

　イ　妊娠や性感染症の際の言い訳作り

　　Vは、令和○年○月頃に、Qと性行為を行っていたようであるが、その後のQとのやり取りをみると「危険日やったけん、ゴム付けてって言ったのに」、「クラミジアになって不妊症になったら責任とってよね」とのメッセージを送信している（令和○年○月○日付「インスタグラムの解析報告書」20頁）ことから、Qと衛生具を装着せずに性交渉をしたため、妊娠や性感染症に罹患することを心配していた。Vとしては、そもそも、自分から性行為をして妊娠したり、性感染症に罹患したりすることを、信頼する周囲の女友達に知られたくないという強い動機があったはずであり、万一、友人らにこれらが露呈した際の言い訳として、少年らからむりやり性行為を強要されたことにするという強い動機がある。

(6)　小括

　　以上の通りであるから、Vが少年から強制性交されたとの供述は信用できない。

2　そうすると、専らV供述に依拠して少年が本件非行に及んでいると認定した原決定には、重大な事実誤認があるものと言わざるをえず、この点において取消しを免れない。

以　上

【書式25】 抗告申立書（処分不当）

抗告申立書

令和○年○月○日

福岡高等裁判所　御中

少　年　　　○○　　　○○

付添人　福岡　九州男

　上記少年にかかる福岡家庭裁判所令和○年（少）第○号窃盗保護事件について、同年○月○日になされた「少年を第１種少年院に送致する」旨の決定には、不服があるので、以下の理由により抗告を申し立てる。

第１　抗告の趣旨
　　　原決定には処分の著しい不当があるので、その取消を求める。
第２　抗告の理由
　１　原決定
　　　本件非行事実は、共犯者とともに普通自動二輪車１台を窃取したという事案である。
　　　原決定は、警察による数次の事情聴取や観護措置を経た後も自分中心の考え方、規範意識の乏しさ、不良交友に対する問題意識の乏しさに大きな変化が見られないこと及び少年の保護環境では適時適切な指導を期待できないことを指摘し、少年を第１種少年院送致とするとの結論を出している。
　　　しかし、同決定は、少年の資質、内省・更生に向けた意欲や変化及び少年の保護環境について過小に評価し、在宅保護環境では再非行に走りうるとして、施設収容を決めたものであり、著しく不当な処分と言わざるをえない。

2 少年の内省について

(1) はじめに

　少年は、決定書にあるとおり、「根は気弱で自信が」ない性格である。そのため、初めての審判で相当緊張しており、また、自信がないという性格から、「聞かれたことに対する正解を言わないといけない」という思いが相まって、審判までに考え反省した思いのほとんどを言葉にすることができなかった。

(2) 本件逮捕、監護措置後の少年の内省の大きな変化

　ア　上述したとおり、原決定では、警察による数次の事情聴取や観護措置を経た後も自分中心の考え方、規範意識の乏しさ、不良交友に対する問題意識の乏しさに大きな変化が見られないとされている。

　イ　もっとも、「ぼくの気持ち」と題する少年が書いてくれた手紙にあるとおり、少年は本件窃盗保護事件による逮捕・観護措置期間を経て考え方や規範意識などに相当大きな変化があることが見てとれる。

　すなわち、原決定は、これまで何度も警察による事情聴取を受け内省を深める機会があったにも関わらずこれをしなかった旨、指摘する。

　たしかに、「機会」は少年に与えられていた。しかし、ルールや規範を守ることが身についていなかった13歳（当時）の少年にとって、その「機会」は形式的なものにとどまり、自分の行いを立ち返り、被害者や他者の気持ちを慮るところまで目を向けることができなかった。これは、少年の未熟さ・幼さに一因があることは当然だが、このような少年の資質や年齢に沿った教育的指導を少年の両親が行ってこなかったことにも原因がある。

　少年の両親からの手紙にあるとおり、これまで、少年の両親は少年の容姿や非行に対して、13歳で未熟な少年が理解できるような平易で具体的な言葉での指導や非行（例えば窃盗）がなぜ悪いのか親子で話し合うといった指導をしてこなかった。

　そのため、自分の行っている行動や非行に対して、理解・熟考

することができないまま、少年は触法・非行行為を繰り返すに至った。

ウ　自己中心性

本件逮捕・観護措置を経る中で、少年は、初めて被害者の供述調書を見たり、付添人から被害者の気持ちを聞いたり、被害者の思いに触れることとなった。

少年は、審判で「これまでは自分のことしか考えていなかった、相手の気持ちを気にしたことがなかった」、「今は相手の気持ちを考えるようになった、物を盗んだことで相手が（その物を）使えずに不便なので困る、物を盗んではいけない」と訥々ながら話し、他者を思いやる気持ちが芽生えていることがわかる。

エ　規範意識

少年は、小学校4年生頃から休学日数が増え、中学校も2年生になって週に1日登校する程度であった。加えて、家庭内でも規範意識を身につけるような指導が少なかったこともあり、14歳であれば身につけているであろう規範意識の水準に達しているとは言い難い。

しかし、本件を機に、少年は「規則がなぜあるのか」、「規則を守らないとどうなるのか」を考えた。

これまでの少年は、自分の運転技術を過信し、「運転がうまいから大丈夫」、「基本的なルールは大体わかっている」などと述べ、なぜ免許をとらないと運転してはいけないのか、その前提のなぜ規則を守らなければいけないのかということを理解できていなかった。そこで、少年と接見を重ね、無免許で運転すること、規則を守らないことについて、多くの時間話し合った。

少年は、規則を守ることの重要性を考えることができるようになり、審判でも「みんなが平和に暮らすために、決まりを守らないといけない」と話してくれた。同様に少年の手紙の中でも「決まりがあるから安心して生きていけるし、決まりを守る事でだれも嫌な思いをしなくていいからと思いました。」と述べている。

これまで、ルールを守ることの意味を考えてこなかった少年に

とって、その意味を考え、守らなければいけないと考えるに至ったことは、規範意識に対する大きな変化のあらわれである。

オ　不良交友に対する問題意識

当初、少年は、全ての不良交友関係を断ち切る必要があるのか、断ち切ることができるのか不安を感じていた。

少年の手紙にあるとおり、今では「これまでの悪い交友関係を断ち切って非行に対する考え方を見つめ直して」行動したいという思いに変化している。

成人と違い、視野や世界が狭くなりがちな少年にとっては、不良であろうと交友関係を断ち切るという決断は、非常に大きな決断である。

何より重要なことは、不良な交友関係を断ち切るという決断そのものではなく、その決断に至った理由である。少年は、この理由を「自分は自分に自信が持てなくてこれまで悪い交友関係を断ち切れずにいました。」、「非行をすることで強くなると勘違いしていました。」（少年の手紙）と述べ、なぜ自分が不良な交友関係をもっていたのかを考え、「自信がない」という自分の弱さと向き合い、不良な交友関係を断ち切るという大きな決断を下した。

これは不良交友がもたらす自他への害悪のみならず、その一歩先ともいえる自分自身の問題・課題に向き合い、克服しようとする意欲のあらわれであり、更生にとっては必要不可欠である。

カ　更生意欲

これまで上述したとおり、少年は、本件を契機として、短期間ながらも多くのことを考え、後悔し、自分中心ではなく相手主導の考えに改め、規範意識を身に着け始め、不良交友に対する問題意識や自分の問題点に向き合うことができるようになった。

そして、二度と再非行を起こさず、将来の夢を叶えるために、嫌なことから逃げずに努力をすることを決意している。

少年の更生意欲は相当に高いものと評価できる。

(3)　小括

以上のことに鑑みれば、原決定がいうように、少年の規範意識や

不良交友に対する問題意識などに大きな変化がみられないということは全くなく、少年は飛躍的な成長を遂げている。

3　少年の在宅での保護環境

(1)　原決定では、「少年の両親はこれまで少年を適切に指導しえていなかった」ことが在宅保護環境での少年への適時適切な指導を期待できない原因のひとつとされている。

(2)　もっとも、少年の両親は、それぞれの手紙にあるとおり、これまでの少年への指導方法を振り返り、反省し、指導方法をこれまでと違うものに変更することを誓っている。当然ながら、市内の高校に通う少年の姉も、少年の指導に協力的であり、家族の受け入れ体制は万全である。

　両親が審判内でも指導方法を改める旨伝えたにも関わらず、その点については決定書において全く考慮されておらず、従前の指導方法につき述べるのみである。これは、家族という少年の更生にとって最有用の社会資源があるにも関わらず、これを要保護性の判断の基礎としないもので事実の誤認があると考える。

4　総括

　少年にとっては、本件が、少年の特性・資質に合わせた教育的指導を受けた初めての機会である。これによって、上述したとおり、少年の内省・規範意識には大きな変化が見られ、短期間で飛躍的な成長を遂げているといえる。

　そして、少年を共に支え、時には叱咤するという適時適切な指導をすることのできる「家庭」という優良な社会資源が整っている。

　少年、家族ともに、本件を契機として、家庭を再構築し、再非行しない・させないために変化を遂げたのであり、少年の要保護性は相当程度解消されている。

　それにもかかわらず、少年に社会内での更生の機会を与えることなく、少年院送致とする原決定は、合理的な裁量の範囲を逸脱する著しく不当な処分といえるため、取り消されるべきである。

以　上

添付資料

1．「ぼくの気持ち」(少年)

2．父親からの手紙

3．母親からの手紙

4．姉からの手紙

5．少年の写真

【書式27】 抗告理由補充書

令和○年（少）第○号 強制わいせつ保護事件

抗 告 理 由 補 充 書⑴

令和　年　月　日

福岡高等裁判所　御中

少　　年　　○○　○　○
付添人弁護士　　福岡　九州男

　上記少年について、の頭書事件について、付添人として下記のとおり抗告理由を補充する。

記

第1　はじめに
　　　抗告の趣旨及び抗告の理由は、上記少年本人がすでに提出している抗告申立書のとおりであるが、少年本人の作成にかかるため、必ずしも趣旨や理由が整理されて作成されてはおらず、また内容が不十分なものであることから、抗告の趣旨及び理由を整理するとともに、抗告理由の内容を補充する。

第2　抗告の趣旨
　　　原決定には、処分の著しい不当があるので、その取消を求める。

第3　抗告の理由
　1　本件事案について
　　　本件は、少年が、令和○年○月○日、福岡市中央区内の路上において、

通行中の女性を引き倒したうえ、被害女性が履いていたパンツ内に手を差し入れて下半身を触ったという事案である。

2 処分の著しい不当

(1) 少年の要保護性評価の捉え誤り

　原決定は、少年の要保護性について捉え誤っている。

　原決定の要保護性評価の基礎となったと考えられる鑑別結果や調査票では、少年の性格について、神経質で自信に乏しく、自分を否定的に捉えがちでありながら、これを隠すように、自信過剰で独善的な態度をとっていると評価されており、精神的・社会的発達が未熟であって、心情が安定しにくく、抑制力に乏しいと評価されている。

　そして、本件について、その独善的な考え方から、自己を馬鹿にするような女性には性的な攻撃を加えても構わないという身勝手な考えから起こしたものであると判断し、少年が歪んだ対人認識や異性観を持っていると指摘されている。

　この点、たしかに少年は、幼いころから対人トラブルが多く、母親自身もその問題を認識しており、そのことが本件事件の背景になっている可能性は高い。

　しかし、少年は対人関係のとり方の問題を抱えている（発達障害、あるいはそれに類するものが考えられる）ものの、成長していくにしたがって、その対人認識・対人関係の中で少年なりに努力し、特に問題なく生活していける力をつけてきている。

　また、異性観についても、法律記録中のメール内容を詳細に見ていけば、少年が異性の友人や知人との間で、いかにも思春期にある男子という内容のコミュニケーションをとっており、そこに少年自身の異性観のゆがみや問題点を見出すことはできない。

　むしろ、本件事件の原因としては、学校を変わって勉学や仕事、スポーツなどで特にのめり込むものを持たず、エネルギーを持て余していた少年が、思春期の少年に存する性的衝動を抑えかね、そこに少年自身がもともと持っている対人関係・対人認識の歪みが影響して、かかる事件に至ってしまったと考えるべきである。

(2) かかる要保護性から導かれる相当な処分内容

このように要保護性を考えれば、少年を少年院という外部とは全く異なる社会に隔離し、ここまで少年なりに培ってきた対人関係の技術を損なわしめるべきではなく、むしろXで働く中で、少年自身のエネルギーを仕事に向けさせるとともに、職場の中の対人関係の中で、さらに少年自身の精神的・社会的発達を促していくことが望ましいことは明らかである。

3　結語

　以上のとおりであって、少年に望ましいのは保護観察処分なのであって、第2種少年院送致という原決定の処分は著しく不当と言わざるを得ない。

以　上

令和元年（少）〇〇号　傷害保護事件

非行事実に関する意見書

令和〇年〇月〇日

福岡家庭裁判所　御中

少　年　〇〇　　〇〇
付添人弁護士　福岡　九州男

　上記少年に対する頭書保護事件について、本件非行事実に関し、下記の
とおり意見を述べる。

意見の趣旨

少年は、不処分。

理由

第1　総説

　本件非行事実は、少年が、被害者Aの左肩をバットで殴打したという
傷害の事案である。これに対し、少年は、被害者Aから現場のX神社に
呼び出され、話し合いをしたことは認めるが、暴行を加えた事実はない
として、非行事実を全面的に争っている。

　しかるところ、本件では、少年が被害者に暴行を加えたことについて
は合理的疑いが残るから、非行事実の証明がないことに帰し、少年に対
して保護処分を行うことはできない。

　本件に関しては、令和〇年〇月〇日付意見書提出後、被害者とされる

A及び目撃者とされるBの尋問が実施された。本意見書では、これら証人尋問の結果を踏まえて、さらに意見を述べることとする。

第2　各供述の検討
1　総説
　　　本件では、被害に遭ったとするA及び非行の現場を目撃したとするBの尋問が実施された。
　　　しかるに、ABいずれの供述についても、当審判廷における供述内容は客観的事実との整合性や供述の変遷という点で信用できない。
　　　従って、いずれの供述も、少年による非行の存在を裏付けるものとは到底なり得ない。
　　　以下、それぞれ詳細を述べる。なお、以下では、それぞれの証人尋問調書について、「A〜頁」「B〜頁」などとして引用することとする。

2　A供述
⑴　まず、Aは、当審判廷において、少年はAの正面から野球のフルスイングをする格好で左肩を殴打した旨供述し、これに沿う再現を行っている（A2頁）。
⑵　しかしながら、Aは本件の翌日である令和○年○月○日に警察官から事情聴取された際には、少年から、ゴルフクラブで、ゴルフのティーショットのような動作で左肩を殴打されたと供述しており、非行に用いられた凶器や、少年が行っていた動作について著しい変遷が見られるところである。
⑶　のみならず、Aは、その後の令和○年○月○日警察官の取調べに対し、いったん、少年から、バットを用いて、ゴルフのティーショットのような動作で左肩を殴打されたという供述に変更した上、さらに令和2年3月○日になって初めて、少年からバットを用いて、野球のフルスイングをする格好で殴打されたという当公判廷と同旨の供述をするに至り、以後、その供述を維持している。
⑷　しかしながら、少年がどのような凶器を用いていたか、どのような動作で暴行を加えられたか、という点は、本件非行の中核をなす

事実関係であり、この点についてＡの供述は不合理に変遷していると言わざるを得ない。その理由について検討するに、Ａは少年が野球の名門で知られるＣ高校の４番バッターであることを思い出し、少年の高校球児としての名誉をより損なうよう、野球のバットを用いたとの供述に変更したことが推察される。一方、野球のバットとゴルフクラブでは長さが異なるため、少年の腕の長さやバットの長さでは、バットの先端部分すらＡの左肩には届かない可能性があると警察官が疑念を抱き（付添人実施の再現結果に関する報告書である付１によれば、被害者と同程度の体格のマネキンを用いて実験した場合、一般的な野球のバットでゴルフのティーショットのような動作をしても、バットの先端部分はマネキンの肘部分までしか届かず、肩に当てることはできないことが判明している）、また野球のバットでゴルフのティーショットのような動作をすることは不自然であるため、警察官がその旨を指摘し、現在のような供述になったことが推認されるから、供述の変遷に合理的な理由は存在しない。

(5) さらに、Ａは、令和○年○月○日にＤ病院を受診し、MRIの画像検査を受けているが、その画像診断報告書を見ると、左肩関節に筋萎縮及び脂肪浸潤の所見が認められ、陳旧性の腱板損傷である可能性があると記載されている。また、腱板損傷の原因としては、外傷の他に肩の酷使があげられるところ、ＡはＣ高校のライバルとして知られるＥ高校のエースピッチャーであり、左投げ投手である（Ａ４頁）から、Ａは本件非行があったとされる日よりも前に、野球による肩の酷使で腱板損傷を来していた可能性があり、少年の非行により肩を負傷したとの供述は、こうした客観的事実と整合しない。

(6) 最後に、虚偽供述の動機について検討するに、本件は、Ｅ高校野球部の女子マネージャーに手を出したなどとしてＡが少年を呼び出し、金を要求したことが発端となっており、Ａは少年に対して一方的に恨みを募らせていたことがうかがわれる。実際、少年が本件で逮捕された後も、Ａは保護者を介して、弁護人（現在の付添人）に、「肩をやられて野球ができなくなった。プロ野球に行く予定にしていた契約金の1,000万円を払え」などと要求してきており、虚偽の供述

を行うことによって、少年の高校球児としての名誉を毀損し、または金銭的利益を得ようとする動機が認められるところである。実際、少年は、本件で逮捕・勾留されたことで、地区予選に出られなくなるなど野球人生に多大なる不利益を被っている。

(7)　以上より、A供述は信用できない。

3　B供述について

(1)　Bは、当審判廷において、少年がAの左肩を、バットを用いて、野球のフルスイングをする格好で殴打する場面を目撃した旨供述する。

(2)　しかしながら、非行が行われた時刻は令和2年1月○日午後○時頃とされているが、Bはその10分前に、現場から電車で15分程度を要するF駅からほど近いファーストフード店において友人Gと食事をする様子がInstagramに投稿されており、果たして非行があったとされる時刻にX神社にいたかどうかについても疑念が残る。また、X神社は、F駅から見るとB宅とは反対方向に位置するため、BがX神社に向かった目的も定かでない。

　　この点についてBは、自分は高校生であるので、隠れてタバコを吸うためにX神社をたまに利用する旨、当審判廷において供述する（B3頁）が、前記Instagramに投稿された写真には2種類の銘柄の吸い殻が入れられた灰皿が写り込んでおり、Bは同店において堂々とタバコを吸っていたことが推認されるから、わざわざ電車で15分もかけてX神社に行き、隠れてタバコを吸っていたというのはいかにも不自然である。

(3)　のみならず、当公判廷においてBが供述したところによれば、BはX神社の手水舎付近から本件非行を目撃したとのことである（B4頁）が、同所と少年らが立っていた場所との間には、当時、おみくじや絵馬を結ぶ台が設置されており、これらの陰になって少年やAの動作については十分に視認できなかった可能性がある。また、BがX神社に到着した時刻は、上記を前提に最大限好意的に解釈しても、Aと少年が神社に到着した時刻とほぼ同時かそれより後であると考

えざるを得ないが、手水舎は神社の入り口から少年らが立っていた場所を横切った先に位置するのに、Aも少年も当初からBその他の人影を目撃したことを供述していないし、Bが本件非行を目撃したと警察官に申告するに至ったのは事件から10日後のことである。

(4) さらに、虚偽供述の動機を検討すると、BはAと同じ高校の野球部に所属しており、少年が地区予選に出られなくなることによって利益を受ける立場にあるといえるし、E高校は、Aの負傷だけでなく、Bらの喫煙行為発覚によって高校野球への出場を辞退する結果となったものであるから、BはAに対する負い目や、少年に対する逆恨みから、目撃供述をねつ造している疑いがある。

4 結論

このように、当審判廷における尋問の結果を踏まえても、少年による非行の証明は不十分であると言うほかない。

第3 まとめ

よって、本件では、少年がAに暴行を加えたという点には合理的疑いが残るから、非行事実の存在は証明不十分である。そうである以上、少年に対して保護処分を行うことはできないから、不処分の決定がなされなければならない。

以　上

参考文献

守屋克彦＝斉藤豊治編『コンメンタール少年法』（現代人文社、2012年）

川出敏裕『少年法』（有斐閣、2015年）

高井吉夫「附添人制度と適正手続について」判例タイムズ287号（1973年）54頁

河原俊也編著『ケースから読み解く少年事件——実務の技』（青林書院、2017年）

裁判所職員総合研修所監修『少年法実務講義案〔3訂補訂版〕』（司法協会、2018年）

司法研修所「平成19年度司法研究報告書『難解な法律概念と裁判員裁判』」（2009年）

武内謙治編著『少年事件の裁判員裁判』（現代人文社、2014年）

田宮裕＝廣瀬健二『注釈少年法〔第4版〕』（有斐閣、2017年）

石井光太「虐待された少年はなぜ、事件を起こしたのか」（平凡社新書、2019年）

尾崎紀夫＝三村將＝水野雅文＝村井俊哉編『標準精神医学〔第8版〕』（医学書院、2021年）

WHO「ICD10」（2013年）

米国精神医学会『DSM-Ⅳ』（医学書院、2004年）

米国精神医学会『DSM-Ⅴ』（医学書院、2014年）

武内謙治『少年法講義』（日本評論社、2015年）

友田明美「少年法適用年齢引下げ問題について——脳科学の視点から（第3回）少年と脳科学」判例時報2399号（2019年）101頁

執筆者一覧 （五十音順）

福岡県弁護士会　子どもの権利委員会所属（執筆時）

浅上　紗登美　（あさがみ・さとみ）

浅田　憲太郎　（あさだ・けんたろう）

安孫子　健輔　（あびこ・けんすけ）

生野　悟朗　　（いくの・ごろう）

池田　耕一郎　（いけだ・こういちろう）

宇加治　恭子　（うかじ・きょうこ）

尾上　太一　　（おのえ・たいち）

柏木　慎太郎　（かしわぎ・しんたろう）

甲木　真哉　　（かつき・しんや）

楠田　瑛介　　（くすだ・えいすけ）

小坂　昌司　　（こさか・しょうじ）

迫田　登紀子　（さこだ・ときこ）

迫田　学　　　（さこだ・まなぶ）

祖父江　弘美　（そふえ・ひろみ）

橋山　吉統　　（はしやま・よしのり）

林　直輝　　　（はやし・なおき）

三浦　徳子　　（みうら・のりこ）

水野　遼　　　（みずの・りょう）

森　俊輔　　　（もり・しゅんすけ）

柳　優香　　　（やなぎ・ゆか）

吉田　幹生　　（よしだ・もとき）

吉松　翔　　　（よしまつ・しょう）

少年事件マニュアル──少年に寄り添うために

2022年7月20日　第1版第1刷発行

編　者——福岡県弁護士会子どもの権利委員会
発行所——株式会社　日本評論社
　　　　　〒170-8474 東京都豊島区南大塚3-12-4
　　　　　電話03-3987-8621（販売：FAX －8590）
　　　　　　　03-3987-8592（編集）
　　　　　https://www.nippyo.co.jp/　振替　00100-3-16
印刷所——精文堂印刷株式会社
製本所——株式会社難波製本
装　丁——図工ファイブ